健康保险系列丛书

护理保险在中国的探索

主　编　朱铭来　李新平

中国财经出版传媒集团
中国财政经济出版社

图书在版编目（CIP）数据

护理保险在中国的探索／朱铭来，李新平主编 .—北京：中国财政经济出版社，2017.12

（健康保险系列丛书）

ISBN 978－7－5095－7825－4

Ⅰ.①护… Ⅱ.①朱…②李… Ⅲ.①护理－保险制度－研究－中国 Ⅳ.①F842.625

中国版本图书馆 CIP 数据核字（2017）第 269701 号

责任编辑：王　丽　　　　　　　　　　责任校对：张　凡
封面设计：李运平

中国财政经济出版社 出版

URL：http：∥www.cfeph.cn

E－mail：cfeph @ cfeph.cn

（版权所有　翻印必究）

社址：北京市海淀区阜成路甲 28 号　邮政编码：100142
营销中心电话：88190406　北京财经书店电话：64033436　84041336
中煤（北京）印务有限公司印刷　各地新华书店经销
787×1092 毫米　16 开　16.75 印张　332 000 字
2017 年 12 月第 1 版　2017 年 12 月北京第 1 次印刷
定价：46.00 元
ISBN 978－7－5095－7825－4
（图书出现印装问题，本社负责调换）
质量投诉电话：88190744
打击盗版举报热线：010－88190414、QQ：447268889

《健康保险系列丛书》编委会

主　　任：宋福兴

副 主 任：董清秀　冯祥英　高兴华　伍立平　胡占民　黄本尧
　　　　　李晓峰　徐伟成　陈龙清

学术顾问：（按姓氏笔画为序）
　　　　　于保荣　马海涛　王　欢　王国军　王绪瑾　王　稳
　　　　　朱恒鹏　朱铭来　朱俊生　孙祁祥　孙　洁　李　玲
　　　　　李保仁　李晓林　杨燕绥　余　晖　张　晓　卓　志
　　　　　郑　伟　赵尚梅　郝演苏　庹国柱　董朝晖　魏华林

编务统筹：蔡皖伶　范娟娟

总　序

　　健康是人类永恒的追求，是人民幸福的起点，党中央、国务院高度重视人民健康事业。习近平总书记在党的十九大报告中指出："人民健康是民族昌盛和国家富强的重要标志。"没有全民健康，就没有完美意义上的全面小康。发达国家的成功经验表明，没有成熟的健康保险，全民的健康权就难以得到根本保障。

　　目前，健康保险在中国的实践与发展中尚处于重要的探索阶段，理论体系的构建和指引尤为迫切和重要。编著《健康保险系列丛书》的初衷就是要梳理近年来我国专家学者的理论探索，系统总结行业的实践经验，提炼健康保险的经营规律，从立足本土实际、借鉴国际经验、揭示运营规律、展望发展趋势等维度，努力构建健康保险行业的知识理论体系框架，更好地为我国健康保险业的有序发展提供坚实的理论支持。这套丛书可谓是皇皇巨著，由中国人民健康保险股份有限公司组织编著，凝聚了来自保险、财政税收、公共管理、社会保障、医疗卫生等领域近40位知名专家学者的心血与智慧。

　　改革开放以来，特别是近十余年来，健康保险业发展迅猛，众多跨领域的专家学者进行了一系列理论研究，流派纷呈，有力地推动了行业的快速发展。但应该看到，这些研究还不成体系，还相对分散，研究的广度和深度与当前行业发展的实际需求还不相适应。历史证明，科学系统的理论指引是保险事业健康发展的根本保证。从保险业的实践来看，什么时候有正确的保险理论指导，什么时候保险业发展的形势就比较好，对经济社会发展的贡献就比较大。

　　当前，中国特色社会主义已进入新时代，社会主要矛盾已经转化为人民日益增长的美好生活需要和不平衡不充分的发展之间的矛盾。人民群众对美好生活的需要呈现多样化、多层次、多方面的特点，其中，健康服务正在成为人民过上美好生活的一个基本要求。习近平总书记在党的十九大报告中指出："要完善国民健康政策，为人民群众提供全方位全周期健康服务。"按照党的十九大报告新的部署，完善国民健康政策，将促进健康与经济社会建设相互协调，促进"人口红利"转向"健康红利"，全社会对健康投资和消费需求将日趋旺盛，消费结构升级将为健康服务创造广阔的发展空间，包括商业健康保险在内的健康产业进入了重要战略机遇期。专业健康保险公司要在把握重大战略机遇中实现持续快速协调发展，完成"服务国家治理体系和治理能力现代化"这一历史角色的转变，不仅需要从国内外行业自身发展实践的优势与不足中总结经验教训，更需要探究并构建科学、系统的理论体系来指引改革发展的进程。

近几年，商业健康保险发展势头强劲，专业健康保险公司在多层次医疗保障体系建设中发挥了积极的市场机制优势，在满足人民群众日益增长的健康保障需求中的作用也日渐凸显。特别是近些年，健康保险人只争朝夕，真抓实干，成绩卓著。然而在有速度、有效度发展的同时，尚未及时把积累的发展经验总结出来，更没有形成相对完善的以学术研究为先导的理论体系构建。未来，随着新医改的加速推进，商业健康保险的服务链条将逐渐延伸到社会保障、医疗卫生、保健养生等多个领域，跨行业特性使风险控制更加复杂，经营管理难度更大，市场竞争更趋激烈。如果拥有了原创性的理论研究成果，就可以获取行业的理论话语主导权，就能引领未来发展的战略制高点，就能及时应对行业中出现的新变化和新挑战，就能在激烈的市场竞争中获取其他企业难以比拟的发展优势。

习近平总书记在党的十九大报告中强调："创新是引领发展的第一动力，是建设现代化经济体系的战略支撑。"企业应该成为创新的主体，而推动创新的根本力量是人才。专业健康保险公司的快速发展，关键是要建设一支规模宏大、结构合理、素质优良的创新人才队伍，要培养一大批熟悉市场运作、具备研究能力的专业技术人才。理论知识体系的研究和构建就可以培养和集结这样一批专门人才，使他们成为健康保险事业发展中的中坚力量。

《健康保险系列丛书》就是在这样的时代与文化需求的大背景下应运而生的。全套丛书分为理论基石类、实践操作类、探索提升类三类共计十六册。其中，理论基石类五册，意在建立统一规范的工作语言环境，普及专业基础知识，分别有：《健康保险学》（西南财经大学卓志教授主编）、《健康保险医学基础》（东南大学张晓教授主编）、《健康保险辞典》（中央财经大学郝演苏教授主编）、《健康保险与健康管理》（辛丹博士主编）、

总　序

《健康保险制度与规制》（对外经济贸易大学王国军教授主编）。

实践操作类八册，重在梳理总结相对成熟的经验规律，解决目前实践中的困惑，为行业提供现实借鉴和趋势分析，分别有：《健康保险公司风险管理》和《健康保险经营管理》（对外经济贸易大学王稳教授主编）、《健康保险营销管理》（西南财经大学卓志教授主编）、《健康保险产品创新》（北京工商大学王绪瑾教授主编）、《健康保险精算》（中央财经大学李晓林教授主编）、《健康保险财务管理》（中央财经大学马海涛教授主编）、《健康保险信息技术与管理》（北京邮电大学王欢教授主编）、《健康保险客户服务》（北京大学孙祁祥教授主编）。

探索提升类三册，旨在探索未来健康保险业发展之道，分别有：《健康保险与医疗体制改革》（清华大学杨燕绥教授主编）、《健康保险与大数据应用》（北京航空航天大学赵尚梅教授主编）、《护理保险在中国的探索》（南开大学朱铭来教授主编）。

为确保丛书编著的专业性和权威性，这些专家学者搜集整理了大量资料，梳理研究了国内外最新的理论知识和实践经验，进行了多次学术研讨，反复斟酌、精益求精，在编著工作中倾注了大量心力。我们希望本丛书能为健康保险行业的从业人员、健康保险相关专业领域的研究人员提供实际操作的范本和理论参考，为健康中国战略和国家多层次医疗保障体系建设提供必要的理论建构、学术前瞻与路径导向。

前　言

　　老年长期护理（Long-Term Care，LTC）服务的核心职能是为生活不能自理的老年人提供生活照料、卫生护理以及社会服务，对照顾老年人生活，保证老年人健康，帮助老年人安度晚年意义重大。长期护理保险制度(Long-Term Care Insurance，LTCI）作为解决老年人护理资金问题的一项重要措施也随之应运而生，该制度利用保险风险分散原理筹集护理资金，实现护理产业的专业化发展，在很大程度上缓解了国民对公共福利需求的压力，同时保护老年人及家庭的资产安全，避免因支付护理费用而背上沉重的经济、精神负担，切实保障老年人能够幸福地安度晚年。

　　随着社会的发展和医学技术的进步，人类的预期寿命不断提高，人口老龄化已经是一个世界性趋势。国际经验显示，人口老龄化将带来一系列社会经济问题，基本社会保障和福利体系，如社会救助、养老保险、医疗保险等，并不能彻底有效解决老年人生活照料这一难题。另外，妇女就业率提升、生育率下降、家庭结构日趋小型化等一系列社会经济环境的变化，也正在悄然改变传统意义上的家庭老年护理功能的发挥，世界发达国家和地区普遍开始尝试构建老年长期护理保障制度。

　　我国是世界上人口最多的国家，自从 2000 年迈入老龄化社会后，我国老龄化社会呈现未富先老、老龄化速度快、老龄人口绝对数庞大、失能人口占比攀升等特点。我国老龄人口的剧增使得老年人的护理需求与供给矛盾十分突出。近年来，我国实施了一系列包括老年救助、养老机构发展建设在内的政策和法律法规，2016 年我国开始试点实施长期护理保险制度，为解决老年人长期护理问题迈出了坚实的一步。

　　本书首先以老年人长期护理需求为切入点，以长期护理的经济学理论和社会学理论作基础，比较分析了长期护理保险与养老保险、医疗保险的区别和联系，论述了长期护理保险制度构建的迫切性。然后，系统归纳总结部分国家和地区长期护理保险制度运行经验及我国部分试点地区长期护理保险制度实施情况，提出鼓励居家护理模式、遏制长期护理费用的过快增长和滥用及浪费、整合医疗护理和其他护理资源、注重护理质量的管理和监督等政策建议。

我们还利用现有数据进行了我国老年人口长期护理需求、护理费用及低保人群长期护理政府补贴的模拟测算，结合我国现有社会保障制度的发展经验，提出了构建我国长期护理保险制度的实施路径。

由于作者自身水平和时间有限，在本书的写作中难免存在错误和疏漏之处。随着本书的出版，恳请各位专家、学者提出宝贵意见，帮助作者进一步在此领域进行深入的研究。

目 录

第一章
导　论 　　　　　　　　　　　　　　　　　　　　　　1

第一节　我国长期护理相关法律法规回顾　　　　　　　　1
　　一、《宪法》确定公民失能保障的纲领　　　　　　　　1
　　二、《农村五保供养条例》确定了农村"三无人员"的
　　　　照料安排　　　　　　　　　　　　　　　　　　2
　　三、《残疾人保障法》确定护理补贴　　　　　　　　　5
　　四、《老年人权益保障法》聚焦老年失能问题　　　　　7
　　五、工伤失能补贴和军人优抚制度　　　　　　　　　9
第二节　我国长期护理相关制度的发展现状　　　　　　10
　　一、失能保障人员情况　　　　　　　　　　　　　　10
　　二、失能护理保障机构建设　　　　　　　　　　　　11
　　三、长期护理保险制度的探索　　　　　　　　　　　12

第二章
我国长期护理保险制度建设的必要性　　　　　　　　13

第一节　我国人口老龄化与家庭结构变化　　　　　　　13
　　一、我国人口老龄化趋势　　　　　　　　　　　　　13
　　二、家庭结构变化趋势　　　　　　　　　　　　　　16
第二节　建立长期护理保险制度的意义　　　　　　　　17
　　一、建立长期护理保险制度的必要性　　　　　　　　18
　　二、构建长期护理保险制度的意义　　　　　　　　　21

第三章
长期护理保险概述　　24

　　第一节　相关概念界定　　24
　　　　一、长期护理的概念　　24
　　　　二、长期护理保险的概念　　30
　　　　三、长期护理保险的类型　　33
　　第二节　长期护理保险的给付　　35
　　　　一、长期护理保险的给付条件　　35
　　　　二、长期护理保险的给付类型　　37
　　　　三、长期护理保险给付限制　　39

第四章
长期护理保险的相关理论　　43

　　第一节　长期护理保险的需求理论　　43
　　　　一、最优保险需求的理论模型　　43
　　　　二、人寿保险需求的理论模型　　46
　　　　三、长期护理保险的需求理论　　49
　　第二节　长期护理保险的社会学理论　　57
　　　　一、长期护理保险的社会需求理论　　57
　　　　二、长期护理保险的社会学理论　　57
　　第三节　长期护理保险市场的经济学分析　　59
　　　　一、长期护理保险市场的服务需求模型　　59
　　　　二、长期护理保险市场的信息问题　　61
　　　　三、长期护理保险的税收政策效应　　63
　　　　四、长期护理保险与养老储蓄的替代效应　　67

第五章
长期护理保险制度发展的国际实践　　71

　　第一节　德国的长期护理保险制度　　71
　　　　一、德国长期护理保险制度的构建背景　　71
　　　　二、德国长期护理保险制度的基本内容　　72
　　　　三、德国长期护理保险的发展现状　　75
　　第二节　日本的长期护理保险制度　　80

  一、日本长期护理保险的建立背景 80
  二、日本长期护理保险的基本内容 83
  三、日本长期护理保险的发展现状 85
  四、日本长期护理保险制度的改革 87
第三节 美国的长期护理保险制度 89
  一、美国长期护理保险制度的建立 89
  二、美国长期护理保险制度最新发展 91
  三、美国长期护理商业保险的发展状况 94
第四节 我国台湾地区的长期护理保险制度 96
  一、我国台湾地区长期护理保险制度的背景 96
  二、我国台湾地区长期护理保险的主要内容 98
第五节 长期护理保险制度国际经验的启示 103
  一、国际长期护理保险制度的先进经验 103
  二、国际长期护理保险制度存在的问题 104
  三、国际长期护理保险制度发展的经验启示 105

第六章
长期护理保险制度建设的国内实践 108

第一节 上海市长期护理保险的发展状况 108
  一、上海市长期护理保险的实施背景 108
  二、上海市试点长期护理保险的主要内容 110
第二节 青岛市长期护理保险的发展状况 113
  一、青岛市长期护理保险的实施背景 113
  二、青岛市长期护理保险的主要内容 114
  三、青岛市长期护理保险基金运行状况 117
第三节 长春市长期护理保险的发展状况 120
  一、长春市长期护理保险制度的实施背景 120
  二、长春市长期护理保险的主要内容 120
  三、长春市长期护理保险基金运行状况 122
第四节 部分试点地区长期护理保险发展的经验 123
  一、部分试点地区长期护理保险制度的差异 123
  二、部分试点地区长期护理保险制度发展的经验 126

第七章
我国长期护理保险制度构建的基本框架　　129

第一节　我国长期护理保险制度构建的方向选择　　129
一、长期护理保险制度构建的基本原则　　129
二、长期护理保险制度构建的基本思路　　130
三、长期护理保险制度的基本模式　　134

第二节　我国长期护理保险制度的机制建设　　136
一、政策和制度建设　　136
二、相关部门之间的协调　　137
三、中央和地方政府权责分工　　138
四、发挥社会组织作用　　139

第八章
我国构建长期护理社会保险模式的成本测算　　141

第一节　我国长期护理需求量预测　　141
一、我国老年长期护理需求量预测　　141
二、老年长期护理总费用估算　　143
三、护理总费用的区间估计和敏感性测试　　147
四、老年长期护理相关宏观经济指标的测算　　148

第二节　低保人群的社会救济成本测算　　151
一、社会服务事业发展总况　　151
二、低保失能老年人人数与补贴金额预测　　153
三、政策建议　　156

第九章
长期护理商业保险的补充机制　　159

第一节　长期护理商业保险作为补充机制的必要性　　159
一、老年护理费用对公共财政造成的压力　　159
二、长期护理需求的多层次　　162
三、长期护理商业保险的专业化管理与服务优势　　163

第二节　长期护理商业保险产品　　165
一、美国长期护理商业保险产品　　165
二、我国台湾地区长期护理商业保险产品　　172

　　　　三、我国长期护理商业保险产品　　　　　　　　　　176
　　第三节　长期护理商业保险发展的政策建议　　　　　　　183
　　　　一、长期护理商业保险发展的监管体系　　　　　　　183
　　　　二、长期护理商业保险发展的优惠政策　　　　　　　185
　　　　三、长期护理商业保险发展与相关产业联动　　　　　186

第十章
长期护理保险制度建设——完善护理机构与护理模式　　189

　　第一节　养老机构发展分析　　　　　　　　　　　　　189
　　　　一、养老床位缺口测算　　　　　　　　　　　　　　190
　　　　二、护理人员缺口测算　　　　　　　　　　　　　　192
　　　　三、养老机构的发展分析　　　　　　　　　　　　　194
　　第二节　建立以居家为基础的社区长期护理模式　　　　198
　　　　一、以居家为基础的社区长期护理的需求分析　　　198
　　　　二、以居家为基础的社区长期护理面临的挑战　　　201
　　　　三、发展以居家为基础的社区长期护理的相应对策　204

附录1：上海市《老年护理等级评估要求》　　　　　　　207

附录2：我国长期护理商业保险产品条款示例　　　　　　225

参考文献　　　　　　　　　　　　　　　　　　　　　　238

后记　　　　　　　　　　　　　　　　　　　　　　　　247

跋　　　　　　　　　　　　　　　　　　　　　　　　　249

第一章

导 论

长期护理是因疾病或意外导致生活自理能力下降从而需要持续较长一段时间的护理性医疗或生活服务，主要服务对象是老年人，但不限于老年人。国际通行的日常生活活动能力量表（Activities of Daily Living，ADLs）[①] 中的上厕所、吃饭、穿衣、上下床、行走和洗澡6个躯体生活自理指标，如果回答都"不费力"，就属于完全自理；如果有至少一项回答"有些困难"，属于部分自理；如果有至少一项回答"做不了"，就属于不能自理，个人就进入"部分失能"或"完全失能"状态。当个人日常生活活动能力出现不能自理或部分自理的状况时，亟须家庭成员或社会提供护理服务，否则将陷入生存危机。与此同时，随着我国人口老龄化、家庭结构的变化，失能人员的规模和增速急剧增加，因此，加快我国构建长期护理保险制度成为完善社会保障[②]制度的重要举措之一。

第一节 我国长期护理相关法律法规回顾

一、《宪法》确定公民失能保障的纲领

1954年，我国第一部《宪法》第九十三条规定："中华人民共和国劳动者在年老、疾病或者丧失劳动能力的时候，有获得物质帮助的权利。国家举办社会保险、社

---

① ADLs 是1969年美国的 Lawton 和 Brody 制定的，共有14项，包括两部分：1. 躯体生活自理量表，共6项：上厕所、吃饭、穿衣、上下床、行走和洗澡；2. 工具性日常生活能力量表，共8项：打电话、购物、备餐、做家务、洗衣、使用交通工具、服药和自理经济。

② 需要说明的是，本书中涉及"保险"和"保障"两种说法，两者之间的关系是"保障"范围比"保险"更广，"保障"通常是国家依据法律法规对国民收入进行再分配，对社会成员的基本生活予以支持，不仅涵盖保险，还包括救济和各类福利政策等内容，它更偏重于融资功能；"保险"实行缴费制度，谁缴费谁受益，以约定保险事故发生作为赔付或给付前提条件。

会救济和群众卫生事业，并且逐步扩大这些设施，以保证劳动者享受这种权利。"《宪法》这一规定明确表示，当劳动者因为年老或疾病等原因出现生活不能自理的状况时，国家应保障失能劳动者的权益，即解决失能人员的生存危机，照顾失能人员的生活，是国家的一项重要责任。

1954年颁布的《宪法》几经修订，但这一原则始终是我国《宪法》的基本法条。2004年修订的《宪法》第四十五条规定："中华人民共和国公民在年老、疾病或者丧失劳动能力的情况下，有从国家和社会获得物质帮助的权利。国家发展为公民享受这些权利所需要的社会保险、社会救济和医疗卫生事业。国家和社会保障残废军人的生活，抚恤烈士家属，优待军人家属。国家和社会帮助安排盲、聋、哑和其他有残疾的公民的劳动、生活和教育。"比较而言，2004年修订的《宪法》也坚持了保障失能人员的原则，为生活不能自理人员提供照料是国家和社会的义务所在。同时，2004年修订的《宪法》将保障范围从"劳动者"扩展到"公民"，这一方面反映了我国实现人人共享经济发展成果的社会共识，另一方面也符合社会保障制度覆盖人群从劳动者到国民从而实现全民保障制度的历史经验。

延伸阅读1.1

《宪法》关于失能的相关规定

《中华人民共和国宪法》（1954年）第三章 公民的基本权利和义务

第九十三条 中华人民共和国劳动者在年老、疾病或者丧失劳动能力的时候，有获得物质帮助的权利。国家举办社会保险、社会救济和群众卫生事业，并且逐步扩大这些设施，以保证劳动者享受这种权利。

《中华人民共和国宪法》（2004年修正）第二章 公民的基本权利和义务

第四十五条 中华人民共和国公民在年老、疾病或者丧失劳动能力的情况下，有从国家和社会获得物质帮助的权利。国家发展为公民享受这些权利所需要的社会保险、社会救济和医疗卫生事业。

国家和社会保障残废军人的生活，抚恤烈士家属，优待军人家属。

国家和社会帮助安排盲、聋、哑和其他有残疾的公民的劳动、生活和教育。

二、《农村五保供养条例》确定了农村"三无人员"的照料安排

在《宪法》立法的前提下，1994年国务院通过了《农村五保供养工作条例》（以下简称《条例》），对新中国成立后这一农村集体福利事业赋予政府规章的效力。农村五保供养制度是对村民中无法定扶养义务人或虽有法定扶养义务人但其无扶养能力的，无劳动能力的，无生活来源的老年人、残疾人和未成年人在吃、穿、住、医、葬方面给予生活照顾和物质帮助。

第一章 导论

1994年《农村五保供养工作条例》第九条明确规定五保供养的内容共有五项，其中第四项是"及时治疗疾病，对生活不能自理者有人照料"，并对农村失能人员的服务提供形式（《条例》第四章第十三条规定"对五保对象可以根据当地的经济条件，实行集中供养或者分散供养"）、经费开支（《条例》第三章第十一条规定"五保供养所需经费和实物，应当从村提留或者乡统筹费中列支，不得重复列支；在有集体经营项目的地方，可以从集体经营的收入、集体企业上交的利润中列支"）等具体问题作了规定。

2006年修订后的《农村五保供养工作条例》对上述规定再次确认，同时要求农村"五保供养标准不得低于当地村民的平均生活水平，并提出这一标准应根据当地村民平均生活水平的提高适时调整"。但是，农村五保供养制度并没有明确提出失能护理保障的水平，同时由于五保供养制度本身的保障水平是比较低的（截至2014年，农村五保集中供养年平均标准为5 371元/人，农村五保分散供养年平均标准为4 006元/人），农村五保供养制度提供的失能护理保障水平也是极为有限的。

延伸阅读1.2

农村五保条例对失能的规定

农村五保供养工作条例（1994年）

第二章　五保供养的对象

第六条　五保供养的对象（以下简称五保对象）是指村民中符合下列条件的老年人、残疾人和未成年人：

（一）无法定扶养义务人，或者虽有法定扶养义务人，但是扶养义务人无扶养能力的；（二）无劳动能力的；（三）无生活来源的。法定扶养义务人，是指依照《婚姻法》规定负有扶养、抚养和赡养义务的人。

第三章　五保供养的内容

第九条　五保供养的内容是：

（一）供给粮油和燃料；（二）供给服装、被褥等用品和零用钱；（三）提供符合基本条件的住房；（四）及时治疗疾病，对生活不能自理者有人照料；（五）妥善办理丧葬事宜。五保对象是未成年人的，还应当保障他们依法接受义务教育。

第十条　五保供养的实际标准，不应低于当地村民的一般生活水平。具体标准由乡、民族乡、镇人民政府规定。

第十一条　五保供养所需经费和实物，应当从村提留或者乡统筹费中列支，不得重复列支；在有集体经营项目的地方，可以从集体经营的收入、集体企业上交的利润中列支。

续延伸阅读1.2

第十二条 灾区和贫困地区的各级人民政府在安排救灾救济款物时，应当优先照顾五保对象，保障他们的生活。

第四章 五保供养的形式

第十三条 对五保对象可以根据当地的经济条件，实行集中供养或者分散供养。

第十四条 具备条件的乡、民族乡、镇人民政府应当兴办敬老院，集中供养五保对象。

第十五条 敬老院实行民主管理，文明办院，建立健全服务和管理制度。五保对象入院自愿，出院自由。

第十六条 敬老院可以开展农副业生产，收入用于改善五保对象的生活条件。地方各级人民政府和有关部门对敬老院的农副业生产应当给予扶持和照顾。

第十七条 实行分散供养的，应当由乡、民族乡、镇人民政府或者农村集体经济组织、受委托的扶养人和五保对象三方签订五保供养协议。

农村五保供养工作条例（2006年）

第二章 供养对象

第六条 老年、残疾或者未满16周岁的村民，无劳动能力、无生活来源又无法定赡养、抚养、扶养义务人，或者其法定赡养、抚养、扶养义务人无赡养、抚养、扶养能力的，享受农村五保供养待遇。

第三章 供养内容

第九条 农村五保供养包括下列供养内容：

（一）供给粮油、副食品和生活用燃料；（二）供给服装、被褥等生活用品和零用钱；（三）提供符合基本居住条件的住房；（四）提供疾病治疗，对生活不能自理的给予照料；（五）办理丧葬事宜。农村五保供养对象未满16周岁或者已满16周岁仍在接受义务教育的，应当保障他们依法接受义务教育所需费用。农村五保供养对象的疾病治疗，应当与当地农村合作医疗和农村医疗救助制度相衔接。

第十条 农村五保供养标准不得低于当地村民的平均生活水平，并根据当地村民平均生活水平的提高适时调整。农村五保供养标准，可以由省、自治区、直辖市人民政府制定，在本行政区域内公布执行，也可以由设区的市级或者县级人民政府制定，报所在的省、自治区、直辖市人民政府备案后公布执行。国务院民政部门、国务院财政部门应当加强对农村五保供养标准制定工作的指导。

第十一条 农村五保供养资金，在地方人民政府财政预算中安排。有农村

续延伸阅读 1.2

集体经营等收入的地方，可以从农村集体经营等收入中安排资金，用于补助和改善农村五保供养对象的生活。农村五保供养对象将承包土地交由他人代耕的，其收益归该农村五保供养对象所有。具体办法由省、自治区、直辖市人民政府规定。中央财政对财政困难地区的农村五保供养，在资金上给予适当补助。农村五保供养资金，应当专门用于农村五保供养对象的生活，任何组织或者个人不得贪污、挪用、截留或者私分。

第四章　供养形式

第十二条　农村五保供养对象可以在当地的农村五保供养服务机构集中供养，也可以在家分散供养。农村五保供养对象可以自行选择供养形式。

第十三条　集中供养的农村五保供养对象，由农村五保供养服务机构提供供养服务；分散供养的农村五保供养对象，可以由村民委员会提供照料，也可以由农村五保供养服务机构提供有关供养服务。

第十四条　各级人民政府应当把农村五保供养服务机构建设纳入经济社会发展规划。县级人民政府和乡、民族乡、镇人民政府应当为农村五保供养服务机构提供必要的设备、管理资金，并配备必要的工作人员。

三、《残疾人保障法》确定护理补贴

我国 1990 年发布的《中华人民共和国残疾人保障法》（以下简称《残疾人保障法》）及其 2008 年修订法案都强调了维护残疾人的合法权益，保障残疾人平等参与社会生活的立法精神。

1990 年发布的《残疾人保障法》第二条明确提出残疾人是在心理、生理、人体结构上，某种组织、功能丧失或者不正常，全部或者部分丧失以正常方式从事某种活动能力的人，包括视力残疾、听力残疾、言语残疾、肢体残疾、智力残疾、精神残疾、多重残疾和其他残疾的人。第九条要求残疾人的法定抚养人必须对残疾人履行抚养义务，残疾人的监护人必须履行监护职责，维护被监护人的合法权益。1990 年《残疾人保障法》第六章"对残疾人福利"明确规定国家和社会要采取扶助、救济和其他福利措施保障残疾人的生活，对无劳动能力、无法定抚养人、无生活来源的残疾人，按照规定予以供养、救济；残疾人所在单位、城乡基层组织、残疾人家庭应当鼓励并帮助残疾人参加社会保险；各级地方政府和社会举办的福利院和其他安置收养机构要按照规定安置收养残疾人；公共服务机构应当为残疾人提供有限服务和辅助性服务。

2008 年修订的《残疾人保障法》第四十八条规定："各级人民政府对生活确有困难的残疾人，通过多种渠道给予生活、教育、住房和其他社会救助。对生活不能自理

的残疾人，地方各级人民政府应当根据情况给予护理补贴。"从而在"三无"残疾人供养安排的基础上，明确提出对生活不能自理的残疾人给予现金补助的保障，反映了党和国家对失能问题的重视，此项规定也有助于提升残疾人的保障水平。

总体来看，残疾人作为生活不能自理的主要人群之一，我国已经将其失能护理保障纳入供养救济整体安排之中，并采取服务给付的方式。

延伸阅读 1.3

《残疾人保障法》对残疾人护理的规定

《残疾人保障法》1990 年

第六章　福利

第四十条　国家和社会采取扶助、救济和其他福利措施，保障和改善残疾人的生活。

第四十一条　国家和社会对生活确有困难的残疾人，通过多种渠道给予救济、补助。国家和社会对无劳动能力、无法定扶养人、无生活来源的残疾人，按照规定予以供养、救济。

第四十二条　残疾人所在单位、城乡基层组织、残疾人家庭，应当鼓励、帮助残疾人参加社会保险。

第四十三条　地方各级人民政府和社会举办福利院和其他安置收养机构，按照规定安置收养残疾人，并逐步改善其生活。

第四十四条　公共服务机构应当为残疾人提供优先服务和辅助性服务。残疾人搭乘公共交通工具，应当给予方便和照顾；其随身必备的辅助器具，准予免费携带。盲人可以免费乘坐市内公共汽车、电车、地铁、渡船。盲人读物邮件免费寄递。县级和乡级人民政府应当根据具体情况减免农村残疾人的义务工、公益事业费和其他社会负担。各级人民政府应当逐步增加对残疾人的其他照顾和扶助。

《残疾人保障法》2008 年

第六章　社会保障

第四十六条　国家保障残疾人享有各项社会保障的权利。政府和社会采取措施，完善对残疾人的社会保障，保障和改善残疾人的生活。

第四十七条　残疾人及其所在单位应当按照国家有关规定参加社会保险。残疾人所在城乡基层群众性自治组织、残疾人家庭，应当鼓励、帮助残疾人参加社会保险。对生活确有困难的残疾人，按照国家有关规定给予社会保险补贴。

第四十八条　各级人民政府对生活确有困难的残疾人，通过多种渠道给予

续延伸阅读 1.3

生活、教育、住房和其他社会救助。县级以上地方人民政府对享受最低生活保障待遇后生活仍有特别困难的残疾人家庭，应当采取其他措施保障其基本生活。各级人民政府对贫困残疾人的基本医疗、康复服务、必要的辅助器具的配置和更换，应当按照规定给予救助。对生活不能自理的残疾人，地方各级人民政府应当根据情况给予护理补贴。

第四十九条　地方各级人民政府对无劳动能力、无扶养人或者扶养人不具有扶养能力、无生活来源的残疾人，按照规定予以供养。国家鼓励和扶持社会力量举办残疾人供养、托养机构。残疾人供养、托养机构及其工作人员不得侮辱、虐待、遗弃残疾人。

四、《老年人权益保障法》聚焦老年失能问题

1996年，全国人民代表大会通过的《中华人民共和国老年人权益保障法》（以下简称《老年人权益保障法》）是我国老龄政策法制化、规范化的重要保证。《老年人权益保障法》第二条规定"老年人是指60周岁以上的公民"；第四条规定"老年人有从国家和社会获得物质帮助的权益，有享受社会发展成果的权利。"《老年人权益保障法》第十条规定"老年人养老主要依靠家庭，家庭成员应当关心和照料老人"；第十一条规定"赡养人应当履行对老年人经济上供养、生活上照料和精神上慰藉的义务，照顾老年人的特殊需要"；第十二条规定"赡养人对患病的老年人应当提供医疗费用和护理"。同时，《老年人权益保障法》第二十三条规定："城市的老年人，无劳动能力、无生活来源、无赡养人和抚养人的，或者其赡养人和抚养人确无赡养能力或者抚养能力的，由当地人民政府给予救济。农村的老年人，无劳动能力、无生活来源、无赡养人和抚养人的，或者其赡养人和抚养人确无赡养能力或者扶养能力的，由农村集体经济组织负担保吃、保穿、保住、保医、保葬的五保供养，乡、民族乡、镇人民政府负责组织实施。"由此可以得知，1996年《老年人权益保障法》将城乡"三无"老人的供养责任交由地方政府或集体，进一步明确农村五保供养制度各方责任，同时将城市"三无老人"纳入失能护理保障的范围，实现了人群层面的全覆盖。

2012年修订的《老年人权益保障法》第十五条规定："赡养人应当使患病的老年人及时得到治疗和护理；对经济困难的老年人，应当提供医疗费用。对生活不能自理的老年人，赡养人应当承担照料责任；不能亲自照料的，可以按照老年人的意愿委托他人或者养老机构等照料。"第三十条规定："国家逐步开展长期护理保障工作，保障老年人的护理需求。对生活长期不能自理、经济困难的老年人，地方各级人民政府应当根据其失能程度等情况给予护理补贴。"比较而言，修订后实施的《老年人权益

保障法》要求赡养人为生活不能自理的老人提供护理服务，地方政府为失能老人提供现金补助，进一步明确提出了失能老人护理保障的家庭和政府责任，并在国家法律层面第一次明确提出开展长期护理保障工作，为我国失能老人的护理保障制度建设指引了方向。

延伸阅读1.4

《老年人权益保障法》关于失能老人的规定

《中华人民共和国老年人权益保障法》1996年

第三章　收养的效力

第二十三条　城市的老年人，无劳动能力、无生活来源、无赡养人和扶养人的，或者其赡养人和扶养人确无赡养能力或者扶养能力的，由当地人民政府给予救济。农村的老年人，无劳动能力、无生活来源、无赡养人和扶养人的，或者其赡养人和扶养人确无赡养能力或者扶养能力的，由农村集体经济组织负担保吃、保穿、保住、保医、保葬的五保供养，乡、民族乡、镇人民政府负责组织实施。

第二十六条　老年人患病，本人和赡养人确实无力支付医疗费用的，当地人民政府根据情况可以给予适当帮助，并可以提倡社会救助。

第二十七条　医疗机构应当为老年人就医提供方便，对七十周岁以上的老年人就医，予以优先。有条件的地方，可以为老年病人设立家庭病床，开展巡回医疗等服务，提倡为老年人义诊。

第三十三条　国家鼓励、扶持社会组织或者个人兴办老年福利院、敬老院、老年公寓、老年医疗康复中心和老年文化体育活动场所等设施。地方各级人民政府应当根据当地经济发展水平，逐步增加对老年福利事业的投入，兴办老年福利设施。

第三十五条　发展社区服务，逐步建立适应老年人需要的生活服务、文化体育活动、疾病护理与康复等服务设施和网点。发扬邻里互助的传统，提倡邻里间关心、帮助有困难的老年人，鼓励和支持社会志愿者为老年人服务。

《中华人民共和国老年人权益保障法》2012年

第二十八条　国家通过基本养老保险制度，保障老年人的基本生活。

第二十九条　国家通过基本医疗保险制度，保障老年人的基本医疗需要。享受最低生活保障的老年人和符合条件的低收入家庭中的老年人参加新型农村合作医疗和城镇居民基本医疗保险所需个人缴费部分，由政府给予补贴。有关部门制定医疗保险办法，应当对老年人给予照顾。

第三十条　国家逐步开展长期护理保障工作，保障老年人的护理需求。对

续延伸阅读1.4

生活长期不能自理、经济困难的老年人，地方各级人民政府应当根据其失能程度等情况给予护理补贴。

第三十一条 国家对经济困难的老年人给予基本生活、医疗、居住或者其他救助。老年人无劳动能力、无生活来源、无赡养人和扶养人，或者其赡养人和扶养人确无赡养能力或者扶养能力的，由地方各级人民政府依照有关规定给予供养或者救助。对流浪乞讨、遭受遗弃等生活无着的老年人，由地方各级人民政府依照有关规定给予救助。

五、工伤失能补贴和军人优抚制度

国务院2003年颁布的《工伤保险条例》第三十二条规定："工伤职工已经评定伤残等级并经劳动能力鉴定委员会确认需要生活护理的，从工伤保险基金按月支付生活护理费。生活护理费按照生活完全不能自理、生活大部分不能自理或者生活部分不能自理三个不同等级支付，其标准分别为统筹地区上年度职工月平均工资的50%、40%或者30%。"2010年修订的《工伤保险条例》对此再次确认，并沿承了2003年提出的护理保障标准，提供失能护理现金给付。这也是我国法律法规第一次明确提出护理保障制度的标准，即将失能等级挂钩职工平均工资水平。

国务院1998年通过的《军人抚恤优待条例》第二十条规定："退出现役的特等、一等革命伤残军人，由国家供养终身。需要集中供养的，由国家设置专门机构供养；分散供养的，由地方人民政府负责妥善安置，并按照规定发给护理费。"据此，伤残军人作为一个特殊的群体，其失能护理责任由国家承担。在此基础上，2004年修订的《军人抚恤优待条例》第二十九条规定："对分散安置的一级至四级残疾军人发给护理费，护理费的标准为：（一）因战、因公一级和二级残疾的，为当地职工月平均工资的50%；（二）因战、因公三级和四级残疾的，为当地职工月平均工资的40%；（三）因病一级至四级残疾的，为当地职工月平均工资的30%。退出现役的残疾军人的护理费，由县级以上地方人民政府民政部门发给；未退出现役的残疾军人的护理费，经军队军级以上单位批准，由所在部队发给。"2011年修订的《军人抚恤优待条例》对此进一步确认。

因公伤残的职工和军人，失能护理保障均为现金给付，同时现金给付的水平均为当地职工平均工资的30%～50%。两类失能人员护理保障标准的统一，在一定程度上反映了我国当前护理保障标准的取向，这也为我国失能老人和残疾人护理补贴的水平提供了一定的参考。未来我国建立统一的长期护理保险制度，挂钩社会平均工资水平厘定补贴金额，值得进一步的探索。

第二节 我国长期护理相关制度的发展现状

一、失能保障人员情况

据民政部《2015年社会服务发展统计公报》,截至2015年末,全国各类提供住宿的社会服务状况涉及老年人和特殊人群的主要包括两方面:一是提供住宿的养老服务。2015年末,各类养老服务机构和设施共有11.6万个,比2014年增长23.4%。其中,注册登记的养老服务机构2.8万个,社区养老服务机构和设施2.6万个,互助型养老设施6.2万个。各类养老床位672.7万张,比2014年增长16.4%(每千名老年人拥有养老床位30.3张,比2014年增长11.4%),其中社区留宿和日间照料床位298.1万张。二是针对特殊人群的服务。民政部门管理的智障与精神疾病服务机构共有242个,床位7.8万张。其中:社会福利医院(精神病院)151个,床位4.9万张,年末收留扶养各类人员4.0万人;复退军人精神病院91个,床位3.0万张,年末收留扶养各类人员2.4万人。

截至2015年底,不提供住宿的社会服务中涉及老龄服务、残疾人服务、社会救助、优抚安置、社区养老服务等五部分内容。

第一,老龄服务。2015年全年享受高龄补贴的老年人共有2 155.1万人,享受护理补贴的老年人达到26.5万人,享受养老服务补贴的老年人共有257.9万人。

第二,残疾人服务。截至2015年底,全国有为残疾人提供服务的机构1.5万个,吸纳42.9万残疾职工就业。

第三,社会救助,包括城市低保、农村低保和农村特困人群。一是城市低保服务工作。截至2015年底,全国城市低保对象共有957.4万户、1 701.1万人,救济城市"三无"人员6.8万人。全年各级财政支付城市低保资金共719.3亿元。2015年全国城市低保平均标准是451.1元/人·月,比2014年增长9.5%;全国城市低保月人均补助水平316.6元,比2014年增长10.9%。二是全国农村低保对象有2 846.2万户、4 903.6万人。全年各级财政共支出农村低保资金931.5亿元。2015年全国农村低保平均标准3 177.6元/人·年,比2014年增长14.4%。全国农村低保年人均补助水平1 766.5元,比2014年增长13.8%。三是全国救助供养农村特困人员516.7万人,比2014年下降2.3%。全年各级财政共支出农村特困人员救助供养资金210.0亿元,比2014年增长10.6%。其中:集中供养162.3万人,年平均供养标准为6 025.7元/人,比2014年增长12.2%;分散供养354.4万人,年平均供养标准为4 490.1元/人,比2014年增长12.1%。

第四,优抚安置。截至2015年底,国家抚恤、补助各类重点优抚对象897.0万人(如表1.1所示)。其中:伤残人员73.7万人,带病回乡退伍军人118.4万人,在乡复员军人79.2万人,60岁以上农村籍退伍军人392.5万人,在乡退伍红军老战士

177人,在乡西路军红军老战士64人,红军失散人员3 708人;烈士遗属16.1万人,因公牺牲、病故军人遗属10.4万人。

表1.1　　　　　　　我国近年来国家抚恤、补助的支出状况

指标\年份	2008年	2009年	2010年	2011年	2012年	2013年	2014年	2015年
国家抚恤、补助优抚对象（万人）	633.2	630.7	625	852.5	944.4	950.5	917.3	897
抚恤事业费（亿元）	253.6	310.3	362.7	428.3	517	618.4	636.6	686.8
抚恤事业费年增长率（%）	20.3	22.4	16.9	18.1	20.7	19.6	2.9	7.9

资料来源:民政部:《2015年社会服务发展统计公报》。

第五,社区养老。2015年末,全国共有各类社区养老服务机构和设施2.6万个,比2014年增长36.8%;互助型的养老设施6.2万个,比2014年增长55%;其他社区服务设施12.0万个,比2014年增长12.1%(如表1.2所示)。

表1.2　　　　　　2008~2015年我国社区服务机构及设施发展状况

指标\年份	2008年	2009年	2010年	2011年	2012年	2013年	2014年	2015年
社区服务机构和设施（万个）	14.6	14.6	15.3	16	20	25.2	31.1	36.1
社区服务中心、站（万个）	4	6.3	5.7	7.1	10.4	12.8	14.3	15.2
社会服务中心、站增长率（%）	-32.9	58.4	-9.8	23.9	47.8	23.1	11.7	6.2

资料来源:民政部:《2015年社会服务发展统计公报》。

全国老龄办、民政部、财政部2016年10月9日共同发布的《第四次中国城乡老年人生活状况抽样调查结果》显示,我国失能、半失能老年人大致是4 063万人,占老年人口18.3%,每年全国走失老人约有50万人,平均每天走失约1 370人。由此可见,失智和缺乏照料成为老人走失的主因。因此,适时构建适合我国国情的长期护理保险制度已迫在眉睫。

二、失能护理保障机构建设

尽管我国现有各种法律规章针对不同类型的失能人员制定了相应的护理政策规定,也划定了相应政府部门负责政策措施的具体实施执行,但我国尚未组建专门机构负责失能人员的护理保障制度建设。

当前,我国负责失能人员护理工作的部门主要包括全国老龄工作委员会、民政部、人力资源和社会保障部三大部门及各地方政府的相应机构。其中,全国老龄工作委员会是国务院主管全国老龄工作的议事协调机构,成立于1999年10月,负责协调和推动有关部门做好维护老年人权益的保障工作。民政部负责制定优抚政策、标准及管理办法,牵头拟订社会救助规划、政策和标准,健全城乡社会救助体系,负责城乡居民最低生活保障、生活"三无"人员救助工作,指导老年人、孤儿和残疾人等特殊群体权益保障工作。人力资源和社会保障部统筹建立覆盖城乡的社会保障体系,主要负责失业、社会保险基金预测预警和信息引导,保持社会保险基金总体收支平衡。

从各部门的职责来看，民政部负责城乡"三无"老人的供养保障、伤残军人和残疾人的护理保障，人力资源和社会保障部负责因工伤残人员的护理保障，老龄委专职于老龄问题的协调。

当前这种以人群划分长期护理保险制度、部门分割的"碎片化"模式，由于不同人员保障水平不同、地方政府和中央有关部门责权不明、中央和地方财政补贴水平较低等原因，有可能导致部分失能残疾人或失能老人难以得到及时、有效的救助，因此建立有效的部门协调机制，统筹管理失能人员的护理服务问题，应以我国机构体制改革和社会保障体系完善为契机，加快建立统一的失能护理保险机制。

三、长期护理保险制度的探索

截至目前，我国部分地区已经陆续开始探索建立长期护理保险制度。例如，天津市实行居家养老护理补贴政策，规定对于具有天津市户籍，享受城市最低生活保障待遇、特困救助和抚恤补助优抚对象中60周岁以上需要生活照料的老年人和80岁以上独生子女父母、市级劳动模范、失能老人和空巢老人，且家庭人均收入低于天津市最低工资标准、需要生活照料的老年人，每月可领到最高400元的居家养老护理补贴。山东省青岛市建立了长期医疗护理保险制度，规定对于参加城镇职工基本医疗保险、城镇居民基本医疗保险的参保人均是医疗护理保险的覆盖范围，对于符合条件的失能人员可在定点护理机构或居家接受长期医疗护理、医疗专护服务，由护理保险基金支付相关护理费用。

综上所述，在当前国家专门长期护理保险政策法规暂时缺失的情形下，各地方政府已经开始探索建立地方性失能人员长期护理保险制度，但也亟须国家出台建设长期护理保险制度的专项指导意见，对有关长期护理保险的主管机关、筹资模式、保险对象、保险给付水平、护理服务输送方式、服务供给者资格条件、品质规范与评价标准等予以立法规范，彰显宪法精神。

本章小结

本章共包括两部分，首先回顾了我国《宪法》《农村五保供养工作条例》《残疾人保障法》《老年人权益保障法》《工伤保险条例》《军人抚恤优待条例》对长期护理的相关规定，然后从失能护理人员和护理保障机构建设两方面分析了我国现有长期护理相关制度发展的现状。

思考题

1. 我国关于失能的相关法律规章有哪些？
2. 何为失能，如何判定失能？

第二章

我国长期护理保险制度建设的必要性

第一节 我国人口老龄化与家庭结构变化

一、我国人口老龄化趋势

我国是世界上老年人口最多的国家,这同我国人口基数大,老年人口增长速度快有很密切的关系。2015年国家统计局发布的数据显示,我国60岁及以上人口占总人口的比例是16.15%,比2000年上升5.88个百分点,其中65岁及以上人口占总人口的比例是10.47%,比2000年人口普查上升3.5个百分点(如表2.1所示)。我国老龄化进程逐步加快,老龄化指数〔老龄化指数(也称老少人口比)=(65岁及以上人口数/0~14岁人口数)×100%〕更是翻倍增长,从2000年的28.68%上升到2015年的63.33%。这表明在我国老龄人口比重不断增加的同时,新生人口并没有相应增加。预计到2020年我国老年人口将超过2.5亿人,2027年将超过3亿人,到21世纪中叶,我国老年人口将高达4亿人左右,占我国总人口的25%。

表2.1 我国人口老龄化有关资料

年份	总人口数(万人)	≥65岁老年人口(万人)	≥65岁老年人口比例(%)	≥60岁老年人口(万人)	≥60岁老年人口比例(%)	0~14岁人口(万人)	老龄化指数
1982年	101 654	4 981	4.90	8 234	8.10	34 146	14.59
1990年	114 333	6 403	5.60	9 604	8.40	31 659	20.22
2000年	126 743	8 838	6.97	13 014	10.27	30 814	28.68
2010年	134 091	11 894	8.87	17 765	13.25	22 259	53.43
2011年	134 735	12 288	9.12	18 499	13.73	22 164	55.44

续表

年份	总人口数（万人）	≥65岁老年人口（万人）	≥65岁老年人口比例（%）	≥60岁老年人口（万人）	≥60岁老年人口比例（%）	0~14岁人口（万人）	老龄化指数
2012年	135 404	12 714	9.39	19 390	14.32	22 287	57.05
2013年	136 072	13 161	9.67	20 243	14.88	22 329	58.94
2014年	136 782	13 755	10.06	21 242	15.53	22 558	60.98
2015年	137 462	14 386	10.47	22 200	16.15	22 715	63.33

资料来源：http://www.stats.gov.cn/。

（一）我国人口老龄化的特点

从21世纪初步入老龄化社会以来，历经十几年的发展演变，我国老龄化进程中表现出以下三个特点：

首先，老龄化发展速度迅猛。人口结构由成年型迈向老年型应该是一个渐进过程，世界上最先进入老龄化社会的国家中，法国用了115年，瑞典则用了85年，美国用了66年，英国用了45年，即便是以长寿著称的日本，从成年型社会迈入老年型社会也用了24年，而我国仅仅用了18年①。

其次，"未富先老"特点突出。与世界其他已经进入老龄化社会的发达国家相比，我国的经济发展水平不仅跟不上老龄化的进程，还与其他国家的差距极大。例如，日本和美国在老龄化达到7%时，人均GNP分别达到了1 940美元和1 392美元，而我国2000年步入老龄化社会时，人均GNP尚未达到1 000美元（如表2.2所示）。

表2.2　　　　部分发达国家老龄化达到7%时的经济水平

国别	老龄化达到7%时的年份	老龄化达到7%时	
		人均GNP（美元）	按PPP计算的人均GDP（国际美元）
世界	2001年	5 170	7 442
美国	1944年	1 392	…
日本	1970年	1 940	…
中国	2000年	840	3 976

资料来源：杜鹏、杨慧："'未富先老'是现阶段我国人口老龄化的特点"，《人口研究》，2006年第6期。

最后，地区/城乡之间老龄化程度不平衡。由于我国东部地区和西部地区经济和社会发展差异很大，我国的东西部地区老龄化程度和老龄化速度差异也非常大，基本上是由东向西梯次的状况，东部发达地区远远快于西部欠发达地区，不过劳动力跨地区的流动在一定程度上缩小了地区之间人口老龄化程度的差异，如果劳动力从不发达地区流入发达地区的速度过快，也有可能出现不发达地区老龄化问题比发达地区更严

---

① 根据中国人口计生委2003年预测结果和韩国国家统计厅资料整理而得。

重的情况。与此同时，老龄化程度在城乡间也存在很大差异，即城乡老龄化倒置，农村老龄化比城市严重，农村老龄化程度平均为 7.5%，城市平均为 6.4%。

（二）我国老年人口失能形势严重

随着年龄增长和机体自然衰退弱化，我国老年人身体健康状况日益下降，各种老年性疾病（如老年痴呆、脑中风后遗症、脑损伤、心血管疾病及并发症、糖尿病并发症等）的发病率都呈现上升的趋势。2013 年，由卫生部公布的《第五次国家卫生服务调查分析报告》结果表明，我国居民按人数计算的慢性病患病率由 2008 年的 18.9% 增加至 2013 年的 24.5%，其中 65 岁以上老年人慢性病患病率高达 78.4%，比 2008 年提高了 13.9 个百分点，老年人患病致残率则高达全人群的 5 倍以上。这些多发疾病、慢性疾病严重威胁着老年人的身体健康，也直接导致了老年人在日常生活、行动中的不便以及容易受到意外事故带来的伤害。因疾病、伤残、衰老而失去生活自理能力的老年人口数量增加，需要长期护理的老年人数日益增多。

困扰我国老年人最严重的失能状况是视力失能问题，其次是听力失能问题。老年人失能后生活不能完全自理，需要护理或家人照顾的比例不断增加。2006 年，全国老龄委发布的《中国城乡老年人口状况追踪调查》显示，城乡老年人日常生活需要照顾比例是 9.6%。2013 年《第五次国家卫生服务调查分析报告》报告显示，11.6% 的老年人近 30 天生活起居需要由子女或孙子女（50.7%）和配偶（46.7%）提供照顾（如表 2.3、表 2.4 所示），这一比例随着老年人失能比例的提高正在不断上升。

表 2.3　　　　　　　　2013 年我国老年人口失能状况　　　　　　　（单位:%）

失能	合计	城市				农村			
		小计	东部	中部	西部	小计	东部	中部	西部
行走									
长期卧床	3.3	3.4	2.8	3.9	3.5	3.2	2.9	3.6	3.0
没人帮不能走	2.0	1.9	1.5	2.0	2.3	2.1	1.9	2.3	2.1
不能独自出门	6.8	6.4	6.5	5.5	7.3	7.3	6.1	6.9	9.0
听力									
很难听清楚	5.6	4.9	4.3	5.5	5.2	6.4	6.0	6.5	6.8
需提高声音	18.2	16.1	14.0	14.7	20.1	20.5	18.1	21.7	21.9
说话									
有困难	10.7	11.2	8.9	12.2	13.1	10.1	8.8	11.4	10.3
视力									
中度困难	21.5	18.4	15.2	17.8	23.2	24.9	23.7	25.6	25.5
极度困难	3.7	3.4	2.8	3.3	4.3	4.0	3.5	4.2	4.4

资料来源：国家卫生计生委：《2013 年第五次国家卫生服务调查分析报告》。

表 2.4　　　　　　　　　2013 年调查老年人生活照顾情况　　　　　　　（单位:%）

生活照顾	合计	城市				农村			
		小计	东部	中部	西部	小计	东部	中部	西部
近 30 天生活起居需要照顾	11.6	11.9	11.6	11.7	12.6	11.2	9.9	11.6	12.5
需要照顾时,主要由谁提供									
配偶	46.0	49.0	49.5	52.2	44.8	42.6	44.2	47.4	35.4
子女或孙子女	50.7	47.4	46.8	45	50.7	54.4	53.4	48.9	61.8
亲戚/朋友/邻居	1.1	0.8	0.9	0.6	1.1	1.4	1.4	1.4	1.4
保姆	0.5	0.8	0.9	0.7	0.8	0.1	0.1	0.2	0.1
社区	0.2	0.2	0.2	0.1	0.4	0.2	0.2	0.2	0.2
其他	0.6	0.7	0.6	0.4	1.0	0.5	0.3	0.8	0.3
没人帮助	0.9	1.1	1.1	0.9	1.2	0.8	0.4	1.2	0.8

资料来源:国家卫生计生委:《2013 年第五次国家卫生服务调查报告》。

二、家庭结构变化趋势

我国自 1976 年实行计划生育基本国策以来,家庭规模逐渐缩小,平均每个家庭的人口数逐年下降,截至 2014 年,我国平均每个家庭的人口为 3.11 人①,比 2000 年第五次全国人口普查的 3.44 人减少 0.33 人。大量"4+2+1"家庭(指一对夫妻抚养一个子女和赡养四位老人的家庭结构)出现,一对夫妻最多可能要照顾 12 个老人。虽然近年来国家放宽了计划生育政策,2011 年全国各省市全面放开了"双独二胎"政策,宣布如果夫妻均为独生子女,则可以生育两个孩子;2016 年我国实施了"全面二胎"政策,即实施一对夫妇可生育两个孩子政策,积极开展应对人口老龄化行动。然而,在经济增长和独生子女政策下成长起来的年轻一代,人生观和价值观发生了很大的改变,很多人只希望生育一个孩子,甚至根本不希望生育孩子而成为"丁克"家庭,"4+2+1"家庭结构使得家庭传统的养老功能减弱。与此同时,随着社会与经济的发展,住宅环境的改善,以及流动人口的增加,再加上大量人口选择异地就业,最终导致无法依赖子女而独自生活的老年人不断增加。全国老龄委数据显示,目前我国老年"空巢"家庭率(独居型老年家庭,此类家庭中或老人无子女或子女成年后不再与老人同住)已达半数,大中城市达到 70%,给老人的护理带来了巨大压力②。

---

①　数据来自 2015 年《中国人口就业统计年鉴》。
②　老龄委:"大中城市老年空巢家庭率已达 70%",央广网 http://finance.cnr.cn/gundong/20151109/t20151109_520438564.shtml,2015 年 11 月 9 日。

根据我国第四、第五和第六次人口普查的数据可知，1990年，我国老年人口扶养比为8.35%，2000年上升为9.92%，到2010年则上升为11.9%。截至2014年，全国老年人口扶养比是13.7%，预计2025年老年人口扶养比将达到18.67%，而2050年将达到32.18%。根据国家统计局最新数据显示，截至2014年底，四川省的老年人扶养比超过了20%，重庆次之（如表2.5所示），这些地区和城市的老年扶养比明显高于全国平均水平。

表2.5　　　　　　　　　2014年我国部分地区老年人口扶养比

地区	总人口数（万人）	老年人口扶养比（%）
四川省	8 140	20.04
重庆市	2 991	20
江苏省	7 960	16.26
山东省	9 789	15.77
辽宁省	4 391	15.68
湖南省	6 737	15.35
天津市	1 517	15.06
安徽省	6 083	14.53
陕西省	3 775	14.25
广西壮族自治区	4 754	13.91

资料来源：《2015年中国统计年鉴》。

当今社会中，绝大多数中、青年人边工作边照顾老人和孩子，来自于经济、心理和身体方面的压力都很大，许多人由此长期处于亚健康状态。随着社会竞争日趋激烈，许多子女无心、也无暇照顾患有慢性病的老人，加之老年人较过去更为长寿，需要护理的周期也在逐渐延长。由于社会压力导致越来越多的家庭在照顾老年人的问题上很难发挥更大的作用，很多人面临着在工作、学习与为家中老人提供护理之间展开取舍的问题。即便是部分老年人可以从子女那里获得不同程度的护理服务，子女虽然在生活和心理慰藉方面可以给老人以帮助，但很难提供专业护理服务，因此仍然要将老人送去住院。对于长期慢性病患者来说，一次住院解决不了多大问题，可能意味着多次反复住院，这给子女的时间、精力和经济上都会造成较大压力。

第二节　建立长期护理保险制度的意义

长期护理对于照顾老年人生活、保证老年人健康、帮助老年人安度晚年意义重大，而当前我国老龄化形势日益严重，老年人数量和高龄化程度都在增加，传统的家庭养老模式已经越来越难以负担起长期护理责任。因此，建立长期护理保险制度，发展失能护理服务能够有效缓解社会养老压力。

一、建立长期护理保险制度的必要性

（一）我国人口老龄化导致老年护理服务压力巨大

伴随人口老龄化和高龄化进程的加速，我国老年人口健康问题随之增加，因疾病、伤残、衰老而失去生活自理能力的老年人口数量逐年增加，未来几十年内我国老年人口的生活照料问题将显得尤为突出。我国首次"全国城乡失能老年人状况研究"显示，2010年末，全国城乡部分失能和完全失能老年人口约有3 300万人，其中完全失能老年人口高达1 080万，占在家庭居住老年人口的6.4%。2016年《第四次中国城乡老年人生活状况抽样调查成果》报告显示，我国目前失能老年人口超过4 000万人。预计到2030年，我国需要长期护理服务的老年人总数将超过6 000万人。到21世纪中叶，我国需要长期护理服务的老年人总数将超过1亿人，这种老年人护理需求基数和增长速度应该引起我国对长期护理保险制度建设的足够重视。庞大的失能老年群体对长期护理服务提出了紧迫需求。然而，随着我国家庭结构的变化，传统家庭护理失能老人的功能日益弱化，反而出现大量"空巢老人"家庭，进一步加剧了失能老人护理问题的紧迫性。与此同时，我国专业养老机构本身总量不足，并且护理服务水平参差不齐，同时护理失能老人工作繁重，并且承担风险较大，专业养老机构缺乏提供长期护理服务的积极性，导致我国目前的护理服务产业远远满足不了社会日益增长的护理服务需求。最终导致"作为世界上失能老人人口最多的国家，我国面临的护理服务压力超过世界上任何国家。"[①]

护理服务不同于普通的医疗护理，需要更强的专业性、耐心、爱心，随着专业护理机构的出现和护理服务体系的建设，第三方的护理方式得到推广，护理服务实现市场化无疑可以推进护理服务的发展，增加供给，但是由于市场化后形成的高供给价格有可能导致现在的大部分老年人无力承担，人们在获得护理便利性的同时，所花费的护理费用将迅速增长。根据全国老龄委2016年《第四次中国城乡老年人生活状况抽样调查成果》显示，截至2015年，城市老年人平均月收入为1 994.17元，农村老年人平均月现金收入仅为635.08元。我国目前的老年公寓等养老机构每月需要1 000元左右，如果针对完全不能自理的老人，他们对护理服务的要求更高，那么护理费用可能会超过2 000元甚至更多，而且这笔费用仍将逐年攀升。老年人收入扣除日常生活费用后，如果需要入住养老机构的老人没有子女的支持或其他经济来源，每月仅靠政府发放的养老金或最低生活保障金度日，那么根本不可能

---

① http://www.cncaprc.gov.cn/news/18305.jhtml。

第二章
我国长期护理保险制度建设的必要性

负担得起这笔护理费用。再加上目前我国的基本社会保障体系尚处于初级阶段，护理服务不在社会保障覆盖范围之内，因此老年人在医疗费用、护理费用方面所承担的压力非常大。

专栏2.1

我国失能老人对护理服务的需求状况

根据中国保险协会发布的《2016年中国长期护理调研报告》显示，受访的60岁以上老年人在不考虑费用、服务资源等因素的情况下，根据其自身健康状况而希望得到的护理服务能在较大程度上反映老年人的实际护理需求。数据显示，只有28%的老人回答"不需要任何服务"，也就是说有七成以上的老年人由于各种身体原因而有不同程度的护理服务需求。

生活自理能力对老年人的护理服务需求有十分显著的影响。中度和重度依赖状态的老人选择8小时以上护理时间的比例快速上升，从轻度依赖组别的8%分别上升至15%和23%。同时，他们选择"居家护理方式"的比例明显降低；选择"到老年公寓、养老院等专业护理机构"的比例显著提升，分别达13%和17%；选择"在医院长期病房"的比例也有较大幅度上升，分别达10%和13%。因此，一旦进入中度生活依赖状态，老人护理需求就出现跳跃式上升，他们对护理服务的时间长度和专业水平的要求都有显著的提高。

图2.1为护理时间需求与护理依赖等级；图2.2为护理方式需求与护理依赖等级。

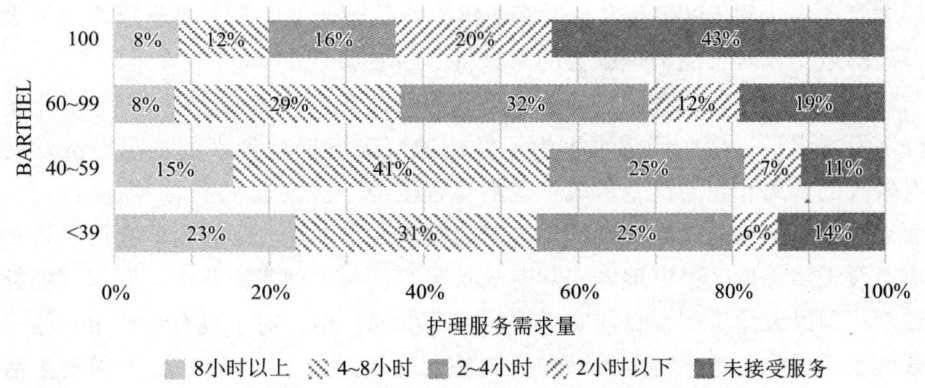

图2.1 护理时间需求与护理依赖等级

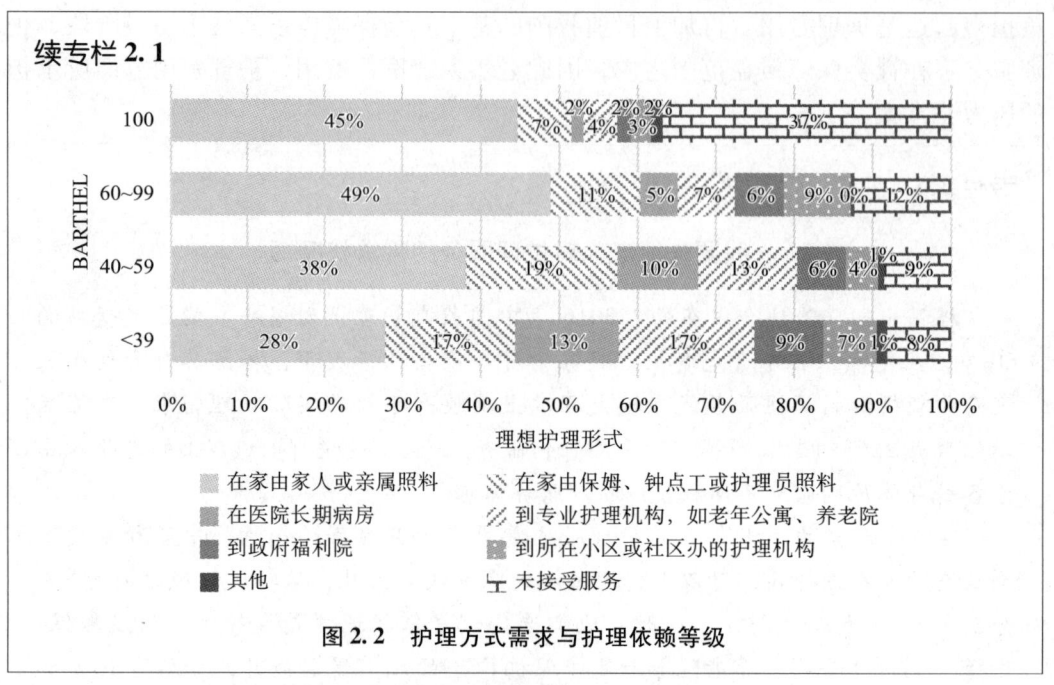

图 2.2 护理方式需求与护理依赖等级

(二) 老年失能护理费用高企与融资能力不足的矛盾显著

老年失能护理持续时间长、护理专业水平高,从而导致护理费用较高。随着我国人口老龄化趋势严重,特别是高龄老年人口的激增,截至 2014 年底,我国总人口是 13.68 亿人,其中 60 岁及以上老年人口占总人口比例为 15.56%,其中 80 岁及以上的高龄老年人口比例达到 1.87%[①]。2016 年,全国老龄委测算称 2020 年我国 80 岁以上高龄老年人将达到 2 900 万人,失能老年人将达到 4 200 万人,不断增加的失能老年人及高龄老年人对长期护理服务的需求将不断增加。

与发达国家相比较,我国老龄化最显著的特征在于"未富先老",老龄化超前于社会经济发展水平,是在经济水平尚不发达的情况下提前到来的,与经济发展不同步,有较大的偏离和超前性,形成了老龄化程度与经济发展水平的"时间差"。从宏观层面来看,我国当前老年失能护理的财政投入严重不足。尽管目前上海、青岛、吉林、南通及天津等地区根据地方实际财政状况对长期护理实施各类不同程度的补贴及报销政策,但以天津为例,目前实行居家养老护理补贴,对于具有天津市户籍,享受城市最低生活保障待遇、特困救助和抚恤补助优抚对象中 60 周岁以上需要生活照料的老年人,80 岁以上独生子女父母、市级劳动模范、失能老人和空巢老人,且家庭人均收入低于天津市最低工资标准、需要生活照料的老年人,每月可领到最高 400 元的居家养老护理补贴,但这与上述机构失能老人护理费用相差甚远。从微观层面来

---

① 根据 2015 年《中国统计年鉴》年 2014 年人口抽样调查数据计算而得。

看，我国 65 岁及以上老年人的主要生活来源随着年龄的增长，劳动收入占比急剧下降，而城市地区的老年人收入来源主要为离退休金、养老金的仅占人口的一半左右，农村地区这个比例非常低（如表 2.6 所示）。在当前基本养老保障水平较低的情况下，老年人的生活高度依赖其家庭成员供养，高昂的失能护理费用难以支付，由此引发了因失能而贫困、因失能而返贫、因失能而被遗弃甚至虐待等社会问题。由此可见，我国当前没有建立政府、社会、个人（或家庭）相互协调可行的失能护理融资模式，与当前失能护理服务需求和失能护理费用高企矛盾日益显著。

表 2.6　　　　　2010 年全国 60 岁及以上人口生活主要来源占比　　　　（单位:%）

年龄	劳动收入	离退休金、养老金	最低生活保障金	财产性收入	家庭其他成员供养	其他
60~64 岁	48.11	23.30	2.28	0.47	24.29	1.55
65~69 岁	34.64	24.57	3.49	0.40	35.08	1.81
70~74 岁	18.12	26.56	4.79	0.32	48.21	2.00
75~79 岁	10.11	25.09	5.40	0.27	57.05	2.09
80~84 岁	3.97	22.26	5.93	0.23	65.52	2.09
85~89 岁	2.35	18.39	6.22	0.21	70.71	2.11
90~94 岁	2.06	14.88	6.83	0.20	73.89	2.13
95~99 岁	6.59	11.60	7.00	0.21	72.42	2.18
100+ 岁	6.55	7.22	9.98	0.22	73.38	2.65

资料来源：《2011 年中国人口和就业统计年鉴》。

二、构建长期护理保险制度的意义

（一）建立长期护理保险制度有利于缓解家庭养老压力

2010 年第六次人口普查数据显示，全国 31 个省、自治区、直辖市共有家庭 40 152 万户，家庭户人口 124 461 万人，平均每个家庭户的人口为 3.10 人，比 2000 年人口普查的 3.44 人减少 0.34 人（如表 2.7 所示）。我国家庭户规模继续缩小，主要是受到生育水平不断下降、人口生育率下降、迁移流动人口增加、年轻人婚后独立居住等因素的影响。

家庭结构日趋小型化，出现大量的"4+2+1""4+2+2"家庭结构，使得多个儿女共同赡养老人的可能性日益降低，而独生子女照顾一个或多个老年人将会成为普遍现象。如果不改变传统观念，仍然依靠传统的家庭养老，我国的年轻一代会背上"工作、老人、孩子"这三座大山艰难前进，致使他们在工作时想到老人和孩子，在家里焦虑自己的工作，从而陷入两难的困境。这种家庭困难会波及整个社会，转而形成国家的困难。然而，这些问题的解决，除了转变尽孝观念外，必须建立长期护理保险制度，大力发展长期护理产业，开发专业护理、个人生活照顾及看护服务等多种类型的长期护理服务；开办大型专业护理院、社区护理院等多类护理场所，满足人们的多种护理需求，让老年人能够得到满意的护理，使老年人的儿女放心。如果老年人喜欢居家养老，长期护理机构可入户向老年人提供定期综合性的服务、保健及护理服务，照料老年人日常生活，帮助老年人做家务，指导老年人康复训练等。

表2.7   第六次全国人口普查家庭结构和年龄结构变化情况

年份	1953年	1964年	1982年	1990年	2000年	2010年
家庭户规模（人/户）	4.33	4.43	4.41	3.96	3.44	3.1
0~14岁年龄组人口占比（%）	36.28	40.69	33.59	27.69	22.89	16.6
15~64岁年龄组人口占比（%）	59.31	55.75	61.5	66.74	70.15	74.53
65岁及以上年龄组人口占比（%）	4.41	3.56	4.91	5.57	6.96	8.87

资料来源：《2011年中国统计年鉴》。

（二）建立长期护理保险制度，有助于保证失能人员生命尊严和生活质量

失能人员尤其是失能老人是一个较特殊的群体，由于年老体衰，社交活动逐渐减少，与他人交流、向他人进行感情倾诉的机会减少，长期的积累使得他们的精神受到压抑。同时，由于家庭结构日趋小型化，儿女越来越少，亲情越来越少，远没有那种子孙满堂、享受天伦之乐的感觉。更常见的是，儿女们外出工作而不得不把老人独自留在家中，使得他们感到精神空虚、孤独寂寞。再者，退休后老年人的收入减少，在农村的老年人甚至没有任何经济来源，而老年时期又是疾病的高发期，像老年痴呆、脑中风后遗症、脑损伤、心血管疾病及并发症、糖尿病及并发症等都极易发生，高昂的医疗及护理费用使得老年人难以承受，进而产生了不安全感。与此同时，随着我国现代社会生活节奏的加快，儿女对老人的护理正在演变为仅在生活上的照料，和老人在感情上的交流越来越少，因而这种照料远不能满足老人多方面的需求。长期护理保险制度是一种家庭护理和社会护理相融合，包含健康和社会服务的综合化、全方位的服务体系，能够增强失能人员尤其是失能老年人的生活自理能力，丰富失能老年人的情感生活，维护失能老年人的生命尊严，提高失能老年人的生命质量，真正实现健康老龄化。

（三）建立长期护理保险制度有助于完善我国社会保障制度

我国现有的社会保障制度主要包括社会救助、社会保险和社会福利三个层次。作为我国社会保障制度主体的社会保险制度，并没有将失能长期护理纳入保障范围。在社会救助和社会福利层面，只有极少一部分人民群众，如残疾人等特殊群体可享受低水平的护理救助。从全国范围来看，我国目前有4 000多万失能老人，老年失能风险已经成为我国一项不可忽视的社会风险，因而亟须国家调配资源，建立长期护理保险制度，进一步健全社会保障体系。这也是我国高举中国特色社会主义伟大旗帜，以邓

第二章
我国长期护理保险制度建设的必要性

小平理论和"三个代表"重要思想为指导,深入贯彻落实科学发展观,坚持"广覆盖、保基本、多层次、可持续"的基本方针,加快建立覆盖城乡居民的社会保障体系,使广大人民群众得到基本保障,共享经济社会发展的成果,促进社会主义和谐社会建设的基本要求。

本章小结

本章共包括两节,第一节首先从我国的人口老龄化趋势、老年人口失能状况、家庭结构小型化及老年扶养比等问题分析入手,阐述我国构建长期护理保险制度的社会背景;第二节从老年护理服务需求量大、护理费用高压及老年人支付意愿不强等方面阐述了我国构建长期护理保险制度的必要性,并分析了建立长期护理保险制度能够缓解家庭养老压力等方面的积极作用。

思考题

1. 我国现有社会保障体系的架构。
2. 长期护理保险制度的功能及作用。

第三章

长期护理保险概述

第一节 相关概念界定

长期护理与传统健康护理,即急性医疗护理有着明显区别:传统健康护理的主要目的是治愈疾病或保全生命,只保障急性治疗的医疗护理费用,而不保障长期护理费用支出,而长期护理的目的是尽最大可能长期维持和增进患者的身体机能,提高其生存质量,而不是治疗性的服务与照顾。具体表现在三个方面:首先,长期护理是照料慢性病患者或者失能者,而不是治疗重大疾病。只要人活着,慢性病护理会持续下去,护理费用累积起来非常高,个人和家庭可以根据自身经济负担能力选择不同类型的长期护理服务。其次,供给长期护理的养老院多属于非营利机构,有时面临超额需求。相比之下,供给急性医疗护理的医院多属营利性产业,面临着床位的超额供给。最后,长期护理经常被无偿供给,老年人可以通过配偶、儿女、朋友等接受非正式的护理。

一、长期护理的概念

美国纽约州保险局认为长期护理是指由于意外伤害、疾病或天生疾病而长期无法自理其日常生活的人们所需要的各种支持性医疗、个人和社会服务[1]。长期护理服务的内容为照料生活无法自理人的基本日常生活,如洗漱、吃饭、穿衣、如厕等。

美国健康保险协会(Health Insurance Association of America, HIAA)[2]把长期护理定义为:长期护理是指在一个较长的时期内,持续地为患有慢性疾病,譬如早老性

---

[1] 孙祁祥等译:《人寿与健康保险》,经济科学出版社2003年版。
[2] HIAA是美国健康医疗保险最重要的行业组织,有公司会员250多家,这些公司为1亿美国人提供各类健康医疗保险。

痴呆等认知障碍或处于伤残状态下，即功能性损伤的人提供的护理，主要包括医疗服务、社会服务、居家服务、运送服务或其他支持性服务，具体分为"非正规护理"和"正规护理"[①]两种。

其他学者如 Binstock et al.（1996）从政策角度给长期护理下了定义，认为长期护理是为慢性失能者（多数是老年人）提供的健康和福祉服务。Ambromovitz（1999）从保险角度定义长期护理，认为长期护理既包括日常生活的援助，也包括医疗性和非医疗性服务。Kane，R.A 和 Kane，R.L（1987）提出老年护理是一系列的健康、个人护理和社会服务，以帮助生活不能自理者或先天残疾者维持生活。我国学者对长期护理也进行了许多研究，陈杰（2002）提出，老年人长期护理是指老年人由于其生理、心理受损，生活不能自理，因而在一个相对较长的时间里，甚至在生命存续期内，都需要别人在日常生活中给予广泛帮助。长期护理包括日常生活照料、医疗护理照料（在医院的临床护理、痊愈后的医疗护理以及康复护理和训练等）。

目前在公共政策领域对长期护理定义进行了广泛讨论，尤其是当个人医疗救治期间接受的护理与长期失能条件下接受的护理发生重叠时，如何定义长期护理成为公众争议的焦点，且随着远程医疗、辅助技术的发展以及护理供给趋势的变化（如日益强调家庭护理），长期护理的定义更具复杂性。尽管如此，我们依然可以总结出长期护理现有定义的共同之处有三个：第一，没有定义明确说明接受护理服务者的年龄限制，因此意味着任何患有慢性疾病和要求援助的个人都有资格获取长期护理服务；第二，护理具有非急性的特征且在长期内提供，这会给家庭及个人带来精神和财务负担；第三，长期护理服务旨在满足个人的基本日常生活需要，包括诸如洗浴、吃饭、穿衣、服药和室内卫生等；第四，长期护理既包括专业性较强的医疗护理，也囊括基本的家庭和监管式护理。

总之，长期护理不同于健康护理，它涉及个人在遭受失能状态下接受的各种护理服务。尽管不同年龄人口都可能需要长期护理，但目前老年人及失能者日益增长的长期护理需求已经引起了世界性关注。

（一）长期护理的类型

1. 按护理是否付费划分

（1）非正式护理。Stone et al.（1987）提出不能自理的老年人有权利从家庭、朋友和邻居那里获得日常生活方面的帮助。Herrman（1994）认为在非正式照顾系统内部，家庭成员扮演更重要的角色，构成了老人非正式照顾系统的主体。Angel（1997）认为朋友和邻居可能在购物和交通方面提供不少帮助，但由于老人有自己的家庭，未必能够在其他方面为其提供更多服务。Johnson（1983）提出只有在某些特殊情况下，

---

① 非正规护理，通常是只在家中由病人的配偶、子女、亲属或朋友提供的护理，专业性不强。相对应的是正规护理，指在各种护理机构中由有执照的医生、护士、医师、护工等提供的护理，护理更专业、更规范和有规律。

朋友和邻居才能给生活不能自理的老人提供照顾。Moroney（1998）明确提出非正式护理系统主要由家庭、朋友和邻居组成，这大多是由家庭内外部自然形成的，但其问题在于提供一段时间的照顾之后，照顾的情感和身体压力会导致照顾者及其家人的健康恶化，影响家庭的健康和福祉，过重的照顾任务会使一些照顾者遇到短期或长期的身体健康问题。同时，对家庭慢性病成员的长期照顾经常伴随着沉重的经济负担。此外，由于照顾老人基本是一种无薪工作，所丧失的收入也是一个经济负担[①]。Whitlatch 和 Noelker（1996）指出，经济压力是提供长期照顾的一个结果，而且照顾责任通常会导致工作状况改变的事实更加重了这种经济压力。总之，尽管家庭在照顾老人日常生活中发挥着重要作用，但他们同时也承受着巨大的负担和压力，如若没有来自其他方面的支持，这种家庭照顾很难持续下去。

（2）正式护理。Moroney（1998）指出，正式护理系统通常主要由政府和非政府机构组成，在解决老人日常生活照顾问题上也具有重要作用。正式护理是伴随非正式护理系统尤其是家庭护理系统能力的弱化而产生的。早期的正式护理主要是机构护理，通常是将有日常生活护理需求但没有家庭护理的老人，或者虽有家庭但家人无力提供护理的老人送入机构，由机构护理。随着社会的不断发展，社区护理逐渐取代了机构护理，成为老年人日常生活护理的主要选择。现代社区护理源于英国，是指为因受到年老、精神不健全、弱智、弱能或五官功能受损等问题影响的人群提供服务与支持，使其能在其家庭，或在接近家庭环境的社区度过一个自主和独立的生活[②]。

2. 按护理性质划分

（1）专业护理。专业护理是指由专业的护理人员负责某种疾病或需要医学治疗的情况下进行的使病人逐渐好转的诊断和处理工作。通常有既定的治疗目标，即为治愈病人的疾病而提供的护理措施，使患者的健康状况尽可能恢复到患病前的状态。专业护理服务的提供者通常需要具备正规医学资格认证的专业人士，例如注册护士、职业临床医学工作人员，他们在医生的直接指导和监督下开展护理工作。

（2）非专业护理。非专业护理是提供日常生活及认知能力照顾，包括吃饭、穿衣、洗漱、行走及如厕等方面的非医疗性护理。非专业护理的目的是维持日常生活需要即可。专业护理与非专业护理可能发生在同一病例的不同阶段。例如，患中风的病人治疗前期需要专业护理以便恢复身体及语言功能，这一过程结束后，病人就转为需要非专业护理，如喂饭、穿衣、如厕等，非专业护理是"慢性的"或是"维持的"，而且是"长时期的"。此类护理服务的需求者可能是慢性病患者或处于昏迷中的病

---

① Dooghe G. Informal Caregivers of Elderly People: An European Review. Ageing and Society, 1992, 12 (3): pp. 369-380.

② 李翊骏："家务助理：香港的经验"，台湾地区老人服务输送体系及网络的建立学术研讨会论文，1998年。

人，也可能是部分或完全丧失生活能力的人（属于失能者）。

3. 按护理级别划分

医护人员根据患者的病情和生活自理能力，确定并实施不同级别的护理，且随着患者的病情变化进行动态调整。

（1）特级护理。特级护理是最高层次的护理，用大红色标记。在医师指导和监督下进行24小时护理，由持有执照的、有护理专长的护士或护理人员担任，或由治疗师提供康复治疗。特级护理的情形包括病情危重且随时可能变化需要抢救者、重症监护患者、各种复杂或大手术后患者、严重创伤或大面积烧伤患者、使用呼吸机辅助呼吸并需严密监护病情的患者等。特级护理除了进行医疗护理之外，还要根据患者病情正确实施基础护理和专科护理，如口腔护理、气道护理及管路护理等。

（2）一级护理。与特级护理很相似，用粉红色标记，但无专人护理。一级护理的情形包括：病情趋向稳定的重症患者；手术后或者治疗期间需要严格卧床的患者；生活完全不能自理且病情不稳定的患者；生活部分自理，但病情随时可能发生变化的患者。

一级护理需要连续巡视患者，观察患者病情状况进行生命体征监测，并提供护理相关的健康指导等，譬如指导病人用药、伤口换药，指导病人使用辅助医疗器具和急救医疗器械等，同时帮助患者饮食起居。

（3）二级护理。二级护理用蓝色标记，表示病情无危险，是为病情稳定仍需卧床的患者和生活部分失能患者提供的，一般由护士或者护士监督完成对患者病情观察、生命体征监测及护理服务即可。

（4）三级护理。三级护理即普通护理，是为生活完全自理且病情稳定的患者或生活完全自理且处于康复期的患者提供的护理服务，通常根据医嘱由护工完成即可。

4. 其他类型护理服务

（1）家庭护理。家庭护理是以家庭作为服务场所，以护理程序为工作方法，以家庭成员为服务对象，护理人员与家庭其他成员共同参与，确保家庭成员健康的一系列护理服务。

国外家庭护理服务内容按照一定标准划分成不同类型，例如美国按照家庭护理服务内容不同划分为家庭个人照料、健康照料、社会心理服务、治疗性护理服务、看护服务、临终关怀、个案处理服务共七大类①。意大利按照家庭护理服务需求复杂程度进行分次计费护理，包括简单干预，如采集血标本，家庭基础护理，医疗、护理、康复及社会支持一体的整体护理。波兰按照服务提供者不同角色功能划分为健康需求、健康教育服务、技术性护理服务如采集血标本，协助诊断、治疗和康复服务，协调医

---

① 袁新立、孙勇、李宏等："美国长期照料服务体系考察报告" [EB/OL]，http://www.shrca.org.cn/2681.html，2007年12月28日。

疗机构和社会机构使护理资源有效配置。

目前我国尽管提倡家庭护理，但尚未建立家庭护理分类标准和服务内容，而且家庭护理服务以提供护理技术为主，只有少数机构提供心理护理服务。

（2）成人日间护理。成人日间护理是在打破由子女、配偶照顾老人或老人自理的传统方式，引入社区或护理服务中心等第三方为成人尤其是老年人口提供护理服务，其特点是以家庭为依托，以社区化、社会化服务为补充，既能满足老人居家养老的传统观念，又能由社区或第三方提供帮助及各种服务。在成人日间护理过程中，老人不仅可以得到日常生活护理，还可以得到社会化服务带来的好处。我国香港地区就实施了这种方式，护理需求者可以通过长者日间护理中心获得护理服务，后者则按照社会福利署的《津贴及服务协议》获得相应服务津贴。此外，我国长春、日照等城市也先后引入了老人日间照料中心，为符合条件的老年人提供日间护理。目前提供的服务包括配餐、理发、保健康复训练、心理护理、娱乐和辅助服务等。

（3）援助护理。援助护理是指暂时代替家庭成员为患者或老人提供护理服务。援助护理服务可以让需要护理的人暂时居住在长期护理中心，或派出护理人员到家中陪护一段时间。

（4）临终关怀。临终关怀是为确诊身患绝症的病人提供特殊护理和精神支持，其可以在护理中心或家中进行。

（二）影响长期护理需求的因素

长期护理通常是老年人的需求更大一些，因为随着年龄增长，机体老化，慢性疾病发病概率增高，加之认知困难等更可能产生护理需求。除此之外，部分其他年龄阶段的人口也会由于意外、疾病、认知和行动障碍等因素遭受生理和心理的失能，以致在日常生活中需要持续的援助或护理（如表3.1所示）。不同类型人口面临的长期护理需求主要受其自身健康状况和慢性疾病、认知和记忆能力状况、其他精神疾病状况、发育状况四大因素的影响。

表 3.1   面临最大护理风险群体类型

护理服务需求者	护理需求未被满足者
85岁及以上老人	单独生活的老人
多种慢性疾病患者	未纳入保障体系者
认知或多种功能障碍者	贫困群体
女性	女性
	少数民族群体

1. 健康状况和慢性疾病

健康不良和患有慢性疾病对老年人管理自己日常生活的能力有重要影响。因慢性疾病导致的失能约占老年失能者的1/2，给个人和家庭造成沉重的精神和财务负担。

虽然慢性病的表现形式随着年龄、性别和种族而不同，美国疾病预防与控制中心1999年发布报告显示，70岁及以上老年群体最流行的慢性病包括关节炎、高血压、心脏病、听力障碍、癌症、糖尿病和中风。80%的老年人至少患一种慢性病，52%的65岁及以上老年人患2~3种慢性病。在70岁及以上的老人中，女性比男性更容易患慢性疾病，这些女性老人的生活自理能力更易受其影响。非白色人种的老年人比白色人种的老年人更易患慢性疾病，自理能力所受影响更大。

健康状况出现问题和慢性疾病导致的后果通常是损伤患者的生活自理能力，包括日常生活活动能力（ADLs）和工具性日常生活能力（Instrumental Activities of Daily Living, IADLS）。国际上也经常通过评估这两种能力来评价老年人的失能程度。例如，ADLS评价法用于测量老人独立生活时的各项基本能力，包括进食、移位、个人卫生、如厕、洗澡、上下床、行走或漫步、上下楼梯、穿衣、行为控制等十项日常生活，满分为100，如其得分在91~100分则表示可独立生活，61~90分为中度依赖外力协助，21~60分为严重依赖，0~20分则表示需要完全依赖他人。IADLS评价法是对老年人的环境适应能力与独立能力进行评价，其内容包括家事协助购物、烹调、打扫、清洗碗筷、清洗衣物、服用药物、处理财务、使用交通工具等八项能力，总分为24分，各项分数为2~4分不等，分数越低则代表被评价者的该项行为能力越差。

2. 认知和记忆能力障碍

慢性疾病可以诱发老年人痴呆，使得老人大脑功能逐步退化，造成记忆丧失、认知能力受损、情绪和个性改变乃至生活不能自理。大约10%的65岁及以上老人因患失智症而产生认知和行为能力障碍，且随年龄的增长这一比例不断增加。临床上痴呆多见于慢性脑器质性病变，如老年性痴呆、阿尔茨海默（Alzheimer）病、多发性脑梗塞、脑肿瘤、脑外伤、病毒性脑炎和麻痹型痴呆等，其中阿尔茨海默氏病发病率最高，占到失能症的2/3。Fillit和Picariello（1998）指出，47%的85岁及以上的老年人因患有失智症而导致生活不能自理。

3. 其他精神疾病

慢性疾病（如精神分裂症、躁狂抑郁症或者慢性酒精和毒品中毒）本身并不产生长期护理需求。然而，患有这类疾病的人随着年龄的增长或者再患有其他的慢性健康疾病，将面临很大的护理需求风险。由于其可构成问题行为、家庭疏远、收入限制或者综合性因素，老年人精神病发生率在很大程度上被低估。例如，抑郁症是老年人比较普遍，也比较难诊断的疾病，抑郁症加重了老年人的医疗和失能问题，大约25%患有慢性疾病（包括心脏病、中风、癌症、心肺疾病、关节炎、阿尔茨海默病和帕金森）的老人会受到影响。抑郁症作为一种潜在的慢性疾病，既难诊断又难治疗，可能导致功能障碍、高度残疾，增加过早死亡风险，包括自杀。

（三）**发育障碍**

随着医疗技术水平的提高，智力及相关发育障碍的人的寿命越来越长，其在老年人口中的比例也不断增加。对于该类群体,其寿命预期男性为 63 岁,女性为 67 岁。随着年龄的增长,他们受到所患病性质和严重程度、现存医疗条件的影响,正在经历与年龄相关的独特变化。值得关注的是,这些患有发育障碍疾病的人多数和父母生活在一起,父母担心自己死后没人照顾他们。鉴于这类人群的护理供给者多为老年人,家庭最关心的是保持其独立性,维系健康和机体功能,确保所爱的人获得照料以及有机会入住养老机构。

二、长期护理保险的概念

美国金融保险管理协会[①](Life Office Management Association,LOMA)将其定义为"长期护理保单是为那些由于受年老或严重疾病或意外伤害的影响需在家或护理机构得到稳定护理的被保险人支付的医疗及其他服务费用进行补偿的一种保险"。

科隆通用再保险公司(General Cologne Re.)的定义是"长期护理保险是指当被保险人非常衰弱以至于在没有其他人帮助的情况下不能照顾自己,甚至不能利用辅助设备时,给付保险金的一种保险"。

目前我国学者对长期护理保险也作了不同的定义。刘子操和陶阳(2001)认为,长期护理保险是针对那些身体衰弱不能自理或不能完全自理生活,需要他人辅助全部或部分日常生活的被保险人(基本是老年人)提供经济保障或护理服务的一种保险。沈磊(2002)认为,长期护理保险是在人们的身体状况出现问题,即无法再很好地进行自我照顾而需要他人为其基本的日常生活活动提供长时期的护理帮助时,为此而增加的额外费用提供经济保障。曾卓和李良军(2003)提出,长期看护保险指因意外伤害、疾病失去自理能力导致需要以看护为给付保险金条件的保险。荆涛(2005)认为,长期护理保险是指对被保险人因为年老、严重或慢性疾病、意外伤残等导致身体上的某些功能全部或部分丧失,生活无法自理,需要入住安养院接受长期的康复和支持护理或在家中接受他人护理时支付的各种费用给予补偿的一种健康保险。

我们认为长期护理保险是指那些因年老、疾病或者伤残需要长期护理的被保险人提供护理服务费用补偿的保险。该险种是主要负担老年人的长期护理、家庭护理和其他相关服务项目费用支出的新型保险。

(一)长期护理保险与健康保险

健康保险是以被保险人的身体为保险标的,对被保险人因遭受疾病或意外伤害

---

① LOMA 是一个保险和金融服务机构的国际组织,它的创建目的是为了促进信息交流以及改善会员公司的运作模式。LOMA 成立于一九二四年,到目前为止,在全世界已有一千二百多个机构会员,有四百多家的总部设在美国和加拿大以外的六十多个国家,而且会员涵盖的范围相当广,分布于世界各地:欧洲、亚洲、北美洲、非洲、加勒比海地区、拉丁美洲、大洋洲和太平洋区域。会员涉有寿险、年金、退休金、银行、健康服务以及其他相关的金融服务领域。

事故所发生的医疗费用损失或导致工作能力丧失所引起的收入损失，以及因为年老、疾病或意外伤害事故导致需要长期护理的损失提供经济补偿的保险[①]。广义的健康保险包括医疗保险、残疾收入保险、护理保险。狭义上的健康保险，即纯疾病保险或纯医疗保险，是指以保险合同约定的医疗行为的发生为给付保险金条件，为被保险人接受诊疗期间的医疗费用支出提供保障的保险，它与长期护理保险差别较大。

1. 长期护理保险与广义健康保险的关系

世界上许多国家对健康保险的概念做了明确规定，但多为广义性健康保险。美国健康保险学会（HIAA）对健康保险的定义为：健康保险是为被保险人的医疗服务需求提供经济补偿的保险，也包括为因疾病或意外事故导致工作能力丧失而引起的收入损失提供经济补偿的保险，分为医疗费用保险、补充医疗保险、长期护理保险、丧失工作能力收入保险和管理式医疗保险五类。

我国《保险法》第九十五条规定"人身保险业务，包括人寿保险、健康保险和人身意外伤害保险等保险业务"，明确指出了我国健康保险归属于人身保险。中国保险监督管理委员会下发的《关于印发〈人身保险产品定名实行办法〉的通知》（保监发〔2000〕42号）第六条指出："按保险责任，健康保险分为疾病保险、医疗保险、收入保障保险"，并没有涉及护理保险的概念。随后，我国意识到这种规定的不全面性，2006年9月，中国保险监督管理委员会颁布实施的《健康保险管理办法》中规定：健康保险是指保险公司通过疾病保险、医疗保险、失能收入损失保险和护理保险等方式对因健康原因导致的损失给付保险金的保险。

显然，护理保险属于新兴的健康保险产品，是基于人口老龄化背景而诞生的健康保险的一个新险种。目前长期护理保险与医疗保险、残疾收入保险共同构成了我国健康保险市场的三大险种。

2. 长期护理保险与狭义健康保险的区别

狭义健康保险，即纯医疗保险是对被保险人因遭受疾病或意外伤害事故所发生的医疗费用支出提供经济补偿的一种保险。这意味着只有当被保险人遭受疾病或意外伤害的条件下所发生的医疗费用损失才能得到经济补偿。与长期护理保险相比，二者同属健康保险，但狭义健康保险是对被保险人的偶然性急性疾病的治疗费用提供保障，而长期护理保险则是对被保险人因慢性病或健康状况恶化所发生的费用提供保障。二者主要区别在于：第一，保障风险不同。狭义健康保险是保障投保人一旦必须去医院就医，可能产生巨额医疗费用而无力承受的风险，而长期护理保险保障的是生活不能自理，可能导致无法承受高额护理费用而使健康状况恶化的风险。第二，保障责任不同。狭义健康保险保障被保险人在治疗疾病或伤残过程中发生的

---

① 万晓梅、朱铭来：《健康保险原理及经营运作》，广州信平市场策划顾问有限公司2005年版。

各种医疗费用，有与治疗直接相关的费用，如药费、手术费、检查费，也有间接的费用如陪护费、膳食费、交通费，还包括与疾病或伤残治疗不相关但患者自己要求的额外费用，如假肢费、假牙费、整容费等。长期护理保险保障的是对被保险人在护理院护理、社区护理和家庭护理时因接受各种个人护理服务或发生护理费用提供经济补偿。第三，保险期限和责任期限不同。狭义健康保险除了规定保险期限外，还规定了责任期限，责任期限有90天、180天、360天，通常以180天居多。如果被保险人在保险期限内患病，并在保险期限内治愈，对于保险期限内的支出属于保险责任；如果被保险人在保险期限内患病，而责任期限延伸到保险期限之后，则保险人只负责被保险人在责任期限内的支出，其余由被保险人支付。长期护理保险规定了免责期和给付期限。免责期是指长期护理保险保单生效后保险公司不履行保险责任的一段时期。在该段时间内即使被保险人接受了护理服务，但保险公司不给付保险金。给付期限是指被保险人能够领取保险金的最长时间，通常是两年到终身的任何期限，但很少有保单提供终身给付。

（二）长期护理保险与养老保险

养老保险是社会保险制度的重要内容，也是整个社会保障制度中最基本的内容。所谓养老保险（或养老保险制度），是国家和社会根据法律和法规，当劳动者达到国家规定的年龄、工龄或个人缴费年限，或因工、因病致残完全丧失劳动能力退出生产或工作岗位时，从国家和社会获得物质帮助和补偿，保障其基本生活而建立的一种社会保险制度。养老保险与长期护理保险的主要区别如下：

1. 保障对象不同

凡在国家立法实施范围内的企业及个人，视为法定的被保险人，必须一律参加，无选择的余地。保障的范围包括老年人中的贫困者或无能力者以及所有的工薪收入者。长期护理保险适合任意有投保意向，但必须具备规定条件的投保人，不像养老保险还有资格限制。

2. 保险费缴纳不同

养老保险所需基金应由国家、企业、个人三方负担，国家以税收优惠的形式负担一部分保险费用，企业和个人按工资总额的不同比例分别向社会保险机构按月缴纳。被保险人在达到规定的缴费年限及其他享受待遇的条件时，由社会保险专门机构按照法律规定的条件，如缴费年限长短、供养亲属多少等支付保险待遇。长期护理保险保费的高低取决于被保险人的年龄、被保险人选择的给付期长短、等待期、护理水平的高低等因素，而与被保险人的工资没有直接的联系。

3. 保障目的不同

养老保险是在法定范围内的老年人退出生产或工作岗位后发生作用，目的是为退休老年人及其家人提供保障基本生活需求的稳定可靠的生活来源。长期护理保险是保障因病残、年老而需要的额外护理费用支出，使老年人得到必要的护理。

（三）长期护理保险与残疾收入保险

残疾收入保险又称失能收入损失保险，是对被保险人因疾病或意外伤害而导致残疾、丧失全部或部分劳动能力而不能获得正常收入或收入水平下降所造成的损失提供保障的保险。失能保险的主要目的是为被保险人因丧失工作能力导致收入的丧失或减少提供经济上的保障，但不承担被保险人因疾病或意外伤害所发生的医疗费用。其与长期护理保险的主要区别如下：

1. 保障风险不同

残疾收入保险保障的是被保险人工作能力的丧失或降低，不能从事任何工作，或者必须改变工作，从而带来收入损失并可能导致健康状况恶化的风险，目的在于使残疾的被保险人获得财务上的帮助，维持基本生活质量。长期护理保险主要保障被保险人因失能而接受不同类型护理所支付的相应费用。正常而言，残疾者必失能，但失能者不一定残疾。一个人工作期间一旦残疾后将面临收入下降和需要支付护理费用的风险，此时，残疾收入保险可保障收入稳定，而护理保险可补充护理费用。

2. 给付条件不同

残疾收入保险必须在被保险人永久性丧失全部或部分劳动能力和身体器官机能时，才能领取保险金。主要包括两种情况：（1）身体器官、组织的永久性残缺，如肢体断离又不能再植等；（2）身体器官机能的永久丧失，如运动障碍、丧失视觉、听觉等。暂时丧失全部或部分劳动能力和身体器官机能的，不被认为是残疾，保险人不支付保险金。长期护理保险的给付必须是被保险人日常生活能力丧失或者存在认知能力障碍，一般来说，在被保险人不能完成后述六项活动之两项才可以申请领取保险金，包括进食、穿衣、如厕、沐浴、移动、服药。患老年痴呆等有认知能力障碍的人能执行某些日常活动却需要长期护理。

3. 给付期间的差异

残疾收入保险保障可分为短期残疾收入保险和长期残疾收入保险，短期残疾收入保险规定的最长给付期间为1~5年，长期残疾收入保险规定最长的给付期间至少5年，有些保单最长给付时间可延长至被保险人65岁，在某些情况下，甚至可以为被保险人提供终身给付。长期护理保险给付也有短期和长期之分，短期是指1年以下，长期则为2~5年，只有少数的保单提供终身给付。从给付期间占据投保人的生命周期看，残疾收入保险主要保障的是人的工作期所面临的伤残风险，而长期护理保险主要保障退休后，尤其是在年龄较大时，人由于年老体衰、身体机能下降而难以生活自理时所面临的财务风险。

三、长期护理保险的类型

目前有些国家依据自身经济社会、人口文化条件实施了不同的长期护理模式。例如：英国长期护理体系中包括社会救助长期护理、普享式长期护理和商业长期护理保险模式；美国实施了长期护理社会救助模式、社会保险模式和商业保险三种模式。根据制度模式不同，通常将长期护理保险分为长期护理社会保险和长期护理商业保险两种类型。

（一）长期护理社会保险

长期护理社会保险是由政府主导，通过颁布专门的法律来强制实施，其实施运作遵循社会保险的一般原则：第一是权利义务对等。参保人缴纳保费与需要长期护理服务时获得保险给付相关，保险待遇水平在一定程度上由参保人的支付能力决定。第二是具有强制性、共济性特点。强制性是长期护理社会保险属于国家法定社会保障项目，法定范围内的人口必须参保，由此实现参保人群之间共担风险的目的。第三是筹资来源。长期护理社会保险的一定比例资金来自保费缴纳，并按照现收现付原则筹资。

（二）长期护理商业保险

长期护理商业保险是参保人购买商业保险公司的长期护理保险产品，以合同的形式规定参保人需缴纳的保费及获得的护理保险金、保险期限、给付责任等。其特点表现在：第一，保险公司与参保人建立契约关系，按照合同规定收缴、给付保险费及保险金等；第二，遵循自愿原则，参保人根据自身意愿和需求，自由选择市场上的长期护理保险产品，供求关系由市场决定，而非政府强制；第三，政府对长期护理商业保险市场进行必要干预，承担市场监管责任。目前长期护理商业保险产品类型丰富，根据不同的标准可以划分为不同类型。

1. 按照保险责任划分

（1）单一责任护理保险。该险种除非附加附约，否则仅承担长期护理责任，即在保险期间内被保险人接受符合条件的护理服务，保险公司则按照规定给付保险金。

（2）综合责任护理保险。在承担长期护理责任的基础上，该险种增加了生存和死亡给付责任，生存给付可采取一次性给付和年金给付两种形式。

（3）失能收入保险的扩展。残疾者在退休前购买的长期护理保险，退休后保险公司提供给被保险人与失能收入补偿等额的保险金。在投保时不需要核保，只是要比正常人多缴部分保险费，其实是将失能收入保险自动转化为长期护理保险。

（4）医疗费用保险附约。长期护理保险类似于医疗费用保险，二者的主要区别在于：医疗费用保险是对被保险人的偶然性、急性疾病的费用提供保障，而长期护理保险则是对被保险人因慢性疾病或者健康状况恶化所发生的费用提供保障。两者同属健康保险，都涉及费用补偿，可将长期护理保险视作医疗费用保险的一种延伸。

2. 按照投保人划分

（1）个人长期护理保险。该险种保单是独立保单，只含有长期护理保险利益，且任何人都可以申请购买，与市场上其他个人健康保险具有相同的特点。

(2) 团体长期护理保险。它分为雇主型保险计划和非雇主型保险计划两种。前者是由雇主为其雇员以团体的形式购买的个人长期护理保险,优点是保费相对较低,对其参保成员的体检不太严格;后者是社会团体希望通过团体形式购买保险,以获得较好的保险条件,实际上是以特别的费率向团体中的个人提供保险。

专栏 3.1

目前国内长期护理保险产品的责任

目前,我国市场上销售的长期护理保险产品大多是综合责任护理保险,单一责任护理保险产品不多。例如,A 公司在 2013 年推出了一款护理险产品,该护理保险产品由个人护理保险和附加个人意外伤害保险共同组成,客户必须同时投保这两款产品,不得单独投保。

该产品投保人年龄必须年满 18 周岁,被保险人年龄范围是出生满 28 天~70 周岁,保险期间为 5 年,保险责任既包括护理保险金,还包括疾病身故保险和健康保障及意外死亡等内容,具体如下:

主险	护理保险金	被保险人丧失日常生活能力,按保险金额给付护理保险金,合同效力终止
	疾病身故保险金	被保险人因疾病身故,按已交纳的保险费与现金价值的较大者给付疾病身故保险金,合同效力终止
	健康维护保险金	若在保险期间届满时未发生任何保险事故且被保险人仍生存,按保险金额给付健康维护保险金,合同效力终止
附加险	意外身故保险金	被保险人因意外身故,按保险金额给付意外身故保险金,合同效力终止

第二节 长期护理保险的给付

无论是长期护理社会保险还是长期护理商业保险,长期护理保险均承担被保险人在符合给付条件的情况下享受护理服务所支出的费用或者直接提供护理服务,其保险责任包括给付条件、给付类型和其他利益等。

一、长期护理保险的给付条件

长期护理保险的给付条件规定是长期护理保险责任的重要组成部分,不同的保险计划或保单可能有不同的给付条件,有些保险计划或保单甚至使用多种方法判定长期护理保险金给付。

（一）日常活动能力丧失

日常活动能力丧失是长期护理保险判定被保险人有无资格获取保险金给付的最普遍做法。各国对日常活动能力衡量指标各有不同规定，国际常用指标是 ADLS。个人在没有他人的帮助下，不能完成上述活动的一种或几种时，即为日常活动能力丧失。如果被保险人不能够完成上述一定项目的日常活动时，诸如 6 个当中的 2~3 个，保险人将支付长期护理保险金。无论长期护理社会保险还是长期护理商业保险，都需要制定相关失能等级和给付条件要求，为其经办机构或保险公司给付长期护理保险金提供参照。例如，美国对税收优惠的长期护理保险保单要求至少不能完成 2/5 或者 2/6 的 ADLs 才能获得保险金给付。我们国家上海市 2013 年发布了我国首份《老年护理等级评估要求》，将生活自理能力、认知能力、情绪行为、视觉等作为评估参数项目，根据评分结果判定是否给付护理保险金（详见附录 1）。

（二）认知能力障碍

认知能力障碍是指主要参保人患有早老性痴呆症或其他类型的痴呆症。然而，如果保单的给付条件只是日常活动能力的丧失，即便被保险人患有早老性痴呆症，仍有可能能够完成多数的日常活动，长期护理保险保单仍然不支付保险金。如果长期护理保险将认知能力障碍作为给付条件，一旦患有早老性痴呆症，获得保险给付的可能性将大大提高。如果被保险人存在认知能力障碍或者精神失常，许多长期护理保险保单也可能支付长期护理利益，这类给付条件必须通过专业鉴定以确定被保险人是否存在认知能力障碍。

（三）医学诊断和鉴定结果

现有长期护理保险给付条件通常包括参保人日常活动能力丧失和认知能力障碍等，但是如何判定其是否丧失日常活动能力和认知能力障碍，都需要专业的医学知识和经验，尤其是对于慢性疾病引起的长期护理服务需求是否符合给付保险金条件，这就需要有医学诊断和相应的鉴定结果作为长期护理保险给付的条件。

专栏 3.2

我国现有长期护理保险关于给付条件的规定

我国现有的商业保险公司销售的长期护理保险产品通常按照保单规定进行给付，要求被保险人丧失日常生活能力且持续至观察期（或免责期）结束，方能给付护理保险金。例如，B 公司推出的一款长期看护保险关于长期看护保险金给付的条件是要求被保险人经指定或认可的医疗机构诊断确定符合如下约定的长期看护状态的，保险公司方按照保单条款给付长期护理保险金。

长期看护状态指被保险人经指定或认可的医疗机构诊断后，依诊断证明书

> **续专栏 3.2**
>
> 判断符合下列两种情形之一的:
>
> 　1. 时常处于卧床状态,无法在床铺周围以自己的力量步行,并符合下列四项状态中的两项以上状态的:
>
> 　（1）无法自行穿脱衣服;
>
> 　（2）无法自行洗澡及淋浴;
>
> 　（3）无法自行进食;
>
> 　（4）无法自行控制大小便或自行擦拭排泄后的大小便等。
>
> 　2. 被诊断确定为器质性痴呆,在意识清醒的情形下有分辨上的障碍,须他人看护照顾的。所谓"器质性痴呆",指《国际疾病分类》第十版（ICD-10）手册编号 F00 至 F07 及 F09 的病症,且经我们指定或认可的医疗机构诊断确定的:
>
> | 编号 | 疾病名称 |
> | --- | --- |
> | F00 | 阿尔茨海默病性痴呆 |
> | F01 | 血管性痴呆 |
> | F02 | 见于在他处归类的其他疾病的痴呆 |
> | F03 | 未特定的痴呆 |
> | F04 | 器质性遗忘综合征、非酒和其他精神活性物质所致 |
> | F05 | 谵妄,非酒和其他精神活性物质所致 |
> | F06 | 脑损害和功能紊乱以及躯体疾病所致的其他精神障碍 |
> | F07 | 脑疾病、损害和功能紊乱所致的人格和行为障碍 |
>
> 所谓"意识清醒的情形下有分辨上的障碍",指经医师诊断判定,符合下列三项分辨障碍中的两项以上的:
>
> 　（1）时间的分辨障碍:经常无法分辨季节、月份、早晚时间等;
>
> 　（2）场所的分辨障碍:经常无法分辨自己的住所或现在所在的场所;
>
> 　（3）人物的分辨障碍:经常无法分辨日常亲近的家人或平常在一起的人。

二、长期护理保险的给付类型

（一）家庭护理给付

家庭护理包括非正式护理服务和专业的家庭护理机构上门提供的护理服务,其护理服务供给者可以是家人、朋友或者健康护理专业人员等。接受家庭护理服务的个人有权决定保险金的给付方式,主要有三种选择:一是费用补偿型保险金。保险人按照被保险人接受长期护理服务所产生的费用发票给付保险金。二是固定型保险金。一旦被保险人满足给付条件,不管其实际发生的费用是多少,保险公司都要向被保险人给付合同约定的保险金额。三是提供实物给付，即直接供给护理服务。保险人既不补偿被保险人支出的护理费用，也不给付合同约定的保险金，而是直接向被保险人提供长期护理服务。例如，日本长期护理保险制度就规定除非特殊情况，否则其长期护理保险只给付长期护理服务，而不是现金给付。对于长期护理商业保险而言，保险公司在风险管理方面，若保险金的给付形式采用按固定金额给付的话，则容易诱发被保险人的道德风险，但在产品开发方面，若保险金的给付形式采用按发生额给付的话，对保险公司系统的要求很高。因为必然存在被保险人多次凭长期护理费用发票到保险公司领取保险金的情况，那么保险公司系统很难实现在理赔模块多次处理保险金给付的功能，这是目前长期护理商业保险产品面临的难题之一。

（二）护理院护理给付

护理院护理给付是在护理院接受正规的护理服务，护理服务的供给方为专业性护理人员。对于所有在护理院接受护理服务的被保险人来说，都可以获得一定数量的保险金，对于保险金的具体使用，不同国家有着不同的规定。例如，只允许被保险人将这些保险金用于支付护理服务的费用，而不能用于支付床位费和膳食费等。

（三）其他环境下的护理给付

如果被保险人在安养院、辅助生活所（Assisted Living Facility）或成人日间护理中心（Adult Day Care Center）等护理环境下接受长期护理服务，保险公司将给付所有符合给付条件、各种护理水平的长期护理费用，包括膳食床位费、医疗费（医生护士费用及检测费等）、设备费（洗衣房的使用费、电视费、上网费等）、雇用护工的费用（帮助做饭、洗衣、买菜的服务费），甚至交通费等。费用的补偿按实际发生额，或按定额给付，譬如每天给付 40~500 美元、每月 1 000~8 000 美元的安养院费用。

案例 3.1

长期护理保险在我国的给付类型

目前，我国长期护理保险产品的给付类型主要是以保险金的形式为主。以 C 公司 2007 年推出的一款长期护理保险产品为例，该产品包含"无忧个人护理保险"和"附加无忧个人意外伤害保险"，须同时投保。适用于对长期护理及老年护理有一定保险需求的客户，与同类产品相比保险期限延长至终身，缴费方式灵活，出生 28 天~59 周岁的人群均可投保，产品等待期是 180 天，在缴费期间内，被保险人丧失日常生活能力并持续至观察期结束后仍符合该状态的，豁免其后的各期保险费。

保险责任包括四部分：

第一部分是长期护理保险金：被保险人丧失日常生活能力按照基本保险金

续案例 3.1

额 2 倍给付长期护理保险金。

第二部分是健康维护保险金：被保险人 60 周岁之前，每满 3 个保单年度按基本保险金额的 12% 给付一次健康维护保险金。

第三部分是老年护理保险金：在被保险人 60 周岁之后（含 60 周岁）按基本保险金额的 6% 给付老年护理保险金。

第四部分是疾病身故保险金：被保险人 18 周岁之后（含 18 周岁），因意外伤害之外的其他原因身故，按基本保险金额的 3 倍给付疾病身故保险金。被保险人 18 周岁之前，因意外伤害之外的其他原因身故，返还所缴纳的保险费，并根据保单经过天数按 2.5% 的年利以单利方式计息。

第五部分是意外身故保险金：被保险人 18 周岁之后（含 18 周岁），因意外伤害原因身故，按基本保险金额的 3 倍给付意外身故保险金，合同效力终止。被保险人 18 岁之前，因意外伤害原因身故，返还所交纳的保险费，并根据保单经过天数按 2.5% 的年利率以单利方式计息。

保险费豁免：被保险人在 60 周岁对应的保单周年日之前丧失日常生活能力，豁免其丧失日常生活能力之日起以后各期保险费。

若健康维护保险金或老年护理保险金留存于本公司，本公司按 2.5% 的年利率以年复利方式累积生息。

例如：张先生，男，30 周岁，张先生在 C 公司为其购买 10 万元基本保险金额的此款长期护理保险产品，选择 20 年缴费，年缴费 17 500 元。张先生最高可以得到如下保障：长期护理保险金：20 万元；健康维护保险金：60 周岁以前，每三年给付 1.2 万元；老年护理保险金：60 周岁以后（含 60 周岁），每年给付 6 000 元；疾病身故保险金：30 万元；意外身故保险金：30 万元；若张先生在 34 周岁不幸丧失日常生活能力，本公司将豁免其自丧失日常生活能力之日起以后各期保险费，即豁免张先生 34 周岁后的 15 年保险费共计 262 500 元，保险责任继续有效。

三、长期护理保险给付限制

（一）给付水平限制

保险公司一般在保险条款中列出日常活动表，如饮食、如厕、沐浴、穿衣等，采用梯形结构计算给付数额，比如所有日常活动失能者给付 100% 的保险金，3~5 项日常活动失能者给付 50% 等。一些保险公司以最大终身给付保险金额度代替给付期限的限制。

1. 最大给付额限制

现有大多数保单规定了长期护理保险保单的总给付额。有些长期护理保险保单规定了保险给付的最大年限，例如 1 年、2 年、3 年，甚至一生，而有些保单以总的货币金额规定了最高给付限额。保单经常使用"总终身受益""最大终身受益""总计划受益"等术语来描述它们的最大给付利益限制。

2. 每天/每月的给付额限制

一般而言，长期护理保险保单以每天、每周或者每月给付。例如，保单可以按日支付护理院费用或按周支付家庭护理费用，有些保单也可以按照保单约定的事件次数付费，例如安装家庭医疗警报系统。如果保单涵盖家庭护理，保险给付通常只是机构护理给付的一部分。当被保险人购买保单时，必须知道专业机构护理、辅助生活设施和家庭健康护理的费用成本，根据自己的需要购买相应类型的长期护理保险保单。

（二）既存状况限制

既存状况是在保单生效以前就已存在的伤病，大多数长期护理保单对既存状况有所限制。最常见的既存状况限制期是 90 天或 180 天（也有一年和两年的），有些保单没有既存状况的限制。当然，如果被保险人已本着最大诚信原则进行了告知和陈述，并且被保险人接受承保，则以后因此发生的护理费用不被认为是既存状况，即保险人不得以此为由抗辩保单所有人及被保险人。

（三）给付条件限制

1. 免责期/等待期

免责期是指保单生效后保险公司不承担保险责任的一段时间（类似免配额的规定），也就是在免责期内，即使被保险人接受了护理服务并符合领取保险金的条件，保险公司也不予给付。免责期通常在 0~365 天之间，也有个别为 730 天的免责期。较长的免责期可大大降低保费。当然，一般家中资产较多者，可使用较长的等待期，因为一旦发生护理费用，则该保单所有者有足够资金自负护理费用较长一段时间，但对于资产较少的人，就需适当减少等待期。在美国，一般保险公司会根据保单所有人的资产情况，建议使用不同等待期。

2. 递延支付期

递延支付期是指已经过了免责期，被保险人接受了护理服务，且符合领取保险金的条件，但保险公司依然不予给付的期间。递延支付期有 10 天、1 个月、3 个月不等。当然，递延支付期越长，保费越低。

3. 相关联期间/无免责期间

相关联期间是指康复后在一定时间内（通常为 6 个月）再度恶化，则免责期间不再使用，换句话说，不再重新计算免责期。当然，超过这个时间，须重新计算另一个免责期。

4. 给付期限

长期护理保单的给付期间可能为 1 年、2 年、3 年或 5 年，只有很少保单提供终身给付。当然提供终身给付，其投保的保险费是相当昂贵的。

（四）责任免除限制

商业保险公司的长期护理保险产品条款通常都会包含责任免除条款，符合责任免除条款规定时，保险公司可以不承担或者减少给付保险金责任。

综上所述，尽管我国目前尚未建立长期护理保险制度，但是商业保险公司尤其是专业的健康保险公司顺应市场需求，已经开发设计了多款不同保障层次的长期护理保险产品，力图满足客户的需求。

专栏3.3

我国在售长期护理保险产品"责任免除"条款的常见内容

长期护理保险产品责任免除条款及其给付责任与其他人身险产品相比，差异较大。例如，D公司旗下的一款个人护理保险（万能型）条款中关于责任免除的内容如下：

1. 因下列情形之一引起的保险事故，本公司不承担给付保险金的责任：
（1）投保人对被保险人的故意杀害、故意伤害；
（2）被保险人故意自伤、故意犯罪或者抗拒依法采取的刑事强制措施；
（3）被保险人自本合同成立或者合同效力恢复之日起2年内自杀，但被保险人自杀时为无民事行为能力人的除外；
（4）被保险人患有遗传性疾病，先天性畸形、变形或染色体异常；
（5）被保险人从事潜水、滑水、漂流、跳伞、攀岩、蹦极、驾驶滑翔机、探险、摔跤比赛、拳击比赛、武术比赛、特技表演、赛马、赛车等高风险活动；
（6）战争、军事冲突、暴乱或武装叛乱；
（7）核爆炸、核辐射或核污染。

2. 被保险人在下列期间内发生的保险事故，本公司不承担给付保险金的责任：
（1）醉酒、主动吸食或注射毒品；
（2）酒后驾驶、无合法有效驾驶证驾驶，或驾驶无有效行驶证的机动车；
（3）感染艾滋病病毒或患艾滋病。

因上述情况导致被保险人丧失日常生活能力或身故的，本合同效力终止，本公司向投保人退还本合同的现金价值，但因投保人对被保险人的故意杀害、故意伤害导致被保险人丧失日常生活能力或身故的，本公司向受益人退还本合同的现金价值。

若投保人申请增加基本保险金额，且自新增基本保险金额生效之日起2年内被保险人自杀身故的，本公司对增加的基本保险金额不承担给付保险金责任。

本章小结

本章共包含两节,第一节内容介绍了长期护理保险的基本概念,影响长期护理的因素;第二节内容介绍了长期护理保险的类型及其保障范围、内容等。

思考题

1. 与其他人身保险如养老保险相比,长期护理保险的特点。
2. 现有长期护理保险的给付方式有哪些?

第四章

长期护理保险的相关理论

第一节 长期护理保险的需求理论

一、最优保险需求的理论模型

（一）最优保险需求的理论概述

最优保险需求理论研究在一定行为假设和财富约束前提下，风险在投保人和保险人之间的最优分摊问题，即研究微观主体如何选择最优的保险保障水平，被视为微观视角的保险需求理论。

Arrow（1963）提出保险价格等于精算定价时，如果追求期望效用最大化，对于风险厌恶者来说，他们会购买保险并因此而获得福利的帕累托改进；如果由于管理成本等原因，保险费在精算价值之上有固定附加费，此时他们会选择最低免赔额上的全额保障。这可以看作最优保险需求理论的早期研究。

Mossin（1968）利用瑞士数学家伯努利的数学思想，证明了在保险费精算定价的前提下，对于风险厌恶者来说肯定会购买保险；当存在附加保费时，风险厌恶者为使期望效用最大化而不会购买全额保险，即部分保险最优。该证明奠定了最优保险理论的基石。

Moffet（1977）认为 Arrow 和 Mossin 的研究框架忽视了储蓄和保险购买的相互替代作用，也没有考虑当前消费对于风险分担的影响，而是在绝对风险厌恶递减的假定下，证明了部分保险最优、购买保险会减少消费和保险与储蓄相互替代等结论。Turnbull（1983）讨论个人在面临多种风险时购买保险的问题，认为保险资产的价值不确定性会影响人们对最高保费的接受程度，在保险资产的价值面临更大不确定性时，人们会降低最大可接受保费，而在保险资产价值面临较小不确定性时，人们会提高最大可接受保费。

Doherty 和 Schlesinger（1983）考察了在面临多种风险、保险需求和其他资产不可分离的情况下个人的最优保险选择问题，认为当保险资产损失与其他资产损失负相关时，既便按精算定价人们也不会购买全额保险，即伯努利定理不成立；当保险资产损失与其他资产损失正相关时，即使存在保费附加，人们也可能购买全额保险。这对于最优保险需求理论的发展做出了重要贡献。

（二）最优保险需求理论模型——Moffet 的最优免赔和消费模型

Moffet 在 1977 年发表了《最优免赔额和消费理论》一文，首次考察了包括消费在内的保险购买决策最优问题，认为保险作为一种风险再分配工具，在风险管理理论中扮演着重要的角色，在面临风险时不管个人还是企业都重视寻求最优的保险安排。Moffet 最优免赔和消费模型作为单期模型，关注更现实的问题，即当现有财富遭受风险损失时可选择的最优免赔额，以及在假定初始财富水平的情况下分析最优消费水平。模型假定消费者的初始净财富为 W，利率为 r，资产中的其中一种资产的价值为 N，且 N < W，该期面临的可能损失为 X，并遵循以下概率法则：

p 表示不发生损失的概率，即 X = 0；q 表示全损的概率，即 X = N；$f(x)$ 表示在（0，N）上的概率密度函数，且有 $p + \int_0^N f(x)dx + q = 1$，$0 \leq p < 1$，$0 \leq q < 1$。风险可以通过购买保险或者建立预防性储备基金来抵御。假定整个期间只发生一次索赔且发生在期末，D 为免赔额，P（D）为保险费。期末的消费水平和净财富分别是 C 和 Y，假定效用函数 V 代表消费者的个人偏好，其形式为：

$$V = g(C) + E[U(Y)] \tag{4.1}$$

其中，$g(C)$、$U(Y)$ 分别表示消费、财富对应的冯·诺伊曼－摩根斯坦效用函数，E 表示行为人预期。在传统经济理论中，假定行为人是风险规避者，则满足：

$$g'(C) > 0, g''(C) < 0$$
$$U'(Y) > 0, U''(Y) < 0 \tag{4.2}$$

衡量绝对风险规避的 Arrow – Pratt 指数定义为：

$$R_A(Y) = -U''(Y)/U'(Y) \tag{4.3}$$

净保费表示为：

$$\varepsilon(D) = \int_D^N (x - D)f(x)dx + q(N - D) \tag{4.4}$$

令 $F(D) = \int_0^D f(x)dx + P$，则有：

$$\varepsilon'(D) = \int_D^N [-f(x)]dx - q = -\left[\int_0^N f(x)dx - \int_0^D f(x)dx\right] - q$$
$$= \int_0^D f(x)dx + p - 1$$
$$= F(D) - 1 < 0 \tag{4.5}$$

$$\varepsilon''(D) = F'(D) = f(D) > 0 \tag{4.6}$$

K（D）表示给定免赔额条件下的保险附加，则：

$$P(D) = \varepsilon(D) + K(D)，且 P'(D) < 0 \tag{4.7}$$

也就是说免赔额越大，缴纳的保费就越少。在保险人预防道德风险的情况下，假定 $K'(D)|_{D=0} \leq 0$。

在确定性条件下，能够推导出：

$$\underset{C}{Max} V(C) = g(C) + U(Y) \tag{4.8}$$

其中，$Y = (W-C)(1+r)$。令 $\overline{C}$ 和 $\overline{Y}$ 表示最优消费和财富解，则有

$$V'(C) = g'(C) - (1+r)U'(Y) \tag{4.9}$$

于是有：

$$\frac{g'(\overline{C})}{U'(\overline{Y})} = 1 + r \tag{4.10}$$

在不确定性的条件下，$\overline{C}$ 将随着 Q 变化，$C = \overline{C} - Q$，Q 表示引入风险下的风险承担预算，最终财富为：

当 X = 0 时，

$$Y_1 = \overline{Y} + (Q-P)(1+r) \tag{4.11}$$

当 $0 < X \leq D$ 时，

$$Y_2 = \overline{Y} + (Q-P)(1+r) - X \tag{4.12}$$

当 $D < X \leq N$ 时，

$$Y_3 = \overline{Y} + (Q-P)(1+r) - D \tag{4.13}$$

Q 可以用来购买保险或者建立预防储备基金：

$$S = (Q-P)(1+r) \tag{4.14}$$

于是有：

$$E[U(Y)] = PU(Y_1) + \int_0^D f(x)U(Y_2)dx + [1-F(D)]U(Y_3) \tag{4.15}$$

求解：

$$\underset{Q,D}{Max} V(Q,D) = g(C) + E[U(Y)] \tag{4.16}$$

使其最大化，分别对 Q、D 求偏导，得：

$$\frac{\partial V(Q,D)}{\partial Q} = -g'(\overline{C}-Q) + (1+r)E[U'(Y)] = 0 \tag{4.17}$$

$$\frac{\partial V(Q,D)}{\partial D} = \theta\{E[U'(Y_1)] + E[U'(Y_2)]\} - (1-\theta)E[U'(Y_3)] = 0 \tag{4.18}$$

其中，

$$\theta = -(1+r)P'(D) \tag{4.19}$$

结论一：如果 $U'(Y) > 0$，且 $K'(D)|_{D=0} \leq 0$，那么 $D > 0$。该结论表明对于风险

规避者而言，不愿购买足额保险。

结论二：如果购买保险，且 $U'''(Y) > 0$，那么 $Q > 0$。该结论表明如果消费者在面临风险的情况下购买了保险，那么他必须减少消费。并强调任何完美的对于保险购买行为的实证研究都应适当考虑消费行为。

结论三：如果购买保险，且 $g''(C) < 0$ 和 $U''(Y) < 0$，那么 $S < D$。$(D - S)$ 表示消费者可能的最大净损失，其值为正，即预防储备基金不应当超过免赔额。

结论四：如果 $U'''(Y) > 0$，$U''(Y) < 0$，$R'_A(Y) < 0$，

且 $\dfrac{P''(D)}{P'(D)} < \dfrac{\varepsilon''(D)}{\varepsilon'(D)} + \dfrac{E[U''(Y_3)] - E[U''(Y)]}{E[U'(Y)]}$，那么 $0 < \dfrac{\partial D}{\partial Q} < \dfrac{1+r}{1-\theta}$

推论1：因 $\dfrac{\partial(Q-P)}{\partial Q} = 1 + \dfrac{\theta}{1+r} \dfrac{\partial D}{\partial Q}$，则推出 $1 < \dfrac{\partial(Q-P)}{\partial Q} < \dfrac{1}{1-\theta}$

推论2：因 $\dfrac{\partial(D-S)}{\partial Q} = (1-\theta)\dfrac{\partial D}{\partial Q} - (1+r)$，则推出 $-(1+r) < \dfrac{\partial(D-S)}{\partial Q} < 0$

结论五：Q 和 D 应随消费者风险态度的变化而成同方向变化，即 Q 越大，D 也越大。推论2表明因风险态度的变化而导致的更大风险承担预算变化应与净风险损失的减少相匹配。$\dfrac{\partial(Q-P)}{\partial Q}$ 和 $\dfrac{\partial D}{\partial Q}$ 都是正的，那么保险和储蓄之间存在替代效应。

二、人寿保险需求的理论模型

（一）人寿保险需求的理论概述

人寿保险需求理论研究人寿保险消费与宏观经济变量之间的关系，将人寿保险需求引入生命周期消费理论旨在探讨人们通过购买人寿保险和年金来减轻或消除未来收入现金流的不确定性结论，由此实现终生消费效用的最大化，以及影响寿险需求的因素。

Yaari（1965）根据生命周期消费假说，考察了在寿命不确定性的条件下，人们如何通过购买保险来消除这种不确定性对消费的影响，并证明了购买保险能够减轻寿命的不确定性对于生命周期消费的影响，且增进购买者的福利。

Browne 和 Kim（1993）利用1980~1987年45个国家的数据，通过多元线性回归分析了扶养率、宗教、国民收入、社会保障支出、通货膨胀、教育、预期寿命和保单价格对寿险需求的影响，结果表明收入、教育、扶养率和社会保障支出对寿险需求呈正相关，保单价格、宗教对寿险需求存在负面影响，而预期寿命对寿险需求的影响不显著。

Beck 和 Webb（2003）利用68个国家1961~2000年的面板数据研究寿险消费的决定因素，结果表明收入水平、扶养率、银行业发展及利率对寿险需求的影响为正，通货膨胀对寿险需求的影响为负，教育、预期寿命和少儿抚养率对寿险需求的影响不显著，城市化水平、基尼系数、社会保障、法规等因素难以解释各国寿险需求的

差异。

我国学者孙祁祥、贲奔（1997）利用多元线性回归模型，分析了银行存款总量、政府实施的金融政策、社会经济体制和宏观经济背景对保费收入的影响，结果表明政府的宏观经济政策和制度因素是影响保险需求的重要因素，保险业的发展规模受到以银行存款总量作为衡量人们剩余财富的制约。吴江鸣、林宝清（2003）用多元线性回归模型，分别分析了1980~2002年期间收入、国内生产总值、通货膨胀、市场模式和品种创新对寿险需求的影响，结果表明收入、竞争和产品创新都对寿险需求具有重要的正面影响，而通货膨胀对寿险需求的影响为负。

（二）人寿保险需求理论模型——Lewis 模型

Lewis 模型从受益者的效用最大化出发，提出人寿保险的消费与附加保费因子、人们风险厌恶度和所留遗产数量有关。模型假定丈夫为一家之主，其工资是家庭的主要经济来源，妻子和子女都是寄生者，寿险是为丈夫购买的，而妻子和子女是其受益者。他在子女年龄 a 时去世。在子女年龄 i 时，人寿保险费为 d_i，如果丈夫活着，子女消费为 $t_i - d_i$；t_i 为收入转移；如果丈夫此时去世，那么子女得到 $f_i + b_i - d_i$，其中 f_i 为人寿保单面值，b_i 为遗产，那么子女最大效用化问题为：

$$\underset{d_i}{Max} EU_i = (1 - p_i)[u_i(t_i - d_i) + EU_{i+1}] + p_i U_i(f_i + b_i - d_i) \quad (4.20)$$

其中，EU_i 表示从子女年龄 i 到 a 的期望效用；p_i 表示丈夫在子女为年龄 i 时的死亡概率；u_i 表示子女年龄 i 时的即期效用（$u'_i > 0$，$u''_i < 0$）；U_i 表示从子女年龄 i 到 a 按照最优消费计划消费的效用。l 表示附加保费因子（寿险成本和其精算价值的比值），则 $f_i = d_i / lp_i$。子女最优化的一阶条件为：

$$u'_i(t_i - d_i^*) = \frac{1 - lp_i}{l(1 - p_i)} U'_i(f_i^* + b_i - d_i^*) \quad (4.21)$$

其中，星号表示最优值。如果丈夫的死亡率很低，有

$$u'_i(t_i - d_i^*) \approx U'_i(T_i - D_i^*) \quad (4.22)$$

其中 T_i 和 D_i 表示丈夫生存条件下，从子女年龄 i 到 a 的收入转移和人寿保险费的现值。假定效用函数为等弹性效用函数，那么有：

$$f_i^* + b_i - d_i^* = \left[\frac{1 - lp_i}{l(1 - p_i)}\right]^{\frac{1}{\delta}} (T_i - D_i^*) \quad (4.23)$$

其中 δ 为受益者相对风险厌恶的 Arrow-Pratt 指数。令 $C_i^* = T_i - D_i^*$，则可得出：

$$(1 - lp_i)f_i^* = Max\left\{\left[\frac{1 - lp_i}{l(1 - p_i)}\right]^{\frac{1}{\delta}} C_i^* - b_i, 0\right\} \quad (4.24)$$

假定妻子一定能生存到年龄 τ，并留下遗产 B，k_i 表示丈夫在妻子年龄 i 死亡时妻子的资产积累，r 为贴现率，则妻子的人寿保险需求满足：

$$(1-lp_i)f_i^* = Max\left\{\left[\frac{1-lp_i}{l(1-p_i)}\right]^{\frac{1}{\delta}} C_i^* - K_i + \frac{B}{(1+r)^{r-i}}, 0\right\} \quad (4.25)$$

整个家庭的人寿保险需求为:

$$(1-lp)F = Max\left\{\left[\frac{1-lp}{l(1-p)}\right]^{\frac{1}{\delta}} TC - W, 0\right\} \quad (4.26)$$

其中，F 表示以丈夫生命为保险标的的全部保单价值，TC 表示在丈夫未死亡的条件下，子女从当期到年龄 a 以及配偶从当期到年龄 τ 的消费之和的现值，W 表示除妻子遗产外的净家庭财富。

寿险需求即寿险金额 F 的决定因素包括 l、p、δ、TC、W，我们分别对其求导，然后分析以上因素对寿险需求的影响。

我们先对 l 求导的结果如下:

$$(1-lp)\frac{dF}{dW} = -\frac{1}{\delta^2}\left[0 < \frac{(1-lp)}{l(1-p)} < 1, \ln\left[\frac{(1-lp)}{l(1-p)}\right] < 0\right]^{1/\delta}(1-lp)(1-p\delta l) - (l-1)W$$

(4.27)

其中 p、δ 是比 1 稍大的数，而 p 是较小的数，$p\delta l - 1 < 0$，因此 dF/dl 为负，即 F 是关于 l 的一个递减函数，可见寿险需求是随着 l 的增大而减小的。

对 p 求偏导，可得如下结果:

$$(1-lp)\frac{dF}{dp} = \frac{F(1-lp)(\delta l - p\delta l - l + 1) - (l-1)W}{\delta(1-p)(1-lp)} \quad (4.28)$$

由于上式右端的符号难以判断，以致难以判断 dF/dp 的正负，即无法判断 F 对 p 是增函数还是减函数。

对 δ 求偏导的结果如下:

$$\frac{dF}{d\delta} = \frac{1}{\delta^2}\left[\frac{(1-lp)}{l(1-p)}\right]^{1/\delta} \ln\left[\frac{(1-lp)}{l(1-p)}\right] \quad (4.29)$$

因为 $0 < \frac{(1-lp)}{l(1-p)} < 1$，$\ln\left[\frac{(1-lp)}{l(1-p)}\right] < 0$，所以，$dF/d\delta$ 总体上大于零，即寿险需求是 δ 的增函数，δ 越大，被保险人越厌恶风险，越倾向于通过购买保险来规避风险，从而寿险需求越大。

对 TC 求偏导的结果如下:

$$\frac{dF}{dTC} = \left[\frac{1-lp}{l(1-p)}\right]^{1/\delta} \quad (4.30)$$

显然，dF/dTC 为正，即 F 是 TC 的增函数，寿险需求随着受益者的未来消费现值的增加而增加。

对 W 求偏导的结果如下:

$$\frac{dF}{dW} = -1 \quad (4.31)$$

即 F 是 W 的减函数，意味着人寿保险需求随着家庭净财富的增加而减少。由 Lewis 模型可知，寿险需求随着投保人的风险厌恶程度、受益者的未来消费现值增加而增加，而随着附加保费因子、家庭的净财富 W 的增加而减少，而单从理论模型上无法推断工资收入者的死亡概率与寿险需求的确切关系。

三、长期护理保险的需求理论

（一）长期护理保险需求理论

由于世界各国面临日益严重的老龄化形势，老年长期护理风险逐渐受到国家、家庭和个人的重视，在一定条件下老年护理风险会逐步演化为社会性风险，因而越来越多的研究开始分析利用保险方式应对长期护理费用支出。不同于标准年金形式的健康保险保单主要用来支付医疗条件下的诊断和治疗费用，长期护理保险是用来为患有身体或认知能力障碍而生活不能自理的个人居家护理或入住护理机构时给予补贴的保险。

Pauly（1996）认为较强的遗赠动机能够增加对长期护理保险的需求，然而老年人可能担心，如果购买长期护理保险，在自己不能自理时，儿女可能让其入住护理机构，因为保险能够降低父母入住护理院时儿女的成本支出。因此，当老年人更偏好儿女的护理时，就不愿购买长期护理保险。

Zweifel 和 Strüwe（1996）分析了购买长期护理保险和通过遗赠鼓励儿女照料父母的关系。对父母而言，长期护理保险的购买，应当能够增加遗赠以致引起儿女关注，研究结果表明，在遗赠刺激护理供给的条件下，商业性长期护理保险的需求非常有限。

Zweifel 和 Strüwe（1998）指出，在"委托—代理"原则下，现存的长期护理保险减少了主要"自然"护理供给者的护理供给数量。这种做法是理性的，因为存在长期护理保险时，低工资收入的儿女会选择亲自供给护理而毫无节制地花费他们的财富。预期到这种道德风险，父母就需要低水平的长期护理保险。

Ioannides 和 Kan（2000）使用密西根大学社会科学研究所建立的研究收入动态行为面板数据（Panel Stuay of Income Dynamics，PSID），证明儿女选择亲自照料父母还是给父母一定的资金帮助取决于父母的需求偏好及其自身的资源，高收入且居住地离父母较远的儿女倾向于给父母资金帮助（父母可利用该资金入住养老院或者在家雇用护工）而不是自己照料父母。

Zissimopoulos（2001）使用健康与退休研究（The Health and Retirement Study，HRS）数据，证明随着儿女收入的增加，儿女亲自照料父母的方式倾向于被以金钱资助父母的方式所取代，即时间被金钱所取代。Sloan 等（2002）研究了从中等年龄的儿女向他们年老父母的代际转移问题，结果表明相对于低收入的儿女，高收入儿女更倾向转移金钱而非时间。

Doerpinghaus 和 Gustavson（2002）检验了长期护理保险的购买和各种解释变量之间的关系，证明医疗救助、护理机构费用水平、老年人口规模和护理从业人员是影响长期护理保险购买率的重要影响因素，但不能证明保险监管、可利用设施数量或者代理市场影响护理保险的购买。

Brown 等人（2006）使用大量的资料在理论和实践上检验了工作、闲暇、非正式护理供给、正式护理需求和转移者的生命终止之间的重要关系，理论工作的重点之一是非正式护理供给要受诸多因素的影响，如正式护工的工资额、消费和闲暇的边际替代率、消费与护理供给以及各类生产性活动的边际替代率等。

Finkelstein 和 Mcgarry（2006）证明长期护理保险市场存在多层面的私人信息以及这些因素如何在保障范围和风险发生之间相互抵消，认为该市场主要包括两类购买者：拥有私人信息的高风险者和保险购买偏好者，而事故发生的风险前者比保险公司预期的高，后者的风险较低。

Pestieau 和 Sato（2008）指出中等收入水平儿女的父母喜欢利用公共护理机构和商业性长期护理保险，而低收入儿女偏好于亲自照料父母，高收入儿女偏好于在资金上帮助不能自理的父母。

Davidoff（2010）认为当个人需要长期护理时可利用的家庭资产数量降低了长期护理保险的效用。在拥有非现金房产的情况下，个人对流动性金融资产消费的边际效用较高。因此，他们发现利用房产应对长期护理是最佳选择，一旦发生不利的长期护理费用骤变即可变现房产，而不是用房产来支付长期护理保险保费。

（二）长期护理保险需求理论模型——三世代模型

假定正常家庭为三世代家庭，即作为儿女，上有老人，下有孩子，公共护理机构只允许老年特殊群体入住，例如我国的公共护理机构主要接纳农村"五保"老人[①]、城市"三无"老人[②]，正常情况下有儿女的父母没有资格入住公共护理机构。

这里假定儿女的效用主要包括自己的消费效用和履行社会责任的效果评价：

$$u = [u(c), v(x)] \tag{4.32}$$

其中，$u(c)$ 表示自身消费得到的效用，$v(x)$ 表示履行相应的社会责任得到的效用，两者均是对数函数形式。并假设 $LTCI = 0$ 表示一国没有构建起长期护理保险制度，$LTCI = 1$ 表示一国构建起长期护理保险制度。

1. 儿女最优化问题

（1）没有长期护理保险时儿女最优化问题。

①在没有长期护理保险及儿女的收入水平较低时，儿女最优化问题。在 $LTCI =$

---

① 根据《农村五保供养工作条例》第六条规定，老年、残疾或者未满16周岁的村民，无劳动能力、无生活来源又无法定赡养、抚养、扶养义务人，或者其法定赡养、抚养、扶养义务人无赡养、抚养、扶养能力的，享受农村五保供养待遇。

② "三无"老人是指无法定赡养人、无固定生活来源、无劳动能力的老人。

0，且 $w \leq w_0$ 时，父母一旦失能不能自理，儿女会选择自己护理父母，并得到政府给予的相应护理补贴 s，其效用方程为：

$$u_{11}^D = \ln[w(T-h) + G + s - A] + (\beta_1 + \theta_1)\ln w_0 h + (\beta_2 + \theta_2)\ln A \quad (4.33)$$

其中，u_{11}^D 表示没有长期护理保险时父母失能，儿女所获得的效用；w 表示儿女的收入水平；w_0 表示假定父母入住护理机构时所需支付的费用成本；T 表示整个生命周期的工作年限；h 表示儿女供给护理时间，并假定与父母的失能期一致；G 表示儿女接受父母的资产赠予；A 表示儿女对下一代的资金投入，例如教育费用、帮助子女成家立业等；s 表示儿女护理失能父母时得到的政府补贴，且为防止因政府补贴过高导致国家收入分配向低收入者过度转移产生的社会不公，假设 $s \leq w_0 T - wT$；β_1 表示儿女对父母的关爱因子，$0 \leq \beta_1 \leq 1$；β_2 表示儿女对于下一代的关爱因子，$0 \leq \beta_2 \leq 1$；θ_1 表示社会公德及国家法规对儿女履行赡养义务的评价因子，$0 \leq \theta_1 \leq 1$；θ_2 表示社会公德及国家法规对儿女培养下一代义务的评价因子，$0 \leq \theta_2 \leq 1$。

对（4.33）式求关于 h 的偏导数，得：

$$\frac{\partial u_{11}^D}{\partial h} = \frac{-w}{w(T-h) + G + s - A} + (\beta_1 + \theta_1)\frac{w_0}{w_0 h} = 0 \quad (4.34)$$

$$h_{11} = \frac{\beta_1 + \theta_1}{1 + \beta_1 + \theta_1}\left(T + \frac{G + s - A}{w}\right) \quad (4.35)$$

h_{11} 表示在没有长期护理保险时父母失能，儿女实现自身效用最大化前提下，意愿提供的护理时间。

对（4.35）式求关于 A 的偏导数，得：

$$\frac{\partial h_{11}}{\partial A} = \frac{\beta_1 + \theta_1}{1 + \beta_1 + \theta_1}\left(-\frac{1}{w}\right) < 0 \quad (4.36)$$

上式说明，A 与 h 存在反向关系，如果儿女对下一代的关注越多，则愿意护理父母的时间越短，即 h 会越小。在 w、θ_1 固定时，β_1 越大，对父母越关爱，$\partial h_{11}/\partial A$ 的绝对值会越大，增加单位 A，将使儿女主观上感觉对父母的护理时间 h 减少很多，进而及时转变过度关注儿女而忽视父母倾向；固定 w、β_1、θ_1 越大，社会对老人越关注，$\partial h_{11}/\partial A$ 的绝对值也会变大，增加单位 A，也使儿女对父母的护理时间 h 缩短，如此，儿女在一定程度上遭受社会的谴责，甚至受到国家赡养老人法律法规的惩罚。因此，在长期护理保险的情况下，国家应发展和完善有关老年权益保障的法规制度，社会应加强对养老、尊老和爱老社会舆论的宣传，以此强化儿女对父母护理时间的主观感受。

对（4.35）式求关于 G 的偏导数，得：

$$\frac{\partial h_{11}}{\partial G} = \frac{\beta_1 + \theta_1}{1 + \beta_1 + \theta_1}\frac{1}{w} > 0 \quad (4.37)$$

表明父母的资产赠予 G 越大，h 也越大，儿女越愿意护理父母。w 不变时，β_1 或者 θ_1 的增加，将使 $\partial h_{11}/\partial G$ 的值增加，在不同程度上增强儿女对资产赠予的敏感性。

对 (4.33) 式求关于 A 的偏导数,得:

$$\frac{\partial u_{11}^D}{\partial A} = \frac{-1}{w(T-h)+G+s-A} + \frac{\beta_2+\theta_2}{A} = 0 \quad (4.38)$$

$$A_{11} = \frac{\beta_2+\theta_2}{1+\beta_2+\theta_2}[w(T-h)+G+s] \quad (4.39)$$

其中,A_{11} 表示在没有长期护理保险时,儿女对下一代的资金投入。

联立 (4.35)、(4.39) 式可求得:

$$h_{11} = \frac{\beta_1+\theta_1}{1+\beta_1+\theta_1+\beta_2+\theta_2}\left(T+\frac{G+s}{w}\right) \quad (4.40)$$

$$A_{11} = \frac{\beta_2+\theta_2}{1+\beta_1+\theta_1+\beta_2+\theta_2}(wT+G+s) \quad (4.41)$$

由此说明,儿女对父母的护理时间 h,与 β_1、θ_1、G、s 成正比例关系,而与 β_2、θ_2、w 成反比例关系。儿女对下一代的关爱 A,与 β_2、θ_2、G、w、s 成正比例关系,而与 β_1、θ_1 成反比例关系。另外,可以看出儿女把父母的资产赠予 G 和政府的护理补贴 s 都纳入了对下一代的关爱 A 的反映函数中,在存在信息不对称和道德风险的情况下,如果儿女过度关注下一代,可能会把 G、s 的很大一部分转移给下一代,从而使得父母的利益受损,国家为刺激儿女护理父母的政策措施难以达到预期效果。

②在没有长期护理保险及儿女的收入水平较高时,儿女最优化问题。在 $LTCI=0$,且 $w>w_0$ 时,父母一旦失能不能自理,儿女会选择雇用保姆护理父母,或者让父母入住商业性的护理机构,并支付相应护理费用 w_0h,而自己不亲自照顾父母。其效用方程为:

$$u_{12}^D = \ln[wT+G-w_0h-A] + (\beta_1+\theta_1)\ln w_0h + (\beta_2+\theta_2)\ln A \quad (4.42)$$

对 (4.42) 式分别求关于 h、A 的偏导数,得:

$$\frac{\partial u_{12}^D}{\partial h} = \frac{-w_0}{wT+G-w_0h-A} + (\beta_1+\theta_1)\frac{w_0}{w_0h} = 0 \quad (4.43)$$

$$\frac{\partial u_{12}^D}{\partial A} = \frac{-1}{wT+G-w_0h-A} + \frac{\beta_2+\theta_2}{A} = 0 \quad (4.44)$$

$$h_{12} = \frac{\beta_1+\theta_1}{1+\beta_1+\theta_1}\left(T+\frac{G-A}{w_0}\right) \quad (4.45)$$

$$A_{12} = \frac{\beta_2+\theta_2}{1+\beta_2+\theta_2}(wT+G-w_0h) \quad (4.46)$$

联立式 (4.45)、(4.46) 求得:

$$h_{12} = \frac{\beta_1+\theta_1}{1+\beta_1+\theta_1+\beta_2+\theta_2}\left(\frac{wT+G}{w_0}\right) \quad (4.47)$$

$$A_{12} = \frac{\beta_2+\theta_2}{1+\beta_1+\theta_1+\beta_2+\theta_2}(wT+G) \quad (4.48)$$

其中，h_{12} 表示在 $LTCI=0$，且 $w>w_0$ 时，儿女愿意出资护理失能父母的护理时间；A_{12} 表示在 $LTCI=0$，且 $w>w_0$ 时，儿女对下一代的资金投入。由此可知，儿女愿意出资使父母得到护理的时间与 β_1、θ_1、w、G 正相关，而与 β_2、θ_2 和 w_0 负相关，即政府及社会对老年人权益的保障程度直接影响到儿女对父母孝敬与否，而父母的遗赠、儿女自身的收入水平则直接影响到儿女提供失能父母资金支持的经济实力。

（2）有长期护理保险制度时儿女最优化问题。如果父母较为贫困，没有钱购买长期护理保险，或者父母对长期护理保险持怀疑态度不愿购买，而甘愿把大量的资产赠与儿女，希望将来自己不能自理时由儿女照料自己。然而，父母年老时可能因工作原因或者自己与父母居住距离较远，而难以履行照料父母的义务。在满足一定条件的前提下，儿女可能购买长期护理保险承担护理父母责任，且这种保险只限于满足父母的护理需要，例如抵补入住护理院的费用，其效用函数为：

$$u_2^D = \ln[wT + G - A - (\delta-\tau)w_0 h] + (\beta_1+\theta_1)\ln w_0 h + (\beta_2+\theta_2)\ln A \quad (4.49)$$

其中，δ 表示保险费率相关参数，假定长期护理保险保障金额为 $w_0 h$ 时，费率为 $\delta w_0 h$，鉴于长期护理保险定价的关键因子是护理时间、给付金额、利率因子及失能率，因此，如果 $\delta \geq 1$，说明长期护理保险定价不合理，消费者购买积极性会降低；τ 表示长期护理保险购买者得到的保费补贴。

对（4.49）式分别求关于 h、A 的偏导数，得：

$$\frac{\partial u_2^D}{\partial h} = \frac{-(\delta-\tau)w_0}{wT+G-A-(\delta-\tau)w_0 h} + (\beta_1+\theta_1)\frac{w_0}{w_0 h} = 0 \quad (4.50)$$

$$\frac{\partial u_2^D}{\partial A} = \frac{-1}{wT+G-A-(\delta-\tau)w_0 h} + \frac{\beta_2+\theta_2}{A} = 0 \quad (4.51)$$

联立式（4.50）、（4.51）求得：

$$h_2 = \frac{\beta_1+\theta_1}{1+\beta_1+\theta_1+\beta_2+\theta_2}\left(\frac{wT+G}{(\delta-\tau)w_0}\right) \quad (4.52)$$

$$A_2 = \frac{\beta_2+\theta_2}{1+\beta_1+\theta_1+\beta_2+\theta_2}(wT+G) \quad (4.53)$$

其中，h_2、A_2 分别表示在 $LTCI=1$ 时，儿女通过购买长期护理保险方式照料父母的时间、儿女对下一代的资金投入。假如无论对于高收入儿女还是低收入儿女，他们都是理性的，一旦长期护理保险的保费 $(\delta-\tau)w_0 h$ 高于一定水平，会做出相应的利己行为，具体情况可分为：

当 $w \leq w_0$ 时，要使低收入儿女购买长期护理保险必须满足：

$$\begin{cases} h_2 \geq h_{11} \\ (\delta-\tau)w_0 h \leq wh, \ (w/w_0 \leq 1) \end{cases}$$

由此解得

$$\begin{cases} \delta \leqslant \tau + \dfrac{w}{w_0}\left(\dfrac{\pi I + \pi wT - s}{\pi I + \pi wT + \pi s}\right), & (w/w_0 \leqslant 1) \\ \delta \leqslant \tau + \dfrac{w}{w_0}, & (w/w_0 \leqslant 1) \end{cases} \Rightarrow \delta \leqslant \tau + \dfrac{w}{w_0}\left(\dfrac{\pi I + \pi wT - s}{\pi I + \pi wT + \pi s}\right) = \delta'$$

这一范围是儿女实现效用最优化的前提下,愿意接受的长期护理保险费率 δ' 水平。事实上,市场的长期护理保险产品一旦定价,保险费率就保持相对稳定。因此,我们要想增加长期护理保险产品的市场吸引力,必须提高参数 δ' 的阈值 $[\underline{\delta'}, \overline{\delta'}]$ 水平,进而提高儿女可接受的 δ' 值整体范围。如果政府增加保费补贴 τ 时,δ' 的阈值上下限会同时提高,使得儿女意愿的 $\delta' \geqslant \delta$,会增加儿女为父母购买长期护理保险的欲望,使自己从护理父母的道德责任中解脱出来;如果政府增加护理补贴 s,会降低 δ' 的阈值下限,进而使得儿女购买长期护理保险的要求降低。

当 $w > w_0$ 时,使高收入的儿女购买长期护理保险的条件:

$$\begin{cases} h_2 \geqslant h_{12} \\ (\delta - \tau)w_0 h \leqslant wh, & (w/w_0 > 1) \end{cases} \Rightarrow \begin{cases} \delta < \tau + w/w_0, & (w/w_0 > 1) \\ \delta \leqslant \tau + 1 \end{cases} \Rightarrow \delta \leqslant \tau + 1, \quad (w/w_0 > 1)$$

根据上式结果我们可知,当保险费率参数不大于 $\tau + 1$ 时,高收入儿女便可给父母购买长期护理保险,而放弃原来供给资金的方法,增加对父母失能风险的防范。

2. 父母最优化问题

(1) 没有长期护理保险时父母最优化问题。在 $LTCI = 0$ 时,父母失能后依靠儿女照料,因而,理性的父母会根据自己的健康状况把自己的部分资产赠与儿女。父母的效用函数为:

$$V_1 = \ln(I - G) + \pi \ln(w_0 h) \tag{4.54}$$

其中,I 表示父母总资产,π 表示父母失能率。对于低收入儿女的家庭,儿女意愿护理的时间应与父母的失能期相一致,把式(4.40)代入式(4.54)中可得:

$$V_1 = \ln(I - G) + \pi \ln w_0 + \pi \ln \dfrac{\beta_1 + \theta_1}{1 + \beta_1 + \theta_1 + \beta_2 + \theta_2} + \pi \ln\left[T + \dfrac{G + s}{w}\right] \tag{4.55}$$

对 (4.55) 式求关于 G 的偏导数,得

$$\dfrac{\partial V_1}{\partial G} = \dfrac{-1}{I - G} + \dfrac{\pi}{wT + G + s} = 0 \tag{4.56}$$

进而求得

$$G_{11} = \dfrac{\pi I - wT - s}{1 + \pi} \tag{4.57}$$

对 (4.57) 式分别求关于 w、π、s 的偏导数,得

$$\dfrac{\partial G_{11}}{\partial \pi} = \dfrac{1 + wT + s}{(1 + \pi)^2} > 0 \tag{4.58}$$

$$\dfrac{\partial G_{11}}{\partial w} = \dfrac{-T}{1 + \pi} < 0 \tag{4.59}$$

第四章
长期护理保险的相关理论

$$\frac{\partial G_{11}}{\partial s} = \frac{-1}{1+\pi} < 0 \tag{4.60}$$

以上表明父母的资产赠予受身体健康状况 π、儿女的收入水平 w 和政府对儿女护理父母的补贴水平 s 密切相关。如果父母感觉自己的身体健康状况不好,他将给儿女更多的资产赠予,以期儿女能给予更多的照料;如果儿女的收入水平较高时,可能减轻对父母的资产赠予的重视程度,父母也为此减少资产赠予;如果政府增加对儿女护理父母的补贴水平,父母为增加自身现实消费水平可能也减少资产赠予。

根据(4.57)式可求得父母在没有长期护理保险时的消费水平:

$$d_{11} = I - G = \frac{I + wT + s}{1 + \pi} \tag{4.61}$$

而对于高收入儿女即当 $w > w_0$ 时,儿女不再享有政府护理补贴,因此可得父母在没有长期护理保险时的消费水平:

$$G_{12} = \frac{\pi I - wT}{1 + \pi} \tag{4.62}$$

$$d_{12} = I - G = \frac{I + wT}{1 + \pi} \tag{4.63}$$

根据(4.61)、(4.62)、(4.63)式,我们可以求得在没有长期护理保险时,儿女的消费水平:

①如果父母失能,且 $w \leq w_0$,则:

$$c_{11}^D = \frac{\pi}{1 + \beta_1 + \theta_1 + \beta_2 + \theta_2} \frac{I + wT + s}{1 + \pi} \tag{4.64}$$

②如果父母失能,且 $w > w_0$,则:

$$c_{12}^D = \frac{\pi}{1 + \beta_1 + \theta_1 + \beta_2 + \theta_2} \frac{I + wT}{1 + \pi} \tag{4.65}$$

通过对比式(4.61)与(4.63)、式(4.64)与(4.65),我们发现 $c_{11}^D < d_{11}$、$c_{12}^D < d_{12}$,这说明在没有长期护理保险的情况下,存在代际转移的消费不公平问题。

(2)长期护理保险存在时父母最优化选择。

①如果 $I \leq (wT + s)/\pi$,即 I 的水平特别低,由于父母没有能力购买长期护理保险,只能依靠儿女养老(包括从儿女那儿获得时间或金钱的资助)。

②如果 $I > (wT + s)/\pi$,即父母的资产 I 水平较高,不再指望儿女养老,而是通过购买商业保险来承担自己面临的失能风险,并接受营利性护理机构的护理。其效用函数为:

$$V_2 = \ln[I - (\delta - \tau)w_0 h] + \pi \ln(w_0 h) \tag{4.66}$$

要想让父母购买长期护理保险,至少要保证护理保险费的支付要小于父母对儿女的资产赠予,同时保证父母所得的效用不小于购买前的效用,即:

$$\begin{cases}(\delta-\tau)w_0h \leq G \\ V_2 \geq V_1\end{cases} \Rightarrow \begin{cases}\delta\underset{w\leq w_0}{\leq}\tau+\left(1+\dfrac{1+\beta_2+\theta_2}{\beta_1+\theta_1}\right)\dfrac{w}{w_0}\dfrac{1}{\pi}\left(\dfrac{\pi I-wT-s}{I+wT+s}\right)=\tilde{\delta}, \quad (w/w_0\leq 1) \\ \delta\underset{w>w_0}{\leq}\tau+\left(1+\dfrac{1+\beta_2+\theta_2}{\beta_1+\theta_1}\right)\dfrac{1}{\pi}\left(\dfrac{\pi I-wT}{I+wT}\right)=\hat{\delta}, \quad (w/w_0>1)\end{cases}$$

$\tilde{\delta}$、$\hat{\delta}$ 值可以解释为父母意愿购买长期护理保险强烈程度，如果 $\delta\leq\tilde{\delta}$（或者 $\hat{\delta}$），即父母可以接受的费率水平不低于长期护理保险实际的费率水平，父母就可能购买长期护理保险，否则就不购买。从上式可以看出，长期护理保险购买的影响因素很多，有些变量我们无法控制，例如父母资产、儿女收入水平、工作期间、失能率等，但有些因素我们可以对其施加影响。因此，政府可以通过税收政策对长期护理保险的保费进行调整，以增加保费补贴 τ，刺激父母购买长期护理保险的愿望。同时，政府可适当减少对儿女护理父母的补贴，即降低 s 值，也可能使低收入儿女的父母增加购买的欲望。

专栏 4.1

在长期护理方面采取行动的主要收益

世界卫生组织 2016 年发布的《关于老龄化与健康的全球报告》中曾列举了发展长期照护体系（长期护理保险包含在其中）的收益主要包括：

1. 保持晚年尊严；尊重老年人的权利。
2. 减少住院治疗，降低相关支出：缩短了住院时间，减少了再住院率，支持老年人返回家中。这些都减少了相关的卫生保健支出。在可以获得长期护理服务的国家中，70 岁以上老人的卫生保健支出随着年龄增长而降低。
3. 减少了贫困：为老年人提供了社会保障，保护老年人及其家庭，使其免于在晚年陷入贫困。还有助于分散灾难性卫生保健支出的风险，减少家庭负担，提升社会凝聚力。
4. 提高了护理质量和生活质量。
5. 改善了痴呆症护理和临终关怀。
6. 促进了就业：如果积极管理，对专业护理工作者的需求可以创造更多的就业机会，同时促进长期护理服务的获取，这对政府和公众来说是双赢的。同时减轻护理者的部分负担能够使其自由加入劳动力市场。
7. 支持创新和商业：目前正在研发众多创新技术以满足严重失能的老年人的需求。这些产品有助于填补老年人的需求缺口，同时又可以销售给其他有类似需求者。

第二节　长期护理保险的社会学理论

一、长期护理保险的社会需求理论

1943年，美国心理学家马斯洛所著的《人类激励理论》中提出了需求层次理论，从低级到高级分别是生理需求、安全需求、社交需求、尊重需求和自我实现需求。其中，生理需求是人类生存的最低层次需求，包括食物、空气、水、呼吸和健康等，只有满足生理需求，人类才能生存下去。每个人在不同生命阶段都会有某种需求占主导地位，而其他需求则是从属地位。

长期护理主要是为失能者提供的，失能是非健康状态之一，这是最低层次的生理需求之一。失能会导致失能者吃饭、穿衣、如厕、洗澡、上下床、走动等日常基本生活自我照顾能力丧失，必须有护理服务或必要外界帮助才能继续维持正常的生理需求继续生存下去，因此失能老人的长期护理服务是其维系生命所必需的需求，在老龄化背景日益严重的当今，这已经成为社会面临的共同需求，因为每个人都将随着年龄增长而面临失能风险。

尽管学者们和保险业界对长期护理保险的保障范围和保障内容有争议，但马斯洛的需求层次理论为政府介入失能老人长期护理服务的供给提供了理论依据，因为既然失能老人长期护理是其最低生理需求，在老年人个人或家庭没有消费能力满足长期护理资金需求时，失能老人的生命就会受到威胁，社会可能会出现不稳定，此时就需要政府介入并进行干预。

二、长期护理保险的社会学理论

国内外众多研究老年人的社会学理论专注于家庭、亲属、朋友和机构提供给老年人的护理和支持方面。Messeri[①]提出了分工模式、层级补偿模式和关系特定模式。

分工模式提出正式护理和非正式护理是互补的。非正式护理通常从事偶发的、简单的日常生活护理；正式护理从事例行性的和需要技术性的活动。根据分工理论，配偶是最适合从事日常家庭成员非正式护理工作的，亲属和朋友偶尔可以利用自由时间提供护理帮助。

层级补偿模式提出老年人对护理人员偏好的顺序一般认为配偶和子女是最优偏好，当配偶和子女不在时，老年人才寻求其他资源。

---

① Messeri P, Silverstein M and Litwak E. Choosing Optimal Support Groups: A Review and Reformulation, Journal of Health & Social Behavior, 1993, 34 (2): pp. 122 – 137.

关系特定模式认为对老年人来说，配偶和子女是获得护理帮助和安全感的主要来源，配偶是情感支持的主要来源，社会团体活动是获得自尊的主要来源。对于没有子女或配偶的老年人，朋友或兄弟姐妹是他们获得情感和护理支持的主要来源[1]。

（一）居家护理理论

在长期护理制度化之前，传统上家庭被视为长期护理的主要责任者，这就意味着主要由家庭成员提供护理服务，或者个人或家庭成员负担失能者的长期护理费用，这包括代际之间护理、配偶或子女护理、私人储蓄及不动产抵押支付等。

随着社会整体老龄化程度加重、家庭人口规模缩减、女性劳动就业率提高及生育率下降等，个人和家庭护理的功能不断弱化，传统的居家护理模式发生了变化，以往个人或家庭成员间的护理被视为是无偿的劳动，或者是免费提供的，属于家庭互助行为，也是长期护理非制度化背景下的主要模式。但是这种居家护理模式仍然是有机会成本的。个人或家庭护理、私人储蓄主要是通过家庭连带或投资工具将资金或资源在个人生命周期进行转移，但是当资源如家庭人口资源（在计划生育政策下家庭人力资源无法进行代际转移）和家庭财力不足时，大量失能老人或失独老人（独生子女的父母及其祖父母、外祖父母）就因缺乏人力和私人储蓄而得不到基本的护理服务。因此，单一地由个人或家庭承担长期护理的成本费用的模式已经无法适应社会需要，迫切需要一种制度化体系来防范长期护理风险。

（二）社会交换理论

Emerson和Blau（1964）提出了社会交换理论，从而揭露了老年人参与社会的内在动机。Blau指出，交换分为经济交换和社会交换，经济交换基于合同，是一种基于利益的等价交换；社会交换的特点是"提供的支持会引起未来的分散的责任，不是简单的、详细清楚的，回报的特点是不能讨价还价，但必须留给回报者去判断"[2]。人们出于自愿进行社会交换活动，是一种基于社会道德、情感支持或公义维护的自愿重新流动或分配。

特纳（2001）提出，社会交换理论基于人们不是功利主义似地寻求最大利润，而是考虑了自身拥有的资源限制和社会特性后在特定社会环境中进行交换并努力获得利润。在交换过程中个体根据各自利益以最小的成本获得最大的报酬，不仅交换货币和物质，也交换非物质性的情感、服务等，交换双方会在某些方面相互作用，如果交换双方不能达到目的时社会交换就会停滞。

目前需求者可以通过两个途径获得长期护理服务：第一个途径是从家庭，即通过从配偶或子女提供而获得护理服务，但老年人能够获得服务及获得服务的回报在很大

---

[1] Connidis I. A. and Davies L. Confidants and Companions in Later Life: The Place of Family and Friends, Journal of Gerontology, 1990, 45 (4): pp. 141-149.

[2] 曹艳春、王建云、汪婷等：“基于社会交换理论的中国农村老年人长期照护选择安排实证研究”，《科学经济社会》，2013年第2期，第17~22页。

程度上取决于其曾经给予其配偶或子女提供的支持和付出。Bengtson 等人（1985）提出老年人希望持续为子女提供支持以获得回报，但随着年龄增长，支持能力不断下降，无法从子女那里获得足够的护理服务回报，最终长期护理服务只能由国家和社会来提供。第二个途径是通过国家和社会获得护理服务，取决于其曾经对国家和社会做出的贡献和其自身支付能力。传统社会中老年人控制着家庭资产，对子女有较强的控制力，但在当今社会，随着人口流动性增强、社会观念转变，子女成年或独立之后对老年人的依赖减少，使得老年人对家庭成员控制力减弱，因此长期护理服务需求者要想获得社会交换条件必须要拥有可供交换的资源。对于老年人及失能者而言，必须通过法律或政策制度保证其拥有资源，保持其相对独立的社会地位方能促使社会交换具有互惠性、活动性。

（三）医疗卫生服务利用行为模型

Andersen 教授构建的医疗卫生服务利用行为模型最初是用于研究医疗卫生服务利用的决定因素，目前常被用来研究长期护理服务使用的预测因素：第一类是护理诱因，这是指失能发生时哪些特征的人需要护理服务，包括年龄、性别、婚姻状况、家庭人口数、教育程度、职业类别、社会经济地位等；第二类是能力因素，这是指个人获得护理服务的能力，包括家庭收入、是否购买健康保险、社区资源、护理服务费用和成本等；第三类是需要因素，这是指个人感受到护理服务需求后采取的行为，包括自述失能状况、身体失能障碍天数、医护人员对个人生理、心理及社会健康状况的评估等。护理诱因直接影响能力因素，再影响需要因素，最终影响护理服务的使用和消费状况。

第三节 长期护理保险市场的经济学分析

一、长期护理保险市场的服务需求模型

（一）微观研究

典型的个人健康护理需求函数源自 Grossman 模型（Muurinen，1982；Wagstaff，1986），具体形式如下：

$$\ln M(t) = \beta_0 + \ln H(t) + \beta_1 \ln w(t) - \beta_2 \ln P_m(t) + \beta_3 t + \beta_4 X_1 + \beta_5 E + u(t) \quad (4.67)$$

健康护理的需求 $M(t)$ 受潜在变量健康状况 $H(t)$、工资率 $w(t)$、健康服务的价格变量 $P_m(t)$、时间趋势 t、环境因子变量 X_1、教育水平 E 等的影响。健康因子的系数规定为 1，主要由于健康护理需求具有派生性。$\ln w(t)$、$\ln P_m(t)$、t、X_1 和 E 的系数表明这些变量对需求的影响强弱，但并不直接影响健康资本存量的最优水平。较高的工资率会导致时间对健康护理需求的替代（$\beta_1 > 0$），原因在于时间变

得相对昂贵。对于许多西方长期护理体系而言，医疗服务的直接价格接近于零，以致在实证分析中 $P_m(t)$ 的影响将被忽略。使用 Grossman 模型的术语描述为健康资本存量的折旧率随年龄增加而增长，即 β_3 为正。如果环境因素对健康起破坏作用，它们对 $M(t)$ 的影响也应当为正（$\beta_4 > 0$）。从理论上讲，如果教育有益于健康，系数 β_5 应该为负。

鉴于有很多不同的因素会导致长期护理需求的变化，诸如生理或者心智状况的恶化，通过建立一个模型来描述其变化过程并非易事，模型所描述的过程会包括很多健康状态的递进（如不同失能程度的递进），而不像人寿保险中那样只包含两种状态（生或者死）。另外，长期护理的需求与否常常是可逆的，人们可以从某种失能中恢复过来，这在模型中是很难被允许的，这些问题增加了对长期护理需求及费用预测的难度。

（二）宏观研究

个人社会服务研究小组（PSSRU）[①] 在明确规定假设下，建立了一个宏观模拟模型，用以预测在不同情况下老年人的长期护理需求，模型第一步是按照年龄组别、性别、依赖程度和其他关键变量将老年人口分组，老年人口按照年龄和性别被分入依赖组别。依赖程度是考虑长期护理需求的关键因素，原因在于并非年龄，而是依赖影响护理需求。该模型采用日常生活活动（ADLs）和辅助性日常生活活动（IADLs）作为衡量老年人依赖程度的指标，并按其严重程度分为四类依赖群体：第一类是毫无困难地完成日常生活活动（ADLs）和辅助性日常生活活动（IADLs）；第二类是没有困难地完成辅助性日常生活活动（IADLs），但不能完成日常生活活动（ADLs）；第三类是没有困难完成一项日常生活活动（ADLs）；第四类是生活在社区且有困难完成两项或更多日常生活活动（ADLs），以及入住护理机构者（如医院、疗养院和安老院）。

影响长期护理需求的另一关键因素是家庭类型（Arber，Gilbert and Evandrou，1988；Davies et al. 1990.），家庭类型是影响非正式护理的重要结构变量。非正式护理和家庭组成紧密相关，分为五类：第一类是独居没有非正式护理；第二类是独居有非正式护理；第三类是单身但与其他人生活在一起；第四类是已婚/同居的情侣；第五类是已婚/与他人同居的夫妇。老年人和谁生活在一起的家庭类别，包括已婚/同居夫妇，在有无非正式护理者之间并没有被打破，主要因为所有和其他人一起生活的老年人都有潜在的护理者，以及多数依赖者能够获得重疾护理。

模型第二步是在模型第一步输出结果的基础上，预测护理需求服务者的数量。服务包括社会的、家庭的和商业性正式护理，以适应长期护理需求。每种非机构式服务

[①] 英文全称为 Personal Social Services Research Unit，1974 年成立于肯特大学，从事社会医疗的政策研究，目的是改善社会健康护理的公平及效率，经费主要由卫生署提供。

接受的概率，例如家庭护理、日间护理和社区护理，通过 logistic 回归进行多变量分析。独立变量包括年龄、性别、抚养率、婚姻状况、家庭类型、非正式护理和住房使用权。对依赖和非依赖老人单独进行分析，因为除了修指甲和私人家庭帮助，非依赖老人很少接受服务。对于非依赖群体，年龄在统计学上与每种服务接受的概率有重要联系，而性别、婚姻状况和住房拥有权与某些服务接受的概率有重要联系。对于依赖性群体，年龄、依赖严重程度、婚姻状况或家庭类型在统计学上与多种服务接受的概率有重要联系，而性别、住房拥有与某些服务接受的概率有重要联系。通过利用 logistic 回归模型的拟合值能够估计出家庭服务的需求量，并估计按照年龄段、性别、依赖度及其他因素所需接受每类服务的概率。这些拟合值分别乘以按照年龄段和其他需求相关因素所分小组内老年人口的预测数量，即可估计出服务接受者的数量。最后，服务接受者的预测数量乘以接受服务的强度，如家庭帮助的平均时间或每周接受社区护理的次数。通过联合利用官方的统计数据，能够估计接受养老院护理、护养院护理或长期住院护理的概率。

对 PSSRU 的机构护理调查数据按照年龄段、性别、以前家庭类型和住房拥有权等指标进行适当分类。这种方法能够按照年龄段、性别、家庭类型和住房拥有权估计出入住养老机构的老年人口数量。

总之，接受每类服务 j 的人口数量（$SERNO$）可以估计为：

$$SERNO_j = \sum_{i=1}^{k} p_{ij} n_i \quad (4.68)$$

其中，p_{ij} 是在组别 i（$i = 1, \cdots, k$）的个人接受服务 j 的概率，n_i 是组别 i 老年人口的数量。

总之，长期护理服务需求受多种不同因素的影响，从而在个体之间会出现很强的差异性，并且随着老年人年龄的增长，健康状态的变化会对长期护理产生层次渐近的不同需求。基于我国二元经济社会的现实，城乡间、地区间经济发展水平差异巨大，加之不同地区和民族之间的文化、生活习惯等差异明显，失能人员对长期护理服务的需求也就更加复杂和多样化。

二、长期护理保险市场的信息问题

长期护理保险与商业健康保险一样存在着信息问题，有着许多特殊性和不确定性，容易导致市场供给不足，效率低下，产生所谓的市场失灵。按照威廉姆逊的定义，机会主义倾向是人们借助不正当的手段谋取自身利益的行为倾向。机会主义行为有"事前"与"事后"之分，事前的机会主义被称为"逆向选择"，即在达成契约前，一方利用信息优势诱使另一方签订不利的契约。事后的机会主义被称为"道德风险"。

（一）逆向选择

20 世纪 70 年代，乔治·阿克洛夫创立的二手车市场模型奠定了这一领域的研究基础，罗斯查尔德和斯蒂格利茨建立了保险市场逆向选择理论。信息经济学认为，逆向选择是在签订合同之前，委托人不知道代理人的类型，也就是说，代理人已经掌握某些委托人不了解的信息，而这些信息可能对委托人是不利的。处于信息优势的代理人可能采取有利于自己的行动，委托人则由于信息劣势而处于对己不利的选择位置上。逆向选择将会干预市场的有效运行，导致市场交易的低效率或无效率。在一般商品销售市场上，产品质量的不确定性是逆向选择的根本原因，而基于产品质量不确定性基础上的市场信息差别是逆向选择的直接诱因。当市场商品以不同质量交换时，买卖双方都将以同样方式按照产品质量将产品进行分类。但是，只有卖主明确知道他们所销售的每个单位产品的真实质量，而买主在购买产品前不能确切了解每个单位产品的具体质量，最多只能够了解这类产品质量的平均分布。由于没有其他任何方式使买主确定每个单位产品的具体质量，这样，低质量产品往往将伴随着优质产品一起销售。从买方市场看，在这样的市场中进行选择是不利的。在此条件下，我们称之为买方市场逆向选择。阿克洛夫揭示的"柠檬"市场属于商品销售领域中具有逆向选择性质的典型市场。

长期护理保险市场作为保险市场的组成部分，其逆向选择主要表现在：投保人试图利用自己掌握的私有健康信息，以低于精算得出的合理保费价格取得长期护理保险的倾向，这种结果会使优质的长期护理保险投保人被驱逐出护理保险市场。保险公司根据投保人需要护理服务的不同概率被划分为不同的风险类别，保险公司仅仅知道投保人在某类护理事件的平均风险。假设每个长期护理保险的消费者都知道他属于哪个护理风险类别的成员，因此也了解其承担风险的概率。但是，保险公司并不能准确地按照投保人的真实风险水平区分。由于受到这种信息不对称的约束，保险公司只能向所有长期护理保险的投保人收取大致相同的保险费用，在保险公司任何指定的保费水平上，高风险的投保人将购买更多保险，而低风险者尽可能购买更少的保险，这样，从保险公司角度看，他们得到的投保人很多是"逆向选择"者。例如，家族寿命都比较长，或者很注意有规律的生活者，他们预期自己的寿命较长，因而更喜欢购买长期护理保险。然而，这样的风险信息是个人的私有信息，保险公司无从获知和观察到，保险公司将对所有的人以同样的保险费率进行保险，但是这样运作的结果，将可能由于多数的投保人是高风险类型的长期护理服务需求者，造成实际护理发生的概率高于保险公司的预期概率，而给保险公司带来巨大的赔偿损失，甚至保险公司会因逆向选择而破产。

（二）道德风险

道德风险是从事经济活动的人在最大限度地增进自身效用的同时做出不利于他人的行动，或者是当签约一方不完全承担风险后果时所采取的自身效用最大化的自私行为。目前道德风险已经被引伸到现实经济生活中的诸多领域，泛指市场交易中的一方因难以观测或监督另一方的行动而面临的风险。道德风险源于人的机会主义倾向，从本质上说，道德风险是经济外在性的表现形式。在经济学上，道德风险是指由于合同的不完全性，使得负有责任的一方当事人并不承担其经济行为带来的不利后果，同时亦不享受其行为带来的收益。合同的不完全性，直接导致了双方当事人的效用冲突，从而产生了道德风险，即享受利益的一方并没有为此付出成本，而付出成本方在某种程度上并未享受应得利益，此时交易价格非均衡，产生了消极外在性。在保险领域，投保人投保后，认为已将保险标的面临的风险转嫁给了保险人，这种"高枕无忧"的心理放松了对标的物可能遭受风险的防范，从而引发了道德风险，增加了保险人的赔偿机会和赔偿数额。如果没有保险人的介入，被保险人或投保人作为标的物风险的承担者，则一定会支付部分费用用于风险的防范与化解，这无疑会降低风险事件发生的概率和损失程度。

在长期护理保险市场上，道德风险主要来源于两个方面：一是来自被保险人的道德风险。在长期护理保险存在的情况下，部分或全部的护理费用由保险公司承担，使得被保险人可能减少自己的健康投入，倾向于消费更多的护理服务，甚至与长期护理服务供给方合谋故意提高护理等级和护理时间，从而造成长期护理资源的浪费。二是来自长期护理服务供给方的道德风险。护理服务在一定程度上来说，是一种专家服务，具有信息垄断风险，医疗护理机构对疾病严重程度、护理手段的有效性、护理服务的适度性等信息更为了解。为追求自身利益最大化，医疗护理机构会利用自己的专业知识优势，为被保险人进行不必要的医疗设备检查，诱导被保险人进行不必要的护理消费，不当地延长被保险人在护理机构的时间等，从而加剧护理服务市场的信息和价格扭曲，影响保险人对长期护理保险市场中投保人的可能损失概率估算。长期护理保险市场上的这种道德风险导致被保险人对护理资源的过度消费，使长期护理保险保费脱离其所提供的护理保障水平而不受约束地不断攀升，保险公司承担了与预算风险不相匹配的赔偿。同时，由于长期护理服务供给方的诱导，被保险人过度利用护理资源严重侵犯了保险公司的利益，占用了其本来可以用于其他方面的稀缺资源，造成了保险资源的严重浪费，妨碍了保险市场资源的有效配置，影响了保险公司业务的开展及产品开发积极性，最终抑制了长期护理保险市场的发展。

三、长期护理保险的税收政策效应

（一）税收与保险的关系

税收是国家为了实现其职能，按照法律规定，向社会成员征收货币或实物以取得财政收入的一种社会分配形式，具有强制性、无偿性和固定性，其职能作用体现在组织收入、调控经济、调节分配等方面。在初次分配中，通过流转税制的合理设置，调整国家、企业、个人三者之间利益分配格局，发挥税收的聚集财政收入、维护社会效率的职能。在再分配中，通过所得税制的合理设置，平抑社会群体之间的收入差距，发挥税收维护社会公平的职能。在社会主义和谐社会建设的进程中，税收通过调节收入分配，实现社会分配公平，引导资源的地区间流动，促进区域经济的平衡发展，维护社会的和谐和稳定。

政府在保险行业方面的税收政策对该国保险业会产生广泛而深远的影响，能够刺激或抑制保险供求市场的发展。

首先，税率的高低差异会产生不同的作用。一般来说，政府若对保险公司实行较高的营业税率或所得税率，将会减少其税后利润，从而也就减少了保险准备金的积累能力，长此以往必将影响保险公司的偿付能力，这对于保险市场的发展和稳定是不利的；相反，政府若降低保险公司的营业税率或所得税率，出台税收优惠政策，就会刺激保险需求和保险市场发展。

其次，税收的歧视政策将会产生不同的效果。如果政府针对内外资保险企业实施不同的所得税率，将破坏保险市场的公平竞争，竞争的不公平影响了规范有序的保险市场的建立，而政府若对所有险种实行统一的税率，那么将难以体现国家对各险种的政策导向，使保险业的发展难以配合国家经济发展计划，适应国家经济发展方向的需要，同时也不利于保险业发展政策的完善。

最后，对企业和居民购买保险有无税收优惠政策，将会影响保险需求的有效扩大。如果企业和居民购买保险的保费可以作为费用项目从其收入所得中扣除，或保险金不予列入纳税收入之中，这样实质上是降低了保险购买的实际价格，将会刺激企业和个人购买保险的热情，从而扩大保险的有效需求。

保险行业作为重要的金融部门，在整个国民经济增长中占有特殊地位，是一国课税的源泉。

首先，保险作为社会稳定器，担负着经济补偿职能，既可以弥补各种自然灾害和意外事故造成的经济损失，帮助受损企业及时恢复生产，又为税收保证了课税来源。

其次，保险业本身也是税源之一，其中保险人的保费收入、经营所得以及被保险人获得的保险金所得都是税法中规定的课税对象。

最后，保险人的保费收入作为当今社会资本总量的重要组成部分，若直接或间接地投资于其他行业，就会促进其他行业的发展甚至是新兴行业的产生，这也间接地扩大了税收来源。因此，短期而言，若一国为了增加税收收入，提高了保险税率，这样就会抑制保险业的发展，甚至可能在长期内对其他税源有影响；若一国为了促进保险业的发展，则会降低税率，出台税收优惠政策，以刺激保险需求和保险业的发展，但这样可能也会减少税收收入。在一定意义上说，税源与保险业发展及保险需求之间存在既对立又统一的关系，但从长远来看，二者之间存在相互促进的关系。降低保险税率刺激保险需求，短期内降低了国家的税收收入，但扩展优化了国家的未来税源。

（二）税收与长期护理保险的关系

长期护理保险作为新兴的险种，其制度的构建和机制的良好运作能够有效应对护理风险事故的发生，协助国民减轻护理费用威胁，对护理需求者提供及时有效的长期护理服务，预防贫穷的发生。为刺激该险种的快速发展而实施税收优惠的政策，造成了国家税收的流失，即形成所谓的税式支出。然而，这部分税式支出能够大大减少政府为保障老年人的护理需求而进行的财政支出。因而，税收与长期护理保险的关系是相辅相成、密不可分的。

1. 税收与长期护理保险需求的关系

税收对长期护理保险，尤其是商业长期护理保险需求的影响非常显著。在税收体制健全完善的国家，国民养成了纳税的风气，同时寻求合理避税的方法。他们关心税收更多是出于自身的利益考虑。如果国家为长期护理保险产品提供的税收优惠有利于纳税人的财务筹划，作为理性的经济人，必然加大对该类产品的消费。首先，不同种类的税收优惠政策对商业长期护理保险的发展有着积极的促进作用。如果购买长期护理保险的保费可以作为费用项目从总的收入所得中扣除，而最终获得的保险利益也可以不计入应税所得的话，那么这将大大激发个人购买长期护理保险的热情。同样，如果雇主为其雇员购买长期护理保险所缴纳的保费作为费用项目从企业的收入中进行税前列支的话，这也将鼓励企业将长期护理保险作为一项福利政策或者奖励政策提供给其员工。其次，长期护理保险的发展对于财税政策的完善也有着积极的意义。长期护理保险虽然只是一个新兴的险种，但是随着各个国家步入老龄化社会以及护理费用的不断增加，可以预见长期护理保险作为健康保险的一种，将具有巨大的发展潜力。对于有些公民通过购买长期护理保险来达到合理避税的目的，有关税务部门也可以此为依据和动力，进一步完善自身的制度建设，实现国民经济规范、良性地运行。

2. 税收与长期护理保险供给的关系

长期护理保险作为健康保险的一种，税务部门对其征收的税种主要有保费税和所得税两类。保费税是针对经营长期护理保险的保险公司通过护理保险单的销售所获得的保险费收入而征收的一种销售税。这种税一般由保险公司负责纳税，与长期护理保险消费者的利益密切相关，它由保险公司加计入保单的保费之中，直接影响到长期护理保险保费的高低，从而影响长期护理保险消费者的购买动机和消费行为。计税基数为经营长期护理保险的保险公司调整后的总保费收入，即分保的分入保费可从税基中扣除，投资收入也不包括在计税基数内，而公司费用、索赔给付以及准备金不得从中扣除。因此，是否对保险公司经营长期护理保险的保费收入实行优惠的税收政策，将直接影响长期护理保险产品的价格，从而影响消费者购买长期护理保险的愿望。因此，国家（如美国）对经营长期护理保险的保险公司是免征长期护理保险保费税的。所得税则是国家按照税法规定，对该国境内的企业（除外商投资企业和外国企业）就其生产经营所得和其他所得征收的一种税。政府对经营长期护理保险的公司净所得额征税的办法与一般公司所得税征收办法是一样的。其中，大部分国家是就保险公司的全部所得（即保费收入和投资收入之总和）征税，也有一些国家是就保险公司调整后的投资收入征税。在计算应税所得时，一般允许扣减保险准备金的年增值部分、经营管理费用、保单红利支付、分保分出保费支付等项目。对于具体的扣减项目各国的做法有显著的差别，但为刺激长期护理保险的供给，对于经营长期护理保险的保险公司免征投资收入税，以期增加保险公司经营长期护理保险的利润，积累足够的资金创新护理保险产品，不断扩大长期护理保险市场。

税收优惠政策能够有效促进长期护理保险的供给，降低其供给成本，提高长期护理保险的市场份额，使长期护理保险真正承担起化解老年人护理需求困境的职责，切实减轻国家、家庭和个人的经济负担。另一方面，长期护理保险的发展，可以增加保险公司的保费收入，从而税收收入也相应增加。因而，税收政策和长期护理保险供给之间有着相辅相成、密切相关的关系。

（三）长期护理保险市场的税收效应

从经济学角度讲，税收政策通过替代效应和收入效应影响长期护理保险的需求。首先，替代效应通过影响长期护理保险商品价格，进而影响长期护理保险需求；其次，收入效应通过影响长期护理保险消费者收入水平，进而影响长期护理保险需求。

1. 替代效应

税收通过对长期护理保险商品实行税收优惠，引起其自身价格及其相对价格的变动，进而由相对价格的变化导致长期护理保险商品需求量的变化，由此形成长期护理保险税收的替代效应。税收优惠带来长期护理保险商品价格的下降，意味着长期护理保险商品实际收益率的上升，与此同时形成长期护理保险商品与其他金融商品实际收益率相对关系的变动，比较之后必然促使消费者选择实际收益率高的金融商品，长期护理保险商品的需求将增加，即税收的替代效应发挥作用。

2. 收入效应

收入效应是由于长期护理保险商品价格的变动而引起消费者实际收入水平的变动，而消费者收入水平的变动会引起对长期护理保险商品需求量的变动。一般而言，长期护理保险商品属正常消费品，其需求与收入呈正相关关系，收入水平的提高将导致长期护理保险商品需求量的增长。当给予长期护理保险商品税收优惠时，消费者的实际收入会相应提高，而长期护理商品因税收优惠而产生的相对价格降低，使得消费者的收入相对而言进一步提高，因而消费者对长期护理保险的需求会增加，收入效应发挥作用。

3. 总效应分析

虽然理论上可以分析税收如何通过替代效应和收入效应影响长期护理保险的需求，但实际上很难量化这两种效应的大小。税收优惠引起的实际收入水平的提高进而增加对长期护理保险的需求，也可以看作是相对价格下降了。替代效应可以看作是相对收益变动结果，也可以看作是相对价格变动结果。图4.1是税收优惠对长期护理保险需求影响的替代效应和收入效应示意图。X轴代表对长期护理保险的需求量，Y轴代表对其他金融资产商品的需求量。在无税收优惠的条件下，预算约束为X_1Y_1，与

无差异曲线 U_1 相切于 E_1 点,此时长期护理保险的需求量为 OD_1。政府为应对人口老龄化危机,对长期护理保险的消费者实施税收优惠政策,使得该险种的价格变得相对便宜,预算约束线变为 X_2Y_1,与无差异曲线 U_2 相切于 E_2,此时长期护理保险的需求量由 OD_1 增加到 OD_2,也就是说税收优惠的总效应为 D_1D_2。平行于 X_2Y_1 作平行线 X_3Y_3,与无差异曲线 U_1 相切于 E_3,则 D_1D_3 为税收优惠政策的实施引发的替代效应,因为无差异曲线没有变动,而无差异曲线上点的移动意味着一种商品对另一种商品的替代。D_3D_2 为税收优惠政策的实施引发的收入效应,即价格相对稳定而收入相对增加。

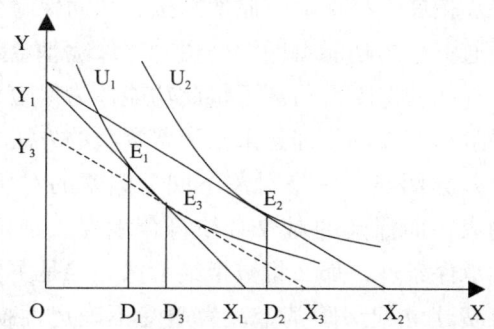

图4.1　长期护理保险需求的收入效应和替代效应

四、长期护理保险与养老储蓄的替代效应

(一) 保险与储蓄的关系

从宏观层面讲,保险是一种经济补偿制度,它以概率理论和大数法则为依据制定保险费率,建立保险基金,对自然灾害和意外事故造成的经济损失或人身伤害进行补偿和给付,保证社会经济生活的安定。"保险金融说"认为保险是金融,其渊源在于金融型保险公司。一般认为,既然保险公司是金融机构,那么它经营的保险商品理应属于金融范畴,而"保险非金融说"则认为保险并非金融,其理由是保险有其自身的特殊运行规律,金融运营规律难以对其做出完善解释。林宝清(2004)认为保险作为将风险损失转嫁给保险公司承担的财务处理手段,保险费则是这种财务处理手段的机会成本。如果是企业财产保险,那么保险费即为企业非生产性危险管理的消费支出。如果是家庭财产保险,那么保险费可认为是家庭危险管理的纯消费支出。纯消费支出是危险管理所必须付出的成本,而不是融资行为,它体现了保险本质所决定的"人人为我,我为人人"的财务处理原则。金融是资金融通,即资金盈余单位可以通过一定的条件把暂时不用的资金交给资金短缺的单位使用,并获取相应的回报。保险不存在这一机制,保险不是金融。同时,林宝清还认为保险市场也不是金融市场。经济主体进入保险市场的目的在于寻找危险处理的财务方式,而进入金融市场是为了寻

找价值的保值和增值机会，但寿险市场则是资本市场和保险市场的结合。因寿险产品是储蓄型保险产品，储蓄属于资本市场的范畴，它将保险与储蓄联结起来。拙文（1986）认为保险公司的功能包括组织经济补偿、管理保险基金、防灾防损、吸收储蓄和融通资金五个部分。组织经济补偿功能由保险的两个基本功能所决定，保险公司成为风险集散的中介。管理保险基金的功能由保险积蓄保险基金的功能所决定，保险基金作为保险公司的或有负债，最终都要赔付出去，也就是说保险公司作为代理人负责管理被保险人所有的补偿基金。防灾防损功能由保险的监督危险功能所决定，相当于保险共同体成员之间的危险监督交由保险公司代为履行。吸收储蓄的功能是保险公司融通资金功能的进一步拓展，将保险与储蓄嫁接，从而保险公司具有资金融通的功能，成为金融机构。融通资金的功能由保险公司管理保险基金的功能所决定，为了保险基金的保值和增值，现在的保险公司甚至将此功能作为保险公司盈利的主要功能。

　　从微观层面讲，保险与储蓄都是准备未来消费资金的方法，都是将款项积累到某个时期后提取，但两者差异明显：一是对象不同。储蓄的对象可以是任何单位或个人，没有特殊条件的约束，而保险的对象必须符合承保人规定的承保条件，经过核保，如果投保人达不到承保条件，那么将被拒绝承保。二是主要目的不同。保险利用大数法则原理收取保险费建立起保险基金，为遭受不确定性损失的被保险人提供补偿，主要是一种互助行为，而储蓄的目的主要是获得利息收入，是一种自助行为。三是理财功能不同。有些保险商品（如储蓄寿险）将保障和储蓄的功能融为一体，是一种双功能的理财工具，而银行储蓄只具有单一的储蓄功能。银行储蓄具有安全、便利、利息收入稳定，又能随时支取的特点，但一旦发生意外，造成巨额损失时，个人即便拿出所有储蓄，也难以渡过难关，即储蓄在防范风险方面缺乏足够的风险分散机制，而保险具有保障功能，保费的缴纳是通过精算理论，按照风险损失概率计算而得，尽管在风险不发生的情况下，会造成一定的资金损失，但却换得个人收入的稳定性，一旦风险发生，被保险人能够获得大大高于所交保费的巨额补偿。四是强制性不同。银行储户可以随时支取账户上的存款，在时间上、数额上没有太多限制，因而储蓄具有很强的随意性，而储蓄寿险则是带有强制性的"储蓄"，投保人只能根据保险合同列明的条款，按时领取满期生存保险金或者在退保时得到现金价值。

　　由此可见，保险和储蓄虽然在运行机制上存在很大差异，但都具有预防风险的作用。在消费者收入处于既定水平的条件下，两者的消费存在着很大的替代效应。因而，有诸多国内外学者研究在面临未来所得与损失具有不确定的情况下，消费者如何决定最优的消费、保险和储蓄决策。Leland（1968）探讨当消费者面临所得风险或资本风险时，如何选择最适当的消费与储蓄。Dreze 和 Modigliani（1972）假设未来所得及报酬率是联合概率出现的，那么消费者就可以选择当期的消费及适当的投资组合以实现最大效用。Briys（1986）考虑了每一时点的保险需求最优问题，以求得最佳的保险与储蓄组合。Gollier（1994）与 Briys（1986）的模型相似，认为消费者面对未来的不确定性，解决的办法是在一生的每一时间点，选择适当的消费、保险和储蓄抉择。

（二）长期护理保险的储蓄效应

储蓄动机最早是由Friedman（1957）提出的，他认为人们因面临未来薪资所得的不确定性，会产生积累资产以应对未来经济转变的预防性动机，称为预防性储蓄动机。生命周期的不确定性和健康状况骤变的风险等不确定性因素是引发人们进行储蓄的主要原因。同时，生命周期理论认为人们储蓄的目的在于退休期的养老，这些论断为研究长期护理保险制度和储蓄间的关系提供了理论基础。在养老保险制度下，职工在工作时期缴费，并在退休期获得养老金收入。由此，职工会在工作期以一定比例减少工作期的储蓄。在生命周期理论框架下，Feldstein（2002）对养老保险制度的储蓄效应进行了深入探讨，认为养老保险制度的私人储蓄效应会受到其他因素的影响。在养老保险制度下，如果人们将未来的养老金收入作为财产积累的替代，就会减少工作期为退休进行的储蓄，即发生资产替代效应；如果未来较高的养老金收入会导致人们提前退休，会促使人们增加工作期的储蓄，则发生退休效应。如果资产替代效应大于退休效应，则养老金会减少居民储蓄；反之，如果资产替代效应小于退休效应，则养老金会增加居民储蓄。这就意味着，在理论上养老保险体制对私人储蓄的经济效应是不确定的。养老保险制度的储蓄效应在很大程度上取决于人们的储蓄动机。人们储蓄的主要目的是养老，这样养老保险制度会对私人储蓄产生很大的影响。由于经济环境的变化，人们在现实中的储蓄行为变得非常复杂，他们可能具有多种储蓄动机，如遗赠动机、预防性储蓄动机等。这些储蓄动机的存在使得养老保险制度的储蓄变得更加复杂。Hubbard和Judd（1987）的研究表明借贷约束的存在会限制年轻人对养老保险缴费的反应。在生命周期理论框架中，消费者既不接受遗产，也不会主动留下遗产，储蓄的目的在于为退休以后提供消费。长期护理保险作为养老保险的分支之一，必然同储蓄存在着一定的相互关系。

随着世界"婴儿潮"时期出生的人慢慢变老，老年人口的数量迅速增长，同时由于生活水平的提高和医疗卫生经济状况的改善，出现高龄化趋势。年龄增长到一定阶段，人的器官功能衰退，机体抗病能力明显减弱。老年疾病中的相当一部分属于亚急性或慢性疾病或者合并有多种复杂的并发症，严重影响肌体正常功能，恢复期长，需要长期的治疗和护理。例如，脑中风后遗症、糖尿病并发症、心脑血管疾病及并发症、老年痴呆症等都是常见的需要中、长期护理的疾病。即使未患有严重的疾病，但因为年老体衰，高龄老年人常常需要护理服务协助才能完成正常的日常生活。长期护理费用与长期护理特征有着紧密联系，具体包括：一是高发生率。长期护理费用是参保人处在失能状态下，需要并利用了长期护理服务的情况下产生的费用，具有高发生率的特征；二是期限长、总额大。长期护理是一项期限较长的护理服务，尽管其日均费用低于一般的住院医疗费用（含院内护理费用），但由于其护理服务的长期性，个体很容易遭遇巨额长期护理费用。长期护理成本严重威胁了老年人的财务状况。例如，美国即使拥有医疗保健和商业健康保险，灾难性医疗费用支出风险仍然很大。1988年，老年人自己负担的医疗费用每人约为 2 349 美元，占个人收入的 18%。近 10% 的老年家庭自己所支付的医疗费用占他们收入的 1/5 或更多（Palumbo, 1999），而且有 2%~3% 的家庭的医疗费用支出超过了个人可支配收入的 40%（Feenberg 和 Skinner, 1994）。对于老年人来说，机构护理支出是重要的长期护理成本。Palumbo（1999）研究表明 65 岁及以上老人入住护理院的可能性是 43%，一旦进入长期护理机构将平均停留 1 年时间。因为护理机构的成本几乎没被投保，入住长期护理机构可能很快耗尽个人财富。因此，退休后健康的不确定性应当会促使年轻人具有强烈的预防储蓄动机。不过，发达国家的经验事实证明，单纯的预防储蓄难以抵御长期护理风险的冲击。长期护理保险制度的构建，利用大数法则收集护理风险保费，实现"我为人人，人人为我"的互助风险防范，实现个人的健康老龄化。长期护理费用的缴纳，在个人总收入一定的情况下，可能造成与消费、储蓄及其他资金行为的竞争，产生长期护理保险与养老储蓄之间的替代效应。同时，长期护理保险制度的实施，通过支付一定的保险费，化解了人们老年时期面临的护理风险，消除了人们的后顾之忧。如果长期护理保险费的水平低于一定的标准，长期护理保险制度也可能提高人们的消费和储蓄，从而对养老储蓄产生促进效应。

本章小结

本章共分三部分，首先阐述了长期护理保险的三大需求理论：最优保险需求理论、人寿保险需求理论和长期护理保险需求理论。其次从社会学角度，阐述了长期护理保险的社会需求理论、居家护理理论、社会交换理论。最后从经济学角度，分析了长期护理保险市场的相关问题。

思考题

1. 关于长期护理保险的经济学理论知识。
2. 关于长期护理保险的社会学理论知识。

第五章

长期护理保险制度发展的国际实践

第一节 德国的长期护理保险制度

1883年,德国制定了世界上第一部《疾病保险法》,正式将其作为社会保障的第一个分支法定医疗保险。100多年后,随着人口老龄化、经济全球化的到来,德国进一步完善了社会保障体系,在1994年通过立法正式确立了长期护理保险制度,并于1995年1月1日生效。从此,长期护理保险成为继医疗保险、事故保险、养老保险和失业保险之后,德国社会保险体系的第五大支柱,而且成为德国福利的重要特征。

一、德国长期护理保险制度的构建背景

早在1940年德国就进入老龄化社会,尤其是在20世纪70年代以来德国人口结构老龄化趋势不断深化,65岁及以上人口比例超过15%,由此引发了诸多的社会问题,许多子女不得不减少工作时间或放弃工作来照顾父母,长期护理服务需求量不断扩大。此后德国不断通过立法及其改革逐渐构建长期护理保险制度。1989年,德国通过了《医疗保险改革法案》,医疗保险开始覆盖居家护理服务。1994年,德国将长期护理保险纳入《社会法典》,并在1995年开始实施强制性长期护理保险制度,采取"长期护理保险跟从医疗保险的原则",即要求所有医疗保险投保人都必须参加长期护理保险。

截至2016年1月,德国总人口为8 124.87万人,其中65岁及以上人口为1 672.91万人,老年人口比重近20.6%。预计到2030年,80岁以上老人的数量也将增加60%,2050年超过80岁的老人将会达到1 000万。为了缓解老龄化社会养老压力及劳动力人口减少,德国采取了延迟退休计划,早在1997年德国男性法定退休年龄为63岁,女性为60岁;2004年将男女退休年龄都提高到了65岁;目前,德国已经将

强制退休年龄从65岁提高到了67岁。欧洲执委会在2011年7月预测称欧盟27个成员国到2060年，可能需要将退休年龄延长至70岁。目前，大约有90%的人口拥有社会医疗和长期护理保险。截至2014年12月，长期护理保险的参保人数达到7066万人，保险受益（给付）人群达到256.9万人（其中家庭护理181.8万人，机构护理75.1万人）。

二、德国长期护理保险制度的基本内容

（一）长期护理保险覆盖范围

德国《护理保险法》对"有权获得待遇的人员范围"进行了规定，护理需求者是指由于身体、精神、认知的疾病或者障碍，对于在日常生活中惯常和规律性重复发生的事务，长期（可预期至少6个月）并在较高程度上需要帮助的人。该法对重要术语进行了明确解释，如日常生活中惯常和规律性重复发生的事务是指在身体护理领域中的洗涤、淋浴、牙齿护理、梳头、刮胡子、大小便；在食物营养领域中制作可口的食物或者营养摄取；在活动领域中的独立起床和睡觉、穿衣和换衣、行走、站立、上台阶、离开和回到住处；在家务服务领域中的购物、做饭、清扫住处、洗碗、更换清洗衣物或者晾晒衣物等。疾病或者障碍包括支撑或者运动系统的丧失、瘫痪或者其他功能障碍，内部器官或者感觉器官的功能障碍，中枢神经系统紊乱，如传导、记忆、方向障碍，以及内生的精神病、神经病或者精神障碍等方面。

（二）长期护理保险筹资及给付方式

德国长期护理保险制度以社会保险体制为核心，将全民纳入保障对象，采取现收现付财务方式，允许被保险人自主选择护理保险给付方式，给予了保险人有限多元自治管理权力，从而较好地满足了民众的护理需要。

德国长期护理保险资金由政府、雇主和职员共同筹集，政府承担其中的1/3，剩余的部分由雇主和职员各自承担一半。德国长期护理保险制度规定根据收入水平决定参保方式，参保方式分为长期护理社会保险和长期护理商业保险两种，收入低于一定标准的职员必须参保长期护理社会保险，收入高于一定标准的职员、雇主等可以不参保长期护理社会保险，但必须购买长期护理商业保险。目前，长期护理社会保险的主要参保人是雇员和已退休人员，对于没有收入的配偶和儿童可以免费参加，由政府出资。长期护理商业保险则主要根据参保人年龄与健康保险公司签订商业保险合同。

德国根据人口失能状况与长期护理需求提供诸如居家护理、日间护理、短期护理与养老院护理等不同类型的护理服务方式，并强调"居家护理优先"以及"预防与康复优先"的理念。2008年7月1日，依据《护理持续发展法》，德国调整了法定长期护理社会保险的服务项目和给付额度，其中给付范围包括居家护理、非全日机构护理、全日机构护理、暂托护理四种，给付方式均可以现金给付、实物给付、混合给付实施（如表5.1所示）。当然，护理给付对象不限年龄，包括一般人、精神障碍、失

智及脑损伤者，同时赋予护理需求者选择不同待遇给付方式的自主权利。

表 5.1　　　　　　　德国长期护理保险给付额度（无重疾者）　　　　（单位：欧元）

护理类型	给付等级	2008 年改革前	2008 年 7 月	2010 年起	2012 年起
居家护理 （现金/实物）	一级护理	205/384	215/420	225/440	235/450
	二级护理	420/921	420/980	430/1 040	440/1 100
	三级护理	665/1 432	675/1 470	685/1 510	700/1 550
	特案护理	/1 918	/1 918	/1 918	/1 918
暂托护理 （现金/实物）	一级护理	205/1 432	215/1 470	225/1 510	235/1 550
	二级护理	410/1 432	420/1 470	430/1 510	440/1 550
	三级护理	665/1 432	675/1 470	685/1 470	700/1 550
非全日制 机构护理	一级护理	384	420	440	450
	二级护理	921	980	1 040	1 100
	三级护理	1 432	1 470	1 510	1 550
全日机构 护理	一级护理	1 023	1 023	1 023	1 023
	二级护理	1 279	1 279	1 279	1 279
	三级护理	1 432	1 470	1 510	1 550
	特案护理	1 688	1 750	1 825	1 918

资料来源：德国卫生部（Federal Ministry of Health）网站：http://www.bmg.bund.de/ministerium/english-version/long-term-care.html。

注：暂托护理是由亲属、非专业个人或机构提供的临时性护理服务。

（三）护理服务等级

德国长期护理保险法规定享受长期护理需遵循"护理需求性"。根据个人护理和家务服务需求的频繁程度，把失能程度分为Ⅰ、Ⅱ、Ⅲ等几个等级：等级Ⅰ基本失能；等级Ⅱ重度失能，每天需要 3 次服务，一周需要数次居家照顾，整体护理服务时间总量为 3 小时）；等级Ⅲ极重度失能。严重程度超过等级Ⅲ时，即被认为是"特别严重个案"。护理需求未达等级Ⅰ，又有显著一般护理需求者，则被认定为护理等级 0（如表 5.2 所示）。2015 年和 2016 年《护理加强法案》进一步细分护理需求等级，护理对象可获得更精细、精准和贴心化的服务。

表 5.2　　　　　　　德国长期护理等级标准

护理等级		ADLs	IADLs	每日需护理时间
护理等级Ⅰ	一般	至少有 2 项需每天 1 次协助	每周需多次工具性活动协助	90 分钟，基本护理至少 45 分钟
	精障、智障	每天至少一次、至少 2 项日常生活必要活动（看护或陪伴）或早晚一次协助		

续表

护理等级		ADLs	IADLs	每日需护理时间
护理等级Ⅱ	一般	每天至少3次（在身体照料、移动、进食方面）	每周需多次工具性活动协助	3小时，基本护理至少2小时
	精障、失智	每天至少三次（特别是早、午、晚）日常生活必要活动（看护或陪伴）		
护理等级Ⅲ	一般	整日（包括晚上）在身体照料、移动、进食	每周需多次工具性活动协助	5小时，基本护理至少4小时
护理等级0	精障、失智	整日（包括晚上）均需要日常生活必要活动（看护或陪伴）		

（四）护理保险的评估机制和给付机制

德国医疗卫生部对参保人的受益资格、受益程度和受益方式均制定了详细的评估标准，长期护理保险跟随医疗保险，医疗保险组织的医务人员（主要是医生）依法承担对护理保险受益资格的评定，由护理保险基金支付报酬。参保人经过ADLs和IADLs测评，有超过6个月且有长期护理需求的，可确定其具备受益资格，已经被确定为需要长期护理服务的参保人，需要经过医疗审查委员会进一步评估来确保参保人的护理服务等级。

长期护理保险参保人可以自主选择专业或非专业服务机构提供的护理服务，也可以将护理保险金用于支付其他方面。针对居家护理和机构护理的不同给付方式都有明确的给付机制。居家护理可以采取居家自行护理和居家专业护理，给付方式可以自主选择现金给付、实物给付和混合给付，但不同的给付方式均有不同的给付机制。

居家护理的给付方式可以是现金给付、服务给付和混合给付。如果居家护理选择现金给付，参保人可以根据评估的护理等级直接领取保险金。参保人必须申请专业护理机构提供服务建议，否则长期护理保险基金可以取消其保险现金给付资格。居家专业护理选择实物给付方式，护理服务供给商需要在长期护理保险基金的批准下才能签订合同，为参保人提供卫生、饮食、行动和家务等方面护理服务。混合给付是现金给付和实物给付在适当情形下进行转换。在参保人能够保证家庭成员足以承担长期护理责任的情况下，可以将没用完的实物给付按照一定比例转换为现金给付。

机构护理是当居家护理不能满足参保人的长期护理需求时，经过医疗审查委员会评估批准后，方可申请到护理院接受机构护理服务。否则，除了最高参照居家专业护理等级的标准给付外，其余部分必须自付。此外，当居家护理参保人的非正式护理服务供给方由于疾病、外出等原因导致暂时无法提供护理服务的，参保人可以获得每年四周的暂时护理。暂时护理属于临时机构护理方式，可以实行实物给付和混合给付。

德国鼓励居家护理服务，给予了比机构护理更多的优惠政策，比如额外护理津贴和护理保险金额。另外，家庭成员或亲属提供居家护理服务每周超过14小时以上，无工作的护理者或每周护理服务超过30小时以上的，可以免费获得护理培训课程和不低于每年460欧元的护理津贴。

(五) 护理监督和管理机构

德国联邦劳工部是长期护理保险的主要管理部门,负责对长期护理保险进行政策指导和运营管理。联邦政府和州政府负责提供并完善长期护理服务的基础设施,以及对服务效率和服务质量进行有效监管。长期护理保险基金和商业保险公司负责长期护理保险的具体运营,主要包括保费收缴、评估审核、与服务供给方协商费用以及保险给付等方面。

德国在每一个法定医疗保险机构中均设立了专门长期护理保险机构,医疗保险机构负责审查长期护理保险服务的申请者,长期护理保险受益者购买的服务可以从医疗保险基金中的长期护理保险基金得到补偿,采用现收现付管理方法。

此外,德国还建立了长期护理保险法联邦咨询委员会,由来自联邦政府、州政府、长期护理基金组织、机构护理服务供给方等53名成员代表组成,共同参与长期护理保险的决策过程,其主要任务是与联邦政府共同协商长期护理保险相关问题的解决方案,监督长期护理保险制度的发展,改善长期护理保险的服务供给效率和质量。2008年,《长期护理保险法》改革以后,进一步加强了对长期护理保险质量的监管,医疗保险医护服务中心每年在全国范围内开展评估调查并将检查结果公之于众。

三、德国长期护理保险的发展现状

1995年,德国长期护理保险开始在居家护理中实施,1996年开始在机构护理中实施,截至2015年德国共有6 981万人参保了长期护理社会保险,另外有953万人参保了长期护理商业保险。目前长期护理保险体系已经成功地使投保人可以在家中接受护理或者是机构护理。早在1999年,长期护理保险项目的支出方面,26%用于非正式的家庭护理提供者,13%是用于正式的家庭护理提供者,45%是用于机构护理,另外的16%是用于其他服务(例如替代性服务、设备、非正式护理者的养老金补偿和管理费用等)。到2013年,70.14%的参保人都是在家里接受护理服务的,只有29.86%的人接受了机构护理。即使是对于需要24小时护理的受益人,其中也有55%选择了居家护理,而45%选择在机构中接受护理服务。2013年,居家护理中实物给付在总费用中比重为37%,使用人群占比20%。

德国几乎将全民纳入长期护理社会及商业保险计划,采取了居民、社会、国家共同承担的筹资机制,实施了多元化管理竞争机制,护理类型包括居家护理、社区护理和机构护理,给付方式包括实物给付、现金给付、实物和现金按比例混合给付等多种,以满足护理需求者客观支持能力和主观偏好选择(如表5.3所示)。这项政策实施以来为社会提供了大量与养老相关的就业岗位,促进了护理产业的发展,民众的满意度提高,分别在2008年、2009年和2012年进行的居家护理、机构护理及服务供给方满意度调查结果显示,公众对长期护理服务的满意度从2007年的67%上升到了2011年的76%。

表 5.3　　　　　　　　　　德国长期护理社会保险的主要特征①

主要法律	社会长期护理保险法（1994）
制度体制	社会保险
制度保障对象	社会的以及商业健康保险被保障对象（几乎全民）
财产上的资格限制	不需要资产调查
制度资金来源与方式	社会保险费，费率按薪资与养老金的1.7%提取，在职期间由雇员和雇主各半分担，退休后由退休者和养老金保险人各半分担。
给付结构	现金给付与实物给付共同构成，受益人有自主选择权
给付类别	现金给付、实物给付、混和给付
护理需要认定标准	有 ADLs 以及某些 IADLs 协助之需要

（一）长期护理保险受益范围

德国长期护理保险给付的受益人逐年增加，1995 年将近 107 万人，2013 年底共有 263 万人享受了各种长期护理服务（其中 184.5 万人为居家护理，78.5 万人为机构护理；家庭护理中 174 万人为长期护理社会保险项目，10.5 万人为长期护理商业保险项目；机构护理中 74 万人为长期护理社会保险项目，4.5 万人为长期护理商业保险项目），截至 2015 年年初，长期护理保险给付受益人约 270 万人，20 年间增加了 152.34%，增长幅度相当大。德国实施长期护理保险制度至今总体运行平稳。截至 2014 年，长期护理社会保险覆盖了约 88% 的德国国民，另有约 10% 的高收入人群选择了长期护理商业保险计划。参加长期护理社会保险和长期护理商业保险的公民作为护理需求者获取了各种不同的实物、现金及混合给付。同时，实行长期护理保险制度以来，大大促进了德国养老产业的发展，也为解决就业问题做出了巨大贡献，目前仅社会化养老领域，就为德国提供了 120 万个就业岗位。

（二）长期护理保险的运行机制

根据德国相关法律的要求，德国公民可以向公共疾病基金或者私营健康保险公司缴付保费参加强制性长期护理保险，而公民的收入水平决定其参加何种筹资安排方式。公共疾病基金是向那些收入在一定限制水平线（目前为人均 3 100 欧元/月）以下的雇员及家庭成员（大概占总人口的 75%）提供保障的机构。还有占总人口 13% 的居民，尽管他们的收入在该水平线以上，却自愿成为公共疾病基金的成员。工资收入在一定限制水平线以上的雇员、医生、企业主和自由职业者等也可以选择不参加公共疾病基金而购买商业健康保险作为替代，其人数约占总人口的 11.5%，2015 年底为 940.8 万人。

德国目前共有约 600 个公共疾病基金，每个公共疾病基金都会有一个长期护理部门，专门负责长期护理保险费收缴、保险金给付、对护理服务供给方的资格审核以及

---

① 林志鸿："长期护理给付结构共构下现金给付之探讨——以德国长期护理保险制度为例"，"女性照顾：国、社区、家庭"国际研讨会，中国台湾，2005 年。

与供给方协商保险金给付方式等事务。另外，德国在长期护理保险基金的管理上贯彻共同参与的民主管理思想，实行自主管理和决策，按规则开展竞争，依法维护自身利益。公共疾病基金中各成员的资金可以在基金之间流动，各成员可以根据其接受的护理服务质量，决定是否继续投保该公共疾病基金。

（三）长期护理保险缴费率

在德国，1995年11月，长期护理保险实施之初的保险费率是工资额的1%，由雇员和雇主各自承担一半；1996年7月，机构护理给付实施后提高到1.7%；2008年7月，再次提高到1.95%。自2015年起，有子女者保险费率提高至2.35%，年满23岁且无子女者费率提高至2.6%。自2017年1月1日起，缴费率将进一步提高0.2个百分点，分别升至2.55%和2.8%。失业者所需要支付的费用由联邦劳动局（The Federal Employment Agency）代为缴付。如果雇员的家庭成员没有收入或者收入低于一定水平，那么他们可以通过"联保"，即不需要再支付任何额外的费用就可以享受到户主长期护理保险提供的服务。退休人员则须独自承担全部护理保险费（如表5.4所示）。

表5.4　德国护理保险费率一览表（括号内数字从2008年7月1日起）　（单位:%）

相关保险人群	被保险人	雇主
工作在萨克森州的雇员	1.35（1.475）	0.35（0.475）
工作在其余15个联邦州的雇员	0.85（0.975）	0.85（0.975）
家庭联保者	0.00（0.00）	0.00（0.00）
退休者	1.70（1.95）	0.00（0.00）
自愿被保险人（诸如自由职业者）	1.70（1.95）	0.00（0.00）
打工的大学生，如果其缴纳的月医疗保险费超过47.53（49.90）欧元	1.70（1.95）	0.00（0.00）
从2005年1月1日起对23岁以上未育子女的成年人追征保费（1940年1月1日前出生的人除外）	0.25	0.00

资料来源：德国卫生部（Federal Ministry of Health）网站：http://www.bmg.bund.de/ministerium/english-version/long-term-care.html。

在费用征缴方面颇具德国特色的是对未育子女的人群追征保费，从2005年1月1日起对23岁以上未育子女的成年人追征0.25%的保费，其雇主分摊的保费率不变。对未生育者提高缴费率是出于公平和激励生育的考量，这是因为现收现付制下待遇的享受其实是来自未来子女的缴费，如让未子女者按相同比例缴费、享受相同的护理待遇则对生育子女者来说是不公平的。

（四）长期护理服务供给方

德国要求长期护理服务机构至少雇用一名在过去5年中至少实际工作2年的注册护士方能成为合格的护理服务供给方。此外，根据德国《社会法典》规定护理保险机构还要为护理服务需求者的家属及其他义务护理兴趣者提供免费培训学习班，医疗保险机构可以独立或者与护理保险机构共同举办护理服务培训班。

目前德国机构护理设施完备,按其性质可以分为三种:第一种属于国立公办的,数量很少,性质类似于我国的干休所或干部疗养院;第二种是社会集资筹办,一般由基金会牵头,下设若干个养老院,其财政运转由基金会控制;第三种是民营建立的,其开支完全由收费解决。长期护理保险的保险人(包括公共疾病基金和商业保险公司)分别与护理机构签订契约,协商解决被保险人的护理费用。德国大力提倡居家护理,重视养老社区化、就地老化。凡被鉴定为需要护理的参保人,若由其子女或家人提供护理照顾,长期护理保险基金同样支付一定的护理费用给其家属,必要时还可以获得义工的上门帮助服务。

(五) 长期护理保险保费收入

截至 2015 年底,德国长期护理社会保险保费收入约为 22.05 亿欧元,补充性长期护理商业保险保费收入达 8.25 亿欧元(如表 5.5 所示)。

表 5.5 德国历年长期护理保险保费收入

年份	强制性保费收入(百万欧元)	与上一年相比的百分比(%)	补充性保费收入①(百万欧元)
1995 年	1 253	—	—
1996 年	1 697	35.4	—
1997 年	2 167	27.7	—
1998 年	2 149	-0.8	—
1999 年	1 975	-8.1	—
2000 年	2 009	1.7	—
2001 年	1 955	-2.7	—
2002 年	1 985	1.5	—
2003 年	1 848	-6.9	—
2004 年	1 871	1.2	—
2005 年	1 868	-0.2	170
2006 年	1 871	0.2	205
2007 年	1 883	0.6	260
2008 年	1 970	4.6	322
2009 年	2 074	5.6	380
2010 年	2 096	1.1	438.5
2011 年	2 105	0.4	
2012 年	2 011	-4.5	576
2013 年	2 062	2.5	709.8
2014 年	2 014	-2.4	755.2
2015 年	2 205	9.4	825

资料来源:Statistical Yearbook of German Insurance 2016 (German Insurance Association), www.gdv.de。

---

① 补充性长期护理保险保费数据在 2004 年之前包含在商业健康保险数据中,没有单独核算。截至 2015 年底,共有 940.8 万人参保了各种补充性长期护理保险。

总之,德国建立长期护理社会保险项目的政治支持来自于公众,他们想避免依靠政府救济的命运。在新的长期护理保险体系实施之前,生活在疗养机构中的居民有大约 80% 需要依靠政府的救济。在一个重要的经济资源再分配的过程中,长期护理保险制度将成本从局部的、以社团为基础的公共救济体系转移给了以国家和联邦政府为基础的长期护理社会保险体系中。同时,长期护理保险基金现在用来支付长期护理服务,以前这种服务都是由法定健康保险基金来支付的,因此,也就将成本由健康保险基金转移给了长期护理保险基金。从长远来看,这种方式避免了医疗保险由于要支撑长期护理保险而增长的需要。

德国各级州政府为了取得对长期护理社会保险的一致意见,取消了一个带薪的假期。因为这个假期相当于雇主对长期护理保险支付费用的 75%。它的取消减轻了雇主支付长期护理保险费用的经济负担。2008 年德国长期护理保险制度实施的改革措施,同样体现了保险给付的社会公平原则,即不因参保人收入和财产悬殊而有所区别,所有的参保人所得到的服务是相同的。收入较高的人们必须根据自己的所得按照法律规定的比率缴纳比其他人更多的保险费用,而他们所享有的服务原则上与收入较低的人们是一样的。这种做法保证了社会的公平,也保障了社会公众的权益和社会的稳定。

专栏 5.1

德国长期护理保险制度面临的挑战及其改革

2008 年 5 月,德国议会通过《长期护理和进一步发展法案》,并于 2008 年 7 月 1 日生效。这次法案改革的主要内容包括引入"护理时间"新机制,促进康复、个案管理和辅导,改进服务水平,调整给付标准和融资。

(1)调整护理时间。它的基本思想就是使居家护理者从工作中得到临时释放。根据护理时间法案,当家庭中一个成员需要长期护理时,员工为了组织护理可以最多申请 10 天的护理假期。此外,对于有护理需要的被保险人,其亲人在拥有 15 个人以上雇员的公司有权利享有高达 6 个月的护理假期。在这个护理假期内被保险人的亲人无须进行工作,雇主也无须为其支付工资,但是在这一期间内被保险人的亲人同样属于社会保险的保障范围,有权利要求各种社会保险服务。

(2)康复激励。对于正式护理者来说,康复会使其客户的护理等级降低。在机构护理中这意味着得到更少的收入,同样在家庭护理中意味着支付的服务数量也可能减少。由于护理服务供给者长期缺乏鼓励患者从事康复计划的经济激励,2008 年的改革规定如果一个被护理者由于康复而能降低护理等级,则疗养院可获得一项 1 536 欧元的奖金;如果他们没有获得康复,疾病基金要支付

续专栏5.1

2 072欧元的罚金。通过引入这些经济激励，政府可以在第一时间发现潜在的不利因素和及时处理问题。

（3）护理管理和咨询。当突然面临着需要组织长期护理时，家庭在寻找信息，组织有效地护理安排方面仍有困难。新法案特别强调要成立信息中心，护理顾问可以帮助其进行系统地分析需求，提供关于法律索赔长期护理保险和其他社会安全系统的信息，并告知可能得到的服务，以便拟定出个人护理需求计划。

（4）加强护理保险质量监督。质量保证和质量改进的问题在法案改革中占了很大的比重。新规定包括要求服务供给者要组织内部质量管理、引入专家指南和建立质量仲裁委员会等。

（5）给付标准的调整。作为改革的一部分，新法案将给付标准调整了3次，分别在2008年7月、2010年1月和2012年5月实施，其中对居家护理的实物给付项的调整量最大，等级Ⅰ和等级Ⅱ的机构护理未作调整。另外，法案还规定政府从2015年开始每三年检查一次，依据通货膨胀率和收入增长率等因素确定是否需要作进一步的调整。

第二节　日本的长期护理保险制度

自20世纪80年代，日本逐渐步入少子高龄的社会，且进展迅速。1994年，日本老年人保健福利审议会发表《告全国同胞书》，呼吁社会各界关注老年人，建立起以家庭关爱为基础，以全体国民的社会连带责任为机制，支援老人护理的长期护理制度，以便尊重老年人自己的意愿选择，成全其生活在有尊严、高品质、能自立的社会环境中，并借以避免老人医疗过度支出而引发健保财务危机。在此基础上，2000年，日本正式实施了《长期护理服务保险法》，着手发展强制性的长期护理社会保险，意在保障老龄化社会中越来越多的65岁及以上老年人口能够享受更多的福利设施、福利用具和家庭护理服务。近年来，日本修订实施了"新老人保健福利推进十年战略"（称为新黄金计划），对老年人居家养老和设施养老的护理服务提出了具体的标准要求，以加强和充实访问护理、短期设施护理、日间护理等保健医疗服务，随时随地提供符合老年人的护理服务需要。

一、日本长期护理保险的建立背景

自20世纪70年代日本遭遇石油危机之后，日本经济开始逐渐步入低迷期，同时

20世纪80年代开始显现的"少子·老龄化"问题更是雪上加霜,使得日本社会保障制度的财政收支问题百出,日本的社会保障制度进入了改革调整期。在此期间,政府不仅面临着年金和医疗基金的不同程度的财政赤字,而且人口老龄化急速发展状况下的老年人护理长期化、重度化问题也日益突出,护理保险制度作为解决这些疑难问题的良方被提上日程。

(一) 少子化压力巨大

日本人口总和生育率从20世纪70年代后期开始一路下滑,1975年为1.91%,1990年为1.57%,1995年为1.43%,1997年为1.39%,1999年降到1.34%,2005年达到了历史最低记录1.26%,之后虽然略有增加,但2012年总和生育率也只有1.41%。根据日本社会保障人口问题研究所的推算,新生婴儿数量从2001年的117万人,2015年的100万人,到2050年将减少为67万人[①]。2003年日本共有4 580万户家庭,其家庭成员中有65岁以上高龄者的家庭共1 727万户,占总数的37.7%,其中家庭成员均为高龄者的家庭占41.9%。2015年,与子女夫妇同住的家庭仅为12.2%,比1986年的44.8%下降了将近75%。与此同时,高龄夫妇家庭由18.2%升至31.5%,增加了1.5倍,高龄者独居家庭也由13.1%升至26.3%,增加了两倍。

(二) 老龄化趋势严重

日本人口的老龄化进程加快。平均期望寿命的延长使得日本老年人口比例迅速增长。日本在1970年时,全社会65岁及以上老年人口的数量就达到739万人,老年人口占总人口比例为7.1%,正式迈入老龄化社会。1994年该比例达到14%;2000年65岁及以上老年人口的数量为2 187万人,老年人口比例达17.4%;2005年日本老年人口比例为20.2%;2010年这一比例上升到23.0%;2015年该比例已经达到了26.7%,30年间老龄化人口比例快速上升。根据日本总务省统计局发布的最新人口推算月报的数据显示[②],截至2016年7月1日,日本的总人口为1.2699亿人。其中:0~14岁的少儿人口数量为1 584万人,占总人口比例为12.5%;15~64岁劳动力人口数量为7 671万人,占总人口比例为60.4%;65岁及以上老年人口数量为3 443万人,占总人口比例为27.1%;75岁及以上老年人口数量为1 675万人,占总人口比例为13.2%。日本成为发达国家中老年人口及老龄化发展速度最快的国家之一,2006年在世界范围内率先突破20%大关,预计到2020年,日本65岁及以上的老龄人口约占总人口的30%。

在日本人口老龄化进程中,最为突出的一个问题是高龄老人、空巢老人和老年痴呆症患者大幅增加。根据日本总务省统计局、社会保障人口问题研究所2002年的测算结果显示,大约在2015年之后,日本的老年人中有一半都是75岁及以上的高龄老

---

① 数据来源:1999年、2002年日本厚生劳动白书;日本厚生劳动省网站:http://www.mhlw.go.jp/;日本厚生劳动省统计情报部《2012年人口动态统计》。
② 日本总务省统计局网站:http://www.stat.go.jp/data/jinsui。

年人口。另据日本厚生省的调查资料显示，1993年卧床不起、身体虚弱、老年痴呆症等需要护理的老人约为200万人，2000年时增加到280万人。根据预测，这一数据在2025年将会超过1993年的2.5倍达到520万人。2001年日本《国民生活基础调查》数据还显示在家中需要护理或卧床不起的老人中，持续3年以上的老人比例高达49%，持续1年以上的老人有78.6%。从老年人整体的护理需求情况来看，在洗脸、刷牙、换衣、吃饭、排泄、入浴、步行七个项目的日常生活动作中，无论哪一项、什么原因，都有护理需求的"要护理者"约124万人，其中卧床不起者的人数约36万人，占全体"要护理者"人数的28.6%。如果从年龄来看，在"要护理者"当中，65岁及以上的老年人约100万人，占全体人数的80%。从需要护理的原因来看，患脑血管疾病者占全体的29.3%；随年龄的增长身体老化者比例是12.1%；由于跌倒、骨折而需要护理者占10.4%，痴呆症患者占10.1%。从护理的时期来看，超过3年以上者占全体"要护理者"的比例是58.2%。

（三）老年人福利保障

日本长期护理保险制度从设想到论证，再到立法通过以及最后实施经历了近10年的过程，可以说几经波折。

1994年3月，日本当时的厚生大臣的咨询机构——老龄社会福利构想恳谈会代表厚生省在出台的《21世纪福利的构想——面向少子、老龄化社会》的报告中认为当时的日本社会存在长期护理服务供给不足问题，并提出用消费税收作为经费来源以充实护理体系。

为了构筑新的老龄者护理体系，1994年12月，日本厚生省举办了老龄者长期护理支援体系研究会，对国家运营的护理保险进行了初步研究。研究会列举了在保健、医疗、福利领域存在的问题，认为现行保险制度存在很大问题，有必要实行新的保险护理方式。

1995年7月4日的社会保障制度审议会上，提出了实施33年"国民皆保险"以来的第一次劝告书，成为长期护理保险制度具体化推进过程的开端。其中，会上提出最重要的一点是应该依靠保险金来进行老年人福利保障，依靠行政拨款的社会福利应由国家运营的护理保险来代替。

1996年4月22日，老年人保健福利审议会最后通过了《关于建立老龄者护理保险提案》，提议建立护理保险并由公费负担一半的社会保险方式。当时，关于公费负担部分的设想是打算从1997年4月开始把消费税改为国民福利税，并将税率从3%提高到5%，增加的2%构成护理保险公费负担的来源。

经过相关利益团体之间的反复论证，与护理保险相关联的三个法案（《护理保险法》《护理保险实施法》《医疗法修正法》）于1996年11月在国会提案。1997年12月《护理保险法》获得国会正式通过，并于2000年4月开始实施，规定日本老年护理保险制度由政府强制实施，市町村具体运营，被保险人无论身体状况好坏均要参加。根据这一制度,长期护理保险体系正式加入其社会保险体系,它将由大约3 300个地方政府来管理。40岁以上的人必须全部参保长期护理保险,并为自己在今后能够得到公共护理服务而缴纳一定的保险费。《护理保险法》的实施,标志着日本的护理福利由过去向低收入阶层提供服务的"行政措施"制度转化为向全部护理者提供服务的"契约制度"。这一法律改革了当时的老人福利、老人医疗制度,引入了社会保险方式,使得福利服务和保健医疗服务在申请手续、费用负担等方面都将实现根据使用者的意愿,选择享受护理保险的新体系。

二、日本长期护理保险的基本内容

(一) 保障对象

日本长期护理保险由地方基层政府担任营运主体,即市区町村作为保险人,负责管理辖区内的长期护理保险事务,被保险人为市区町村所在地40岁及以上的居民。

(二) 筹资来源

在资金筹集上,公费负担50%,其中中央政府、都道府县、市町村各占2:1:1,另外50%的资金由40岁及以上被强制加入保险的被保险人缴纳,其中被定为"第一号被保险人"的65岁及以上加入者缴纳的比例占22%,被定为"第二号被保险人"的40~64岁加入者缴纳的比例占28%。长期护理保险的收入和支出必须设立特别账户,实行专款专用,避免重复给付和浪费。被保险者个人和国家、地方政府共同出资,由地方政府具体负责实施,是日本护理保险制度最鲜明的特点之一(如表5.6所示)。

表5.6　　　　　　　　　日本长期护理保险的财务构成

护理保险给付90%						利用者自负10%
护理保险资金来源						
第一号被保险者的保险费的22%	第二号被保险者的保险费的28%	市町村 12.5%	都道府县 12.5%	国库负担 20%	国家调整 5%	

注:根据日本厚生省最新数据,1号被保险者负担比重略有上升为22%,2号被保险者负担比重则为28%(2015~2016年)。详见 http://www.mhlw.go.jp/topics/kaigo/osirase/jigyo/m16/1609.html。

(三) 护理等级及给付标准

日本长期护理保险规定只有面临"需要护理状态"和"需要支援状态"的人才能得到护理服务(如表5.7所示)。其中"需要护理状态"是指有身心障碍,并持续6个月以上,处于需要长期护理状态。护理等级在2000~2005年改革前包括需要支援及需要护理1~5共6个等级,2005年改革后分为需要支援1~2和需要护理1~5共7个等级;"需要支援状态"是指目前虽然具有一定的自理生活能力,但在日常生活中仍然需要给予一定的援助,尽管现在还未能达到需要护理的状态,但很有可能发展成为需要护理的状态。被保险人在感觉需要生活支援或护理时,必须在所在的市町村接受需要护理认定,经过"本人或家属向市町村办理窗口申请—调查员入户访问调查,形成调查结果①—护理认定审查会根据访问调查结果和主治医生意见书判定申请人是否需要护理以及护理的等级程度—最终认定并通知申请人"四个程序方能完成,原则上从申请到最后认定,护理认定审查会要在30天内通知申请人最后的结果。如需重新认定,间隔期限为6个月。

表5.7　　　　　　　　　日本长期护理保险给付标准

护理等级	每日需护理时间	需护理者状态
需要护理5	110分钟以上	排泄、进食(吃饭)、起立及家事等全部无法自理,也完全无走动能力,有问题行为、理解力丧失
需要护理4	90分钟以上未满110分钟	排泄、起立及家事等全部无法自理,也无法自动,有问题行为、理解力丧失
需要护理3	70分钟以上未满90分钟	排泄、起立及家事等全部无法自理,也无法自动
需要护理2	50分钟以上未满70分钟	排泄、进食(吃饭)、起立及家事等近乎全需要协助,全部家事也需要协助
需要护理1	需要护理状态中,32分钟以上未满50分钟	排泄及进食(吃饭)等近乎可以自理,但如起立等动作需要协助,部分家事也需要他人协助
需要支援2	需要支援状态中,32分钟以上未满50分钟	状态和需要支援1相同,以希望要改善和维持此种状态
需要支援1	25分钟~未满32分钟	排泄及进食(吃饭)等完全可以自理,但如打扫等家事需要协助

(四) 护理类型及给付方式

日本长期护理保险提供给付的护理服务类型包括居家护理、社区护理和机构护理三种类型,其中居家护理服务包括提供访问护理、访问入浴护理、访问看护、访问康复训练、居家疗养管理指南、日间通所护理、日间通所康复服务、短期入所护理、短期入所医疗护理、特定设施入所者生活护理、福利用具的租借等。社区护理包括痴呆老人社区护理等;机构护理服务包括养护老人院等。参保人可以根据自身需求选择的护理类型包括访问护理、日间护理、短期设施护理、老年人福利用具的出租、老年人

---

① 调查结果共包括三方面:第一,现状调查结果(主要是申请人姓名、地址、现有服务状况及生活现状);第二,基本调查结果(共85个项目,包括八大类,第一类是与麻痹、拘挛相关的项目,第二类是与移动有关的项目,第三类是与复杂动作相关的项目,第四类是与特殊护理相关的项目,第五类是与日常生活照料相关的项目,第六类是与人际交流等相关项目,第七类是与行为障碍相关的项目,第八类是特殊医疗);第三,特殊事项结果。

住宅修改费用及康复训练等。同时,针对老年人专业护理知识有限而难以选择最优护理方案的事实,日本推出了护理经理制度,由护理经理帮助病人和家属选择最合适的护理服务方案。

与德国长期护理模式不同,日本对选择现金给付有诸多顾虑。首先,若提供现金给付,受益者常会将之移为他用,并非用于购买或使用服务。其次,妇女团体担心现金给付会鼓励妇女留在家中照顾。最后,保险人也会只给付现金,而不积极提供与发展长期护理服务。此外,日本老人的长期卧床多因家人照顾不当而导致的人为性卧床,同时家人护理的质量难以公平评价,可能出现诸多因家人照料而对父母产生憎恶,甚至虐待的现象。因此,日本长期护理保险的给付方式以实物给付为主,只在严格条件下提供现金给付,只有偏远或者山区护理服务难以到达地区的被保险者才能获得现金给付,这种以护理服务为主的给付方式刺激了日本护理产业的迅速发展。

(五) 护理保险的监督和管理机构

根据《长期护理保险法》规定,日本长期护理保险责任机构是市町村及东京23区的特别区。他们主要负责征收长期护理保险费、办理申请手续、护理服务等级及监督给付事项等。日本中央政府主要负责整个长期护理保险制度的框架和护理等级的审定、保险金给付及护理服务机构的标准制定等事务,市町村维持长期护理保险资金正常运营,都道府县负责落实制度确保护理服务设施和护理人员等事项。

日本护理评估是由护理管理者来完成的,日本长期护理保险法规定护理管理者必须是5年以上工作经验的专业人士(如医生、护士、物理治疗师和社会工作者等)或10年以上护理服务经验的非专业人士如居家护理服务工作者组成,而且护理管理者必须通过地区一级资格考试并接受从业训练方能获得护理管理者资格证书,对护理被保险人的护理受益资格进行审查。

三、日本长期护理保险的发展现状

(一) 长期护理保险受益范围

日本从2000年开始正式实施长期护理保险,65岁及以上的第一号被保险人只要有护理需求,保险权就自然产生了。第二号被保险人的护理需求只能在患痴呆、脑血管病、帕金森综合征、骨髓小脑变性征、慢性风湿性关节炎等15种特定疾病时才可以享有保险权,但如果被保险者是年龄不到40周岁的年轻残疾人,可以按照残疾人护理计划提供护理服务。截至2014年,日本长期护理的第一号被保险者从2000年的2 176万人增加到了3 302万人,14年间增加了1 126万人(约51%),从需护理认定人数来看,从256万人增长到了605万人,14年间增长了136%(如表5.8所示),即长期护理保险保障范围扩大了1/2,表明长期护理保险制度获得了日本公民的认可。

表 5.8　　　　　日本长期护理保险被保险者人数和需护理认定人数　　　（单位：万人）

年份 项目	2000 年	2004 年	2008 年	2014 年
被保险者人数	2 176	2 511	2 831	3 302
需护理认定人数	256	408	467	605

资料来源：根据日本厚生劳动省官网发布的《2015 年护理保险事业状况报告》整理。

近年来，日本接受长期护理服务的人数不断增加，被保险人得到了非常好的护理服务。日本长期护理服务具体来说包括居家护理服务、社区护理服务（2005 年改革后才增加的服务类型）和机构护理服务三种形式。居家护理服务是需要支持者或需要护理者在居家生活的场所里获得长期护理服务；社区护理服务是由老年人所在的社区为中心向老人提供日常生活照料及护理性服务；机构护理服务是需要老年人入住特定的护理机构来利用必要的护理服务。护理保险实施之初得到服务的人数有 148.97 万人，2006 年利用长期护理服务的人数达到了 347.69 万人，其中社区护理作为新增加的服务类型，也有 14.16 万人获得了该服务。截至 2014 年长期护理保险受益人高达 492.47 万人，比 2000 年增长了 2.31 倍（如表 5.9 所示），说明日本老年人失能状况比较严重。

表 5.9　　　　　　　日本长期护理保险利用情况　　　　　　　（单位：万人）

年份 项目	2000 年 4 月	2003 年 4 月	2006 年 4 月	2009 年 4 月	2014 年 4 月
居家护理	97.14	201.48	254.67	278.28	366.21
社区护理	—	—	14.16	22.66	37.21
机构护理	51.82	72.14	78.86	82.58	89.25
总计	148.97	273.62	347.69	383.52	492.67

资料来源：根据日本厚生劳动省官网发布的《2015 年护理保险事业状况报告》整理。

（二）长期护理保险需求状况

2000~2014 年以来，申请各类护理服务的投保人数从 218.16 万人增加至 585.91 万人，增长了 1.69 倍。其中，申请"需要护理"的人数远远高于"需要支援"的人数，2000 年共有 29.09 万人申请"需要支援"服务和 189.07 万人申请"需要护理"服务，2014 年，申请上述两种护理服务的人数分别是 163.03 万人和 422.89 万人（如表 5.10 所示），这说明老年人口失能状况堪忧。

对于长期护理服务需求者的资格认证，由市区町村任命的保健、医疗、福利等领域专家组成的长期护理保险认定审查会负责。该审查会根据访问调查表记载的结果，利用电脑进行整理分级，进行所谓第一次认定，然后将第一次认定结果再参照主治医师或家庭医师的意见书进行第二次认定，最后交由市区町村裁定被认定者的需护理等级。

表 5.10　　　　　日本认定需要支援/护理的人数（每年四月末的数据）　　　（单位：万人）

年份	2000 年	2003 年	2006 年	2009 年	2012 年	2013 年	2014 年
需要支援 1	29.09	50.48	5.87	57.5	69.21	77.28	82.47
需要支援 2	0	0	4.54	66.19	71.24	77.08	80.56
需要护理 1	55.11	107.02	138.67	78.81	97.05	105.19	111.48
需要护理 2	39.37	64.06	65.14	82.27	95.24	99.27	102.92
需要护理 3	31.65	43.07	56.06	73.8	72.43	74.67	76.91
需要护理 4	33.89	42.38	52.5	58.95	66.98	69.61	71.1
需要护理 5	29.05	41.42	46.54	51.48	60.89	61.21	60.48
总人数	218.16	348.43	434.81	468.99	533.04	564.32	585.91

资料来源：根据日本厚生劳动省官网发布的《2015 年护理保险事业状况报告》整理。

（三）长期护理保险费用状况

根据日本厚生劳动省发布数据资料显示，2000 年日本总护理费用是 3.6 兆日元，2005 年已经增到 6.4 兆日元，2015 年更是增至 10.1 兆日元，15 年间增长了 1.81 倍（如表 5.11 所示）。另外，日本个人支付的护理保险费也在不断提高，2000~2002 年度第一号被保险人的保险费全国平均水平为 2 911 日元，2003~2005 年度则增加了 13%，达到 3 293 日元，而 2006~2008 年度的全国平均保费更是增加了 24%，达到 4 090 日元，2009~2011 年度的全国平均保费达到 4 160 日元。2012~2014 年度增加了 20%，老年人的人均保险费负担达到 4 972 日元，预计 2015~2017 年度这一数值会达到 5 514 日元。日益增长的费用负担成为日本长期护理保险制度面临的重要难题。

表 5.11　　　　　　　　日本长期护理总费用变化　　　　　　　　（单位：十亿日元）

2000 年	2001 年	2002 年	2003 年	2004 年	2005 年	2006 年	2007 年
36 273	45 919	51 929	56 891	62 025	63 957	63 615	66 719
2008 年	2009 年	2010 年	2011 年	2012 年	2013 年	2014 年	2015 年
69 497	74 306	78 204	82 253	87 570	91 734	99 747	101 110

注：2014 年和 2015 年数据是预算估计数据。

资料来源：Annual Report on the Status of the Long – term Care Insurance, Health and Welfare Bureau for the Elderly, MHLW。

四、日本长期护理保险制度的改革

根据 2000 年实施的《护理保险法》关于护理保险制度实施后，每五年为一个阶段进行研讨修订的规定，日本厚生劳动省分别在 2005 年和 2011 年对《护理保险法》进行了两次修订。

(一) 2005 年日本《护理保险法》修订的主要内容

2005 年,日本厚生劳动省在总结护理保险制度实施 5 年经验的基础上,根据《护理保险法》的规定,对被保险者的范围、保险给付的内容和水平、保险费的负担、保险服务质量等一系列问题进行了改革修订,改革着眼于制度的长期可持续发展与社会保障的综合化,其主要理念是建设重视预防型制度。

第一,新增加了护理预防体系。护理保险实施五年发现"轻度需要支援"和"需要护理1"的人员增加,居家护理服务的给付金额从 2000 年每月支付 57 001 百万日元激增至 2005 年每月支付 236 804 百万日元。如此快的保险给付增长速度造成了较大的财政担忧。由于现行护理保险体系的不完善(特别是针对需要轻度护理老人的服务严重不足)以及需要轻度护理老人的不断增加,建立以市町村为责任主体的综合护理预防体系,将预防与护理服务紧密结合起来。2005 年 6 月,日本建立以市町村管辖的地域综合支援中心,将以前的六个护理等级重新划分为七个等级,由社会福利师、保健师、主任护理支援专员三方共同向需要支援者提供护理预防服务,并且针对暂时不符合长期护理标准的对象新设了地区支援事业服务。同时,建立相互关联的护理服务体系,对上门护理、日托护理、短期入所护理以及福利工具利用等进行综合利用,以适应老年人的多样性护理需求意愿。

第二,进行设施改造与给付调整。根据制度运行中存在的居家和设施利用者负担不均衡以及缺乏与年金给付对应的调整机制等问题,针对设施服务的宿费和餐费给付进行调整。在护理保险给付中,对低收入群体实行减免政策。由此看出,日本设施服务由保险负担绝大部分费用,这与美国、英国、德国等国家有一定区别,这些国家基本上是个人承担宿费和餐费。

第三,完善长期护理服务体系,提高长期护理服务质量。在现行长期护理服务体系的基础上,建立地区紧密型的新型护理服务体系。根据护理服务一般在市町村区域内的特征,设立小规模多功能服务、地区夜间护理服务、地区守护型服务、小规模社区护理服务等。同时,要加强地区医疗和护理的协调服务,建立多功能医疗型服务以满足重度护理高龄者的护理需求。在老人护理需求直线上升的情况下,要加强护理管理以提高服务质量。主要推出以下措施:一是继续加强居家护理服务和设施服务、医疗和护理的协调,提供综合型的护理服务;二是建立地区护理服务中心,开展护理咨询、护理预防和护理服务,并对从事服务的供给方进行指导;三是建立信息公开制度,在全社会范围内宣传护理保险,并对所有企业的服务体系、服务质量等内容进行公示;四是培养专门的护理人才,并引入护理资格认定制度。

此外,针对当时屡屡出现的护理保险从业者徇私不正、护理服务存在种种问题等情况,日本厚生劳动省于 2008 年再次对《护理保险法》及《老人福利法》进行了修改,并于 2009 年正式实施,主要对业务管理体制进行了调整和完善,并提出了一系列防止不公正现象以及服务保证的政策。

（二）2011 年日本《护理保险法》修订的主要内容

2011 年，日本厚生劳动省在总结护理保险制度实施 10 年经验的基础上，改革修订了《护理保险法》，与修订前的护理保险制度相比，主要是强化了日本中央政府和都道府县的责任，为了让被保险人尽可能接受在宅居家或者社区接受长期护理服务，加强了护理预防政策并推进医疗及福利服务相结合的政策，同时还规定都道府县要定期公布护理供给方的护理服务信息，并在必要情况下进行调查的条款。

总之，日本长期护理保险制度为了实现其使每个人都能有尊严地生活的目标，结合其自身的老年人护理需求和供给的实际情况，从制度层面设计长期护理资金筹资渠道，综合家庭财富和各级政府财政收入安排各个筹资渠道负担的筹资比例，改变过去主要依靠个人筹资护理费用的状况，基本形成了世代相连支撑、各级政府共同负担的护理服务费用筹资模式。

第三节　美国的长期护理保险制度

与德国、日本不同，美国长期护理保险以商业模式为主导。20 世纪 70 年代长期护理商业保险产生于美国，其产生的最根本原因是人口老龄化。在长期护理保险问世以前，无论是社会医疗保险还是商业医疗保险均对护理费用的支出提供保障，因此常常出现投保的老年人将医院当作护理场所，大量老年人的长期住院费用加剧了各国医疗保险支出。2006 年，美国约有 900 万 65 岁及以上老年人需要长期护理服务；2010 年，约有 1 230 万 65 岁及以上的老年人需要长期护理服务；到 2020 年将有超过 1 200 万老年人需要长期护理服务。显然，在美国人口老龄化加剧背景下，长期护理将成为美国人重要的健康护理关注点之一。

一、美国长期护理保险制度的建立

美国早在 20 世纪 40 年代就步入了老龄化社会。1940～2016 年，美国人口老龄化程度逐渐提高，76 年间提高了 8.97 个百分点。随着人口预期寿命的延长，美国老年人口比重还将不断提高，但是美国人口老龄化速度比较缓慢，在西方发达国家处于中等水平。2016 年 65 岁及以上老年人口占总人口的比重，美国为 15.25%，日本为 27.28%，德国为 21.76%，英国为 17.9%，法国为 19.12%，意大利为 21.37%。美国人口老龄化速度较缓的原因主要有两个：一是由于美国人口出生率较高，2016 年美国的总和生育率为 1.87，而欧洲的总和生育率为 1.61；二是因为美国吸纳了大量的青壮年移民。2016 年，美国人口中 25～64 岁的工作年龄段人口与 65 岁以上的人口比例为 3.44∶1。美国人口普查局预测到 2050 年，美国工作年龄段的人口与 65 岁以上老人的比例将达到 2.36∶1，老龄人口比例届时将会提升至总人口的 20.17%。

(一) 美国的公共护理保险计划

美国的公共长期护理计划非常健全,除了医疗保健(Medicare 计划)和医疗救助(Medicaid 计划)两大公共医疗保障计划外,其他一些社会保障计划,如州政府的生活补助金(Supplemental Security Income)和联邦政府的退役军人(Department of Veterans Affairs)等项目中也不同程度地体现了对长期护理的融资(如表 5.12 所示),这有效地保障了老年人口的长期护理需求。医疗保健涵盖了老年人的重疾护理,由联邦政府通过社会保险的方式提供资金,但它不包括非重疾状况下的机构或居家长期护理服务。对于没有经济能力的老年人,由 Medicaid 根据其经济情况给付适当的长期护理费用,其资金来源于联邦政府和州政府的税收,但对于那些有经济实力且希望防范更多长期护理财务风险的老年人,则可以购买长期护理商业保险。

表 5.12　　　　　　　　　美国的公共长期护理保障计划

法案或计划	目标人群	LTC 支付项目
医疗保健(Medicare)	65 岁及以上老年人和残障者	疾病治疗时所需的康复护理
医疗救助(Medicaid)	财产和收入低于一定数额的贫困人群	护理院护理、家庭健康护理
社会服务补助(Social Serives Block Grant)	儿童、老人、残障者	社区居家护理、日常护理、成人看护等
老年法案(Older Americans Act)	60 岁及以上老年人	供食物及其他生活服务和社区服务、信息咨询
生活补助金计划(Supplemental Security Income)	低收入老人、低收入失明者和残障者	除健康护理外的家庭生活补助
退役军人福利(Department of Veterans affairs)	退役军人	家庭健康护理、家庭病床个人护理、临终关怀

资料来源:The Health Insurance Association of America, Washington DC, *Financing Long – Term Care Needs*, 2002, p.41。

(二) 美国的长期护理商业保险

美国政府为鼓励利用商业化模式发展长期护理保险来为长期护理服务筹措资金,对于长期护理保险的购买者和提供者在财税政策上都给予了各种优惠支持。1996 年,美国出台了《联邦健康保险可转移及说明责任可行法案》,它列有专门的条款阐述长期护理保险缴纳的保费可在税前抵扣的条件,以及长期护理保险的保险金不计入应税收入的条件。同时,美国的国税法(IRC)也对合格长期护理保险的税收优惠作了有关规定(包括对保险投保人和提供者的优惠)。美国政府意在通过发展商业性老年长期护理保险,采用多元化的福利策略,尽量使有经济能力的老年人口承担自身的长期护理费用,力求实现国家财政负担的最小化和全国福利效用的最大化。2013 年,在美国老年长期护理费用来源中,公共财政占71.5%,商业(私人)保险占6.1%(如图5.1所示)。

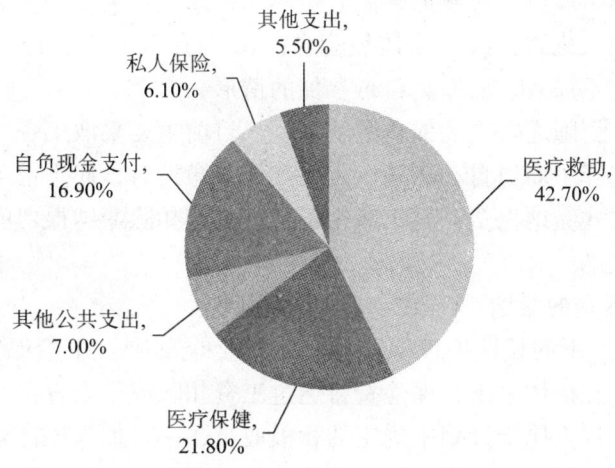

图 5.1　2013 年美国老年长期护理费用来源

资料来源:United States Congressional Research Service, *Who Pays for Long - Term Services and Supports? A Fact Sheet*. July 27, 2015。

二、美国长期护理保险制度最新发展

长期以来,医疗救助计划(Medicaid)作为美国长期护理保障在国家层面的主要承担者,在该领域发挥的作用还是有限的,只涵盖了短期的专业护理和家庭保健。商业保险在美国长期护理市场中的比重仍旧较低,为了扩大长期护理保险的覆盖范围,为更多人群提供融资渠道,2010年3月23日,美国通过了《社区生活援助服务和支持法案》(The Community Living Assistance Services and Supports Act,《CLASS法案》),作为奥巴马医改法案的一个组成部分。《CLASS法案》规划建立一个全国性的、自愿的保险计划,以此为那些机能性失能者或认知障碍人群提供资金保障,供其购买非医疗性的护理服务,从而能够维持正常的日常生活。该计划提供的社区生活援助服务主要包括住房改造、辅助技术、个人协助服务以及交通出行等。这一法案的实施,将更好地满足护理需求者接受家庭护理或其他非机构护理的愿望。2017年,美国参议院废除奥巴马医改法案遭到否决,意味着《CLASS法案》将继续实施。

(一)CLASS法案的基本内容

1. 参保人群

所有18周岁以上的"积极雇员"(即至少有三年被雇用历史)都可以加入《CLASS法案》提出的长期护理保险计划中。CLASS法案为有资格加入该计划的人群提供了两种参保途径。第一种参保途径是自动参保机制,上班人群将通过其雇主,自动地加入到该计划中去。在该机制下，雇主有权决定是否将其雇员自动地加入到该计划。在雇主决定将其雇员加入进去的情况下，如果雇员不想加入，则必须明确退出。对于雇主决定不加入的情形，雇员要想参加则需通过第二种途径。第二种参保途径主要为以下几种人群提供了加入机制：(1) 个体经营者；(2) 有多个雇主的雇员；(3) 雇主在自动加入环节决定不加入，而雇员自行参加的情形。

对于加入该计划随之带来的保费缴纳问题，目前主要采取工资扣除的方式。雇主无论在先前是否选择了雇员自动加入机制，在保费缴纳时，雇主都可以选择其雇员以直接工资扣除的方式缴纳保费。对于雇主不实行工资扣除缴纳保费的情况，雇员应根据相应程序自行缴纳。

2. 护理保险保费的缴纳

《CLASS法案》下的长期护理保险计划的资金全部来自于参保人群缴纳的保费，政府不提供补贴。在该体系下，保险费将通过工资扣除或个人直接缴纳的方式按月收取。同时，只要投保人属于计划中规定的积极雇员，一旦加入该计划，其按月缴纳的保险费将保持不变。但是，在该计划出现偿付能力不足时，保费可以提高。保费的具体数额需由美国联邦政府卫生和人类服务部（The Department of Health and Human Services，HHS）经过测算后在其备选方案中列出。保险给付机制等将直接决定具体保费金额。

保费很可能会根据投保人员参保时的年龄不同，而相应收取不同的数额[①]。但是，参保人群的身体状况并不影响保费的高低。比较特殊的是，《CLASS法案》对于穷人和学生在保费缴纳方面有着特殊的规定。收入处于贫困线下的人员，以及22岁以下全职工作的学生，只需每月缴纳少量保险金。目前这一金额定为5美元，并将随着消费者价格指数的增长而增长。一旦该学生不再符合缴纳少量保险金的标准，则将重新计算保险费数额。对于穷人来说，目前尚没有重新计算保险金的机制。

3. 保险金给付条件

《CLASS法案》规定必须按月交纳保费至少达到五年，且其中至少有三年处在被雇用状态（被称为"积极的雇员"），才有权利获得长期护理保险金给付。在满足上述条件的基础上，被给付人还须符合下列情形之一：(1) 无法独立完成至少两件日常生活行为，即ADLs规定的日常生活活动能力，如吃饭、洗浴、穿衣、行动等；(2) 存在与上述情形同等程度的认知功能障碍，需要被监护或他人帮助才能完成ADLs，这些认知失能包括创伤性大脑损伤、阿尔茨海默氏症、多发性硬化症等。同时，还应确保被给付人员的这一失能状态预期将持续90天以上。只有在这些条件均满足的情况下，被保险人才能获得长期护理保险金给付。关于给付资格的审核评定问

---

① 目前，由于没有可参照的产品，保费的确定显得非常困难，各方给出的预测结果也不尽相同。据医疗照顾和医疗救助服务中心（Medicare & Medicaid Services Center）的首席精算师预测，每人每月平均要交纳的保险金为240美元。

题,《CLASS 法案》规定,需建立"资格评定体系"来保证计划的有效执行。

4. 保险金给付标准

根据《CLASS 法案》规定,符合给付条件的人群将得到现金给付,由于伤残程度的不同,给付额度相应也有所差异。按照《CLASS 法案》规定,平均给付额度不得低于每天 50 美元,并将随着通胀程度进行调整。卫生和福利部门将制定失能等级评估手册,将失能程度按等级划分为 2~6 个等级,并规定其相对应的给付额度。由于 50 美元/天是一个平均值,在最终的实施计划中,一些等级的给付额将低于这一平均值,而相应的其他等级将高于该平均值。另外,平均每天 50 美元作为《CLASS 法案》规定的给付最低水平,卫生和福利部门可能会在备选计划里提高这一数额,规定更高的平均给付水平。根据国会预算处(Congressional Budget Office,以下简称 CBO)预测,给付金平均将为 75 美元/天,或者 27 000 美元/年。

对于个人而言,寿命长度和获得给付金额总量都没有最大限制,也就是说,无论领取给付金的时间长短、累计总金额的高低,只要符合给付条件,被保险人均可继续领取。但是,被给付人一旦不再符合给付资格(身体康复或者死亡),给付将立即停止,账户中的余额也随即不能再被使用。另外,对于选择机构护理的情况,《CLASS 法案》的给付金也可以被用来支付相应长期护理费用。

(二) CLASS 法案与其他项目的关系

《CLASS 法案》将对医疗救助(Medicaid)、医疗照顾(Medicare)等项目在长期护理领域起到积极的配合作用。获得 CLASS 长期护理保险计划给付资格的人员,并不影响其对其他社保项目的申请。如果失能者同时获得了 CLASS 计划和 Medicaid 计划的给付资格,那么 CLASS 计划的给付金将可以抵消原本需要 Medicaid 单独承担的花费。这是因为,《CLASS 法案》规定了 CLASS 计划的第一付款人原则(Primary Payor Rules),意味着如果有权获得给付的人群同时参加了 Medicaid 项目,那么 CLASS 计划将用一部分给付金付给提供医疗护理的机构,只将剩下的一部分以货币给付的形式提供给被保险人。需要注意的是,如果有权获得给付的人员同时参加了 Medicaid 项目,且该病人正在接受医院、私人疗养院或其他机构护理,那么该病人将得到 5% 的给付金,剩余部分用来支付提供医疗服务的机构(Medicaid 作为第二付款人对这些费用进行支付)。如果有权获得 CLASS 计划给付的人员正在接受的是来自 Medicaid 提供的家庭或社区护理服务,那么该人员将获得 50% 的现金给付,剩下的部分将付给相应的服务提供方。除了以上的特殊规定,《CLASS 法案》还强调,CLASS 计划的给付金"只能是补充,而非替代该失能者有资格获得的来自其他项目的给付金"。

《CLASS 法案》意在构建一个自愿、无补贴、无须承保条件核查的保险方案,但被众多学者和机构指出其存在巨大的逆向选择风险,不具有可持续性,美国卫生和福利部门作为该法案保险计划的具体制定者也认为其存在一定缺陷,如不进一步修正实施将非常困难，具体的修正方案还有待商榷。

三、美国长期护理商业保险的发展状况

（一）个人长期护理商业保险

截至 2005 年底，大约有 440 万份个人长期护理商业保险有效保单，比 2004 年增加 4%，实现总保费收入达到 73 亿美元，同比增长 6%，使得 2000~2005 年个人长期护理商业保险总保费收入年均综合增长率达到 10%。到 2006 年底，大约有 451 万份个人长期护理商业保险有效保单，比 2005 年增长了 3%，实现总保费收入超过 77 亿美元，同比增长 6%。然而，2002~2006 年，每年新发行个人长期护理商业保险保单的数量不断下降，2002 年新发行保单 581 625 份，相应保费收入为 10.2 亿美元，而 2004 年新发行保单下降为 362 009 份，相应新签单保费收入下降为 7 亿美元，到 2006 年底，新签个人长期护理商业保险保单只有 296 809 份，相应保费收入仅为 6.1 亿美元。同时，在每年新发行个体保单中，税收合格保单所占比例不断增长，从 2002 年的 92.3% 上升为 2006 年的 98.4%（如表 5.13 所示）。

表 5.13　　　美国个人长期护理商业保险发行和有效状况列表

年度	项目	新发行保单					有效保单
		税收优惠保单		不符合税收优惠的保单		总量	
2002 年	投保人数（人）	536 640	92.3%	44 985	7.3%	581 625	3 855 584
	保费收入（千美元）	955 665	93.3%	68 632	6.7%	102 4297	5 992 785
2004 年	投保人数（人）	346 471	95.7%	15 538	4.3%	362 009	4 225 000
	保费收入（千美元）	665 617	95.3%	33 183	4.7%	698 800	6 810 000
2005 年	投保人数（人）	323 819	97.4%	8 553	2.6%	332 372	4 400 000
	保费收入（千美元）	646 015	97.8%	14 798	2.2%	660 813	7 300 000
2006 年	投保人数（人）	292 175	98.4%	4 634	1.6%	296 809	4 510 000
	保费收入（千美元）	600 126	98.8%	7 576	1.2%	607 703	7 718 000

资料来源：LIMRA, Individual LTCI Insurance Annual Review 2005 & 2006, and Long – Term Care and Medicare Supplement Executive Summary. Annual 2004.

（二）团体长期护理商业保险

美国团体长期护理商业保险市场主要包括两大类：一类是雇主型团体长期护理商业保险市场，另一类是协会组织发起的团体长期护理商业保险市场，其中雇主型团体长期护理保险占有较大市场份额，其发行及有效趋势如表 5.14 所示。在 2005 年，新发行的雇主团体长期护理商业保险保单是 1 026 份，比 2004 年增长 2%，新增参保人数 112 282 人，实现保费收入 0.65 亿美元，同比增长 12%，这使得雇主团体市场在 2000~2005 年的总保费收入年均综合增长率达到 2%。更引人关注的是雇主团体长期

护理商业保险保单销售在 10 年内的年均综合增长率达到 17%，从而说明了雇主团体长期护理保险市场受联邦长期护理商业保险计划的影响较小。截至 2005 年底，美国大约有 7 300 份雇主团体长期护理商业保险有效保单，同比增长 11%，参加雇主团体长期护理商业保险计划的人数增加 6%，接近 180 万人，总保费收入增加 9%，超过 10 亿美元，使 2000～2005 年的有效保费年均综合增长率达到 19%。

协会组织团体长期护理保险所占市场份额相对较小，截至 2005 年底，超过 100 个协会团体为其成员投保长期护理保险，协会组织的投保人数增加了 3%，达到 164 000 人，总的保费收入达到 1.99 亿美元，增幅达到 7%。

表 5.14　　　　　美国雇主团体长期护理商业保险发行及有效趋势

年度及指标			参与团体数量（个）	参与人数（人）	保费收入（千美元）
1999 年	发行	新保单	870	178 836	67 772
		同比增长	56%	126%	121%
	有效	保单	3 099	786 317	356 950
		同比增长	36%	24%	28%
2003 年	发行	新保单	1 087	241 318	224 919
		同比增长	15%	6%	20%
	有效	保单	5 801	1 745 947	1 151 741
		同比增长	15%	17%	29%
2005 年	发行	新保单	1 026	112 282	64 728
		同比增长	2%	4%	12%
	有效	保单	7 288	1 792 711	1 078 561
		同比增长	11%	6%	9%

资料来源：LIMRA, U. S. Group Long - Term Care Insurance 1999 Sales and in Force, and U. S. Group Long - Term Care Insurance Executive Summary. Annual 2003 & 2004 & 2005。

（三）美国长期护理保险市场分布概况

总体而言，美国长期护理保险市场的集中度较高，被少数几家保险公司垄断。对于个体长期护理商业保险，2006 年底，美国 Aegon 公司、银行家人寿和意外险公司、西纳保险公司、通用金融公司、John Hancock 互助人寿保险公司这五家公司基于有效个体长期护理商业保险保单保费收入计算的市场份额占比达到 54%。对于雇主团体长期护理保险，2005 年安泰保险公司、John Hancock 互助人寿保险公司、大都会人寿、保德信保险公司、尤拉－普诚保险公司这五家公司基于新发行雇主团体保单保费收入计算的市场份额达到 97%，集中度比 2004 年增加了 3%，而安泰保险公司、西纳金融公司、John Hancock 互助人寿保险公司、大都会人寿、尤拉—普诚保险公司这五家公司基于有效雇主团体保单保费收入计算的市场份额达到 91%，并有进一步集中的态势（如表 5.15 所示）。

表 5.15　　　　　　　　美国雇主团体长期护理商业保险市场份额

		五大保险公司销售总份额	五大公司有效保单总份额
2002 年	主要公司	西纳金融公司、John Hancock 互助人寿保险公司、安泰保险公司、MedAmerica 公司、尤拉—普诚保险公司	加州公职人员退休基金会、西纳金融公司、John Hancock 互助人寿保险公司、安泰保险公司、尤拉—普诚保险公司
	市场份额	96%	85%
2003 年	主要公司	安泰保险公司、西纳金融公司、John Hancock 互助人寿保险公司、大都会人寿、尤拉—普诚保险公司	加州公职人员退休基金会、西纳金融公司、John Hancock 互助人寿保险公司、安泰保险公司、尤拉—普诚保险公司
	市场份额	98%	86%
2004 年	主要公司	安泰保险公司、John Hancock 互助人寿保险公司、大都会人寿、保德信保险公司、尤拉—普诚保险公司	安泰保险公司、西纳金融公司、John Hancock 互助人寿保险公司、大都会人寿、尤拉—普诚保险公司
	市场份额	94%	91%
2005 年	主要公司	安泰保险公司、John Hancock 互助人寿保险公司、大都会人寿、保德信保险公司、尤拉—普诚保险公司	安泰保险公司、西纳金融公司、John Hancock 互助人寿保险公司、大都会人寿、尤拉—普诚保险公司
	市场份额	97%	91%

资料来源：LIMRA，U. S. Group Long – Term Care Insurance Executive Summary. Annual 2002&2003&2004&2005。

总之，美国联邦体制下的各州是独立的，不可能实施类似于德国普遍覆盖全体国民那样的长期护理保险制度，这导致了美国联邦政府只能鼓励长期护理商业保险的发展，以税收优惠等政策鼓励雇主及雇员采取自愿保险的方式，以商业保险公司作为经营主体来减轻人们的长期护理费用负担。

第四节　我国台湾地区的长期护理保险制度

一、我国台湾地区长期护理保险制度的背景

（一）人口老龄化严重

1993 年，我国台湾地区 65 岁及以上人口占总人口比重开始超过 7%，正式进入了老龄化社会。到 2008 年，65 岁以上的人口达到了 239.7 万人，占总人口比重为 10.4%，其中 65～74 岁人口为 136.5 万人，75 岁以上人口为 103.2 万人，老年人口

比重急速增加。2008年，我国台湾地区失能及失智人口约为39.99万人，占总人口（2 303.73万人）比重是1.74%，65岁以上失能人口占比超过了75%。除了老年人口快速增加外，我国台湾地区老年人口的结构还出现了高龄化的趋势。2010年，我国台湾地区平均寿命为79.18岁，其中男性为76.13岁，女性为82.55岁，75岁及以上老年人不论数量还是占总人口比例均呈上升趋势。台湾地区人口老龄化的特征表现为：人口转型的时间短、速度快，人口老龄化呈加速发展态势，65岁及以上人口比重从1980年的4.3%上升到1993年的7.1%，仅用了约13年的时间。

我国台湾地区人口结构老龄化加速，家庭照顾功能逐渐式微，需照顾的失能人口增加，照顾成本加大，老人照顾问题也逐渐由一个家庭问题转变为社会问题。

（二）法律保障

2000年，我国台湾地区推动为期三年的《构建长期护理体系先导计划》，研究了长期护理的不同模式，并开始试点实施。其中先后实施了《加强老人安养服务方案》，主要推广居家护理服务；实施《新世纪健康护理计划》，逐步建立了护理管理制；实施《照顾服务福利及产业发展方案》，将居家服务对象由中低收入人群扩展到一般收入人群，整合病患服务员与居家服务员为护理服务员，并推动照顾服务员丙级护士证照制度。

我国台湾地区先后在2001~2004年、2005~2008年推出了全民健康护理计划第四、第五期，旨在构建长期护理相关作业平台，以利于长期护理财务制度的规划，建立长期护理资源整合与管理机制，发展社区化服务资源，规划长期护理咨询系统，提升身心障碍者医疗复健服务，研修长期护理相关法规与行政组织体系，并规划研究长期护理制度。

我国台湾地区在2002~2004年、2005~2007年相继推出《护理服务福利及产业发展方案》，发展护理服务产业，扩大就业需求，建立护理服务管理机制；引进民间参与机制，执行非中低收入失能老人及身心障碍者辅助使用居家服务试点计划、设置辅具资源中心及医疗复健辅具中心；全面提升机构护理服务品质，建立居家护理服务操作标准，制定各类型护理机构定型化契约范本，保护使用者权益；健全护理人力培训与认证制度，培训护理人力，完成护理服务员职业规范编订检查；适度调整外籍监护工引进政策；排除民间参与障碍，核定通过推动民间参与老人住宅建设推动方案。

2004~2006年，我国台湾地区成立了长期护理制度规划小组，规划长期护理制度。2007年推出了长期护理十年计划，主要服务对象为50岁以上失能者以及慢性病需要协助的独居老人，并确立县市政府提供的服务类型，以便于未来长期护理制度的构建。

2002~2007年，我国台湾地区制定了以服务医疗社区化为目标的《挑战2008：国家发展重点计划》，其主要内容包括社区化长期护理网络和规划自我护理能力缺乏者所需的特殊群体医疗护理网络，以目标管理进行绩效监控，按结果、过程及机构进行研究六年分年绩效指标。

2005~2007年,我国台湾地区为了加强老人生活照顾,维护老人身心健康,保障老人经济安全,促进老人社区参与,其内政部社会司推出了《老人安养计划》,主要包括长期护理与家庭支持、保健与医疗护理服务、津贴与保险、老人保护网络体系、无障碍生活环境与住宅、社会参与、专业人力培训、教育与宣传等。

2005~2008年,我国台湾地区提出了《台湾健康社区六星计划》,发展社区护理服务,旨在预防护理,建立社区护理关怀据点计划,强化长期护理管理中心功能。

2007年,我国台湾地区提出了《长期护理十年计划》,以65岁以上老人、55岁以上山地原住民、50岁以上身心障碍者、仅是工具性日常生活功能失能且独居老人四类失能者为主要对象,以构建完善的长期护理体系为目标,结合民间资源提供服务,建立家庭护理体系,强化长期护理服务人力培育与运用,投入足够的人力财力,建立稳健的长期护理财务制度。

2007~2015年开始实施《大温暖社会福利套案》,涵盖四项策略、十二项重点计划,并推进包含长期护理十年计划在内的重点计划,以应对人口快速老龄化背景下的长期护理需求。

2008年5月,我国台湾地区开始积极规划长期护理保险制度,着手草拟有关长期护理保险制度的两大法案,即《长期护理保险法》和《长期护理服务法》。前者是有关长期护理保险制度设计的相关法案,而后者则作为长期护理服务提供机制的法案。两大法案草拟之际,十年长期护理计划也在同步执行中,以满足此阶段对长期护理服务的需求,并逐渐建立长期护理服务的资源。《长期护理保险法》目标在于结合全民健保,确立财源并提供较完整的护理与安全机制;目的在于整合目前散布的老人福利、卫生医疗、心理疾病等法规,规范长期护理体制的运作,以及制订长期护理服务机构的管理等。2015年6月3日,《长期护理服务法》正式发布,同年6月4日,《长期护理保险法》草案获得通过,标志着我国台湾地区长期护理保险制度的正式建立。

二、我国台湾地区长期护理保险的主要内容

(一)给付方式

根据可负担性、成本效果与费用控制能力、给付的需要性、给付的普及性等,将给付方式分为实物给付及现金给付。开办初期以实物给付为主,现金给付为辅,非涉及专业服务项目如居家服务需照顾者得选择领取现金给付(如表5.16所示)。

在开办初期,按德国模式分为四个等级,中长期以长期护理保险案例组合制定给付与支付标准。其中,以实物给付为主,现金给付的额度低于实物给付,约为津贴额度的30%~40%。

表 5.16　　　　　　　　　中国台湾地区长期护理保险的给付项目

分类	项目
机构式护理	全日型机构护理
社区式护理	日间护理、社区复健
居家式护理	居家服务、居家护理、居家复健、喘息服务
其他服务	交通接送、辅具、营养餐饮服务、无障碍环境改善、护理咨询、免付费护理课程、家庭托付、营养咨询、药师咨询

(二) 管理机构

由于长期护理保险涉及护理专业比较多，并必须与医疗护理相衔接整合，我国台湾地区的长期护理保险的主管机构为其行政院卫生署，健康保险局为长期护理保险的保险人，并由长期护理保险委员会决定给付内容、支付标准，评估需求数量以及费用，长期护理保险争议审议委员会审议争议事项。

(三) 长期护理保险方案的设计

为了提升各级政府职能，兼顾地方政府差异，实现现有长期护理体制无缝的对接，我国台湾地区提出了两个可行方案。方案一为整体护理管理机制，评估与护理计划均由健康保险局主导负责，地方为辅助角色，并鼓励地方发展创新服务方案；方案二的护理机制由健康保险局与县市政府共同分担，评估及判定由健保局负责，护理计划由县市政府负责。按目前的现实情况，方案一比较可行。以全民为参保对象，全民均有缴费义务，个人保费负担较低，全民享有长期护理给付权利，给付对象为老人及身心障碍需要长期护理者及不限年龄或特殊疾病患者，参保人数约为 2 329 万人，失能人数为 44.9 万人，占比为 1.9%。以 40 岁以上国民为参保对象，给付对象为 65 岁以上或 40~64 岁具有老化相关疾病患者，参保人数为 1 088 万人，失能人数为 42.5 万人，占参保人数比例为 3.9%。

财务制度为混合结构，保险费收入占总体费用的 90%，其他部分负担占总费用的 10%。保费分担与政府补助比例如表 5.17 所示。

表 5.17　　　　　　　　　　保费分担与政府补助比率

方案	方案内容		对象	不同政府负担设算 (%)		
	被保险人:雇主:政府			1	2	3
方案一	根据现行全民健保分担比例		保险对象	39	39	37
			投保单位	35	30	30
			政府	26	31	33
方案二	受雇者 30∶30∶40		保险对象	37	37	35
	农渔民、荣眷 30∶-∶70		投保单位	18	16	16
	其他国民 60∶-∶40		政府	45	47	49

续表

方案	方案内容		对象	不同政府负担设算（%）		
	被保险人：雇主：政府			1	2	3
方案三	受雇者 30：30：40		保险对象	39	39	37
	其他国民 60：-：40		投保单位	18	16	16
			政府	43	45	47

其中保费负担方案一是一律 10%，但经济弱势者另有减免，并设定上限；方案二是居家或者社区给付 10%，机构给付 15%，为鼓励所在地养老，机构给付部分负担略高于居家社区给付。

通过低、中、高三种假设条件进行了给付上限、支付标准及现金给付额度的推算（如表 5.18 所示），得出的结果是根据护理等级不断提高，护理时间也会相应延长，护理金额为 200 元/小时～240 元/小时，现金给付占居家护理保险给付的额度也随之提高。

表 5.18　　　　　　　　　　高、中、低三种推断的假设条件

估计	给付水准上限	支付标准	现金给付额度
低估计	需支援 15 小时 一级 25 小时 二级 50 小时 三级 90 小时	每小时 200 元	居家服务保险给付的 30%
中估计	需支援 15 小时 一级 30 小时 二级 65 小时 三级 120 小时	每小时 220 元	居家服务保险给付的 30%
高估计	需支援 25 小时 一级 45 小时 二级 90 小时 三级 150 小时	每小时 240 元	居家服务保险给付的 40%

根据低、中、高三种假设条件测算的 2021 年和 2031 年全民或者 40 岁以上国民为保险对象的长期护理保险保费规模也呈现上升趋势，占 GDP 的比例分别为 0.46%～1.25% 和 0.45%～1.22%（如表 5.19 所示）。

根据上述低、中、高三种假设条件测算了全民方案和 40 岁以上国民方案的长期护理保险保费规模后，再结合前面所列的三种不同费用承担方案测算政府财政需要承担的资金总额（如表 5.20 所示）。

表 5.19　　　　　　　　　　　长期护理保险保费规模

年别	案别	全民方案			40 岁以上国民方案		
		总费用（台币，亿元）	占GDP比重（%）	费率（%）	总费用（台币，亿元）	占GDP比重（%）	费率（%）
2021 年	低估计	731	0.46	0.84	701	0.45	1.68
	中估计	1 045	0.66	1.20	1 001	0.64	2.60
	高估计	1 530	0.97	1.73	1 467	0.93	3.77
2031 年	低估计	1 168	0.61		1 138	0.59	
	中估计	1 667	0.87		1 624	0.85	
	高估计	2 402	1.25		2 341	1.22	

表 5.20　　　　　　　　　　政府财政负担规模　　　　　　　　　　（单位：台币，亿元）

年别	案别	全民方案			40 岁以上国民方案		
		方案一	方案二	方案三	方案一	方案二	方案三
2021 年	低估计	220	327	313	211	313	300
	中估计	314	467	448	302	447	429
	高估计	461	685	657	422	656	630
2031 年	低估计	350	519	498	341	506	485
	中估计	499	741	711	486	722	693
	高估计	720	1 069	1 025	701	1 042	999

为了保证长期保险制度的财务来源具有稳定性和可持续性，同时不增加政府的财政负担，我国台湾地区调整了营业税1%或者开征能源税。为确保财务支出长期维持平衡，避免费率急剧变化，长期护理保险采取了部分提存准备金制度。此外，长期护理保险支付制度依据服务内容、人力、专业要求、特殊地区时段等提出的可行方案包括论个案（人）计酬、论量计酬、混合支付制等内容，同时还进行了性别统计分析，将规划内容纳入了性别观点，并提出了性别影响评估等内容。

（四）其他配套机制

为了配合长期护理保险的规划，我国台湾地区的相关社会政策也做了配合调整。例如：全民健保在组织、医疗、财务、投保、资讯作业等方面做出了调整；劳工保险、国民年金、社会救助等经济安全保障制度也相继做出了调整，与长期护理保险制度相衔接，并强化了健康促进与预防保健，积极维护身心健康，推动建立社区护理关怀据点，截至 2015 年底，共设置了 2 030 个据点；补助中低收入老人补助装置假牙，推动友善关怀老人服务方案，加强推广了志愿服务，建构身心障碍者多元支持与生涯转接服务，办理辅具推广工作。

截至 2015 年底，我国台湾地区的长期护理保险保费收入为 21.05 亿台币，新合同达到 51 000 个,平均保费为 4.13 万台币。

专栏 5.2

台湾地区长期护理服务法修正

2015 年通过的《长期照顾服务法》与之前的相比,进行了四处修正。

[修正] 第十五条（我国台湾地区主管机关应设置长照服务发展基金及其来源）

规定我国台湾地区主管机关要为提供长期照护服务、发展和普及,提升服务品质与效率等设置特种基金。该基金的来源包括:

一、遗产税及赠与税税率从 10% 调增到 20% 以内所增加的课税收入。

二、烟酒税烟品应征税额由每千支（每公斤）征收新台币 590 元调增至 1 590 元所增加的部分。

三、政府预算扩充。

四、烟品健康福利捐。

五、捐赠收入。

六、基金利息收入。

七、其他收入。

基金来源在本法施行二年后检查确保财源稳定。

[修正] 第二十二条（长照机构之设立）

设有机构住宿式服务的第四款、第五款长照机构,应该以财团法人或社团法人（以下合称长照机构法人）来设立。公立长照机构不适用此规定。

之前依照老人福利法、护理人员法及身心障碍者权益保障法设立从事本法所定机构住宿式长照服务的私立机构,除有扩大或迁移等之外,不受第一项法律规定限制。

[修正] 第六十二条（本法施行前已从事长照服务的机关、法人、团体等应该在本法实施后五年内依规定申请）

本法施行前,已按照其他法律规定,从事本法规定的长照服务的机构、法人、团体、合作社、事务所等,仍得依照原法令继续提供长照服务。

[修正] 第六十六条（施行日）

本法自公布后二年施行。

本法修正条文自本法施行之日施行。

第五节　长期护理保险制度国际经验的启示

为应对老龄化严峻形势，美国、日本、德国等发达国家都先后实施了保障老年人口长期护理服务需求的政策措施，而我国现行社会福利和医保制度尚不能解决老年人长期护理服务的巨大需求，国家应在充分考虑国力的基础上，积极借鉴国际经验，建立起老年长期护理保险机制。

一、国际长期护理保险制度的先进经验

（一）更好地满足国民适当的长期护理需求，矫正市场失灵引发的社会不公

长期护理保险制度实施后，实现了长期护理风险的专业化管理，通过公共财源和私有资源的有效集结与运用，使国民面临失能风险需要护理时，能够根据自身偏好与客观支持能力选择最适宜的护理给付组合，而不会因护理等级的轻重、持续时间的长短而产生不确定性，甚至无力加以应对的困境。同时，该制度明确规范了对护理需求者资格的申请、确认及核定等程序，强化护理计划的拟定和护理安全及品质的监查，避免因道德风险而有意延长护理时间，使真正的护理需求者不能够及时获得良好而有质量的护理服务，有效防止了长期护理的假性需求，确保长期护理供求在资讯透明及市场机制作用下有效运行，进而矫正由于市场失灵而引起的长期护理资源使用不公平的问题，提升整体社会民众对失能风险事故预防的功效。

（二）实现长期护理费用筹资多渠道，防止个人贫穷化及缓解政府财政压力

长期护理保险制度构建和机制的良好运作能够有效应对护理风险事故的发生，协助国民减轻护理费用，对护理需求者提供及时有效的护理处置和服务，预防贫穷的发生。在实施长期护理保险制度前，对抗长期护理风险是个体责任，必须依靠个人或家庭的力量，往往造成个人财产耗尽，家人身心疲惫。对于特殊群体，政府又不得不按照一定资格进行相应给付水平的资助，且随着人口老龄化形势加剧，护理需求者大量增加，依赖社会救助的群体也随之增多，社会救助制度中的大部分经费沦为长期护理费用，给个人、家庭和国家带来日益沉重的经济、精神负担，而长期护理保险制度建立后，利用保险原理筹集长期护理费用，实现个人、企业和政府对护理费用的合理分担，并引入市场竞争机制，给护理服务的供给和护理产业的发展提供制度化保障及良好的运作环境，以致护理需求者只须缴纳少量的保险费，以相对较低的负担，即可享领适当而及时的护理给付，保证护理需求者的人性尊严，达到应对个人护理风险的目的。

（三）实现长期护理供给主体多元化，发挥减轻家庭护理负担功能

在家庭结构多元化的现在及未来社会，长期护理制度化发展能够给护理需求者提

供多元而富有弹性的选择，能够选择居家养老或机构养老，享有日间、夜间或者度假代理护理，使得护理提供者能够暂时离开，适当放松其身心压力，进而扩大家庭的支持能力。在实施长期护理保险制度前，照顾老人为家庭责任，但在人口结构老化，家庭结构日趋小型化的趋势下，一旦护理需求事故发生时，如由家人自己照顾，则可能发生家中儿童与老人的护理矛盾，或者双职工家庭因工作事务缠身而不能抽出人力护理家中老人，从而陷入就业与护理老人的两难境地。由此，长期护理需求问题并非只限于能否满足老人的照料需要问题，还涉及护理提供者，从而引起无法估量的经济社会后果。长期护理保险制度构建后，可以使护理需求者摆脱对家庭的完全依赖，在只需缴纳少量保险费的条件下，便有机会选择费用较高的社区、养老院护理。即便选择居家养老、家人照顾，长期护理保险制度也能够采取资助家人的有利政策，如德国给予护理需求者家人一定的现金补助，实施有酬化护理老人，从而协助家庭功能的发挥。因此，长期护理保险制度的构建，能够使长期护理需求者的主观偏好与客观家庭意愿相结合，主观不同意或者客观不允许居家护理者，也有机会选择其他长期护理方式，实现长期护理供给主体的多元化选择。

二、国际长期护理保险制度存在的问题

（一）美国长期护理商业保险制度的弊端

美国通过发展长期护理商业保险，运用市场机制来满足广大中产阶级的长期护理需求，但由于存在短视行为，多数人不愿把护理问题作为需优先考虑的风险。同时，商业保险市场道德风险及逆向选择现象严重，保险公司由于难以控制第三方的医疗费用而可能造成护理费用的失控，进而导致长期护理保险产品价格昂贵，只有少数老人能够买得起。如此一来，原本希望通过市场机制由商业保险来解决部分老人的护理问题，鉴于其保险市场维持在较低的比例，难以达到预期的效果，加上被保险人的未来健康趋势难以预测，对护理持续时间、护理等级变化和利用模式等影响护理费用的因素无法得到合理估算，导致长期护理商业保险处于市场失灵状态，难以应对与日俱增的长期护理社会风险。

（二）德国、日本的长期护理社会保险制度的弊端

社会保险重在强调政府责任，国家需投入大量的资金来确保社会性长期护理保险制度的运行，如日本在长期护理保费中需投入50%的资金。在人口老龄化严重及预期寿命延长的背景下，护理服务时间也相应延长了，按原保险费率筹集而来的资金难以应付这种护理费用的大幅增长，政府又须投入大量的资金进行补充，使国家背上沉重的财政负担，加上受欧洲福利主义思潮的影响，老年长期护理服务成了高标准的发展规范，由此产生了高额的护理费用，进一步加重了财政负担。另外，给付水平的提高必然提高被保险人缴纳的保费，这可能造成代际之间的不公平。譬如，日本倘若提高长期护理保险保费，会导致40～64岁的第2号被保险人之间产生实质上的不公平

现象。此外，长期护理社会保险保障范围狭窄，德国只提供基本的长期护理服务，且给付资格审查非常苛刻，而日本真正的护理对象仅限于在 65 岁及以上因疾病或其他原因造成自理能力丧失的老人，这样可能造成长期护理需求者不能得到必要的适时护理服务。

三、国际长期护理保险制度发展的经验启示

（一）发展长期护理保险需要国家法律法规给予保证

长期护理保险要想得到顺利发展，政府应出台相应的法律法规，明确长期护理保险的服务内容、运行机制和监管体制，严格规范长期护理服务市场。例如，德国不仅颁布了《社会法典》，实施了《社会保障法》、《社会福利法》和《社会保险法》，还专门制定了与长期护理服务相关的《联邦照料法》《负担平衡法》等法律法规。日本在 2000 年专门制定和实施了《长期护理服务保险法》，为 65 岁及以上生活需要照顾的老年人和 40 岁以上生活不能自理的人享受长期护理服务提供了经济上的保障。此外，各国还普遍重视护理资格审查制度、护理人员培训制度、受护理者申诉制度、服务质量检查制度等系列配套设施，对于提高护理服务水平和质量，保障长期护理保险的永续发展有显著推动作用。

（二）发展长期护理服务需要根据本国国情建立适当的运行机制

由于长期护理费用数目巨大，一国应根据本国人口结构、文化背景、生活习惯和经济发展水平等因素建立起适合本国国情的老年长期护理服务筹资模式，坚持多方负担，多方支持，强调老年长期护理费用来源多元化。美国的 Medicare 和 Medicaid 计划主要依靠国家税收实施，以此保障基本水平的老年人口护理服务需求。其他更高水准的护理服务需求则由长期护理商业保险提供，其资金几乎都来源于被保险人缴纳的保险费。德国则发展长期护理社会保险，以政府出资为主，建立了企业、个人和非营利组织共同分摊的运行机制，政府出资兴建公共护理院，以社会援助的方式救助最低生活保障线以下的贫困人群，并承担部分非营利社区组织的服务成本；企业以纳税方式偿付长期护理服务的部分社会成本；个人则要按有关规定比例缴纳长期护理保险费，而非赢利组织积极从社会各界筹集支持资金。

（三）发展长期护理保险需要建立灵活的护理供给模式

由于个人知识背景、思想认识和经济实力的差异，对养老方式的选择不尽相同。纵观国际经验，大多数国家和地区都根据失能人口尤其是老年人对长期护理需求和服务的多样性，在大力发展护理院、养老院、老年康复中心等具有养老性机构的同时，积极倡导社区养老、居家养老，开展家庭病床、社区护理、日间护理、钟点工等服务项目，制定出有利于帮助和鼓励家庭成员承担对老年人护理责任的优惠政策，对接受不同护理服务类型的被保险人，护理保险经办者给予不同的费用补贴（如表 5.21 所示）。我国作为老年人口大国，在未来发展长期护理保险制度的过程中，更应该提倡

社区养老、居家养老等灵活多变的养老模式，实施鼓励社区养老、居家养老发展的长期护理保险费用补贴措施，充分利用旧有资源设施，避免额外的重复投资和成本消耗。

表 5.21　　　　　　　美国、德国和日本长期护理保险制度发展模式

国家\项目	美国	德国	日本
资金筹措方式	国家税收 保费缴纳	保费缴纳	国家税收 保费缴纳
政府责任	约50%的长期护理费用由公共财源Medicare及Medicaid支出，政府责任较德国、日本重	要求雇主和个人各负担50%，政府责任小	政府负担50%责任外，其余保费由劳雇双方共同负担。政府责任较德国大，但较美国轻
财务独立	经费部分来自医疗健康体系	财务独立运作	财务独立运作
护理方案	医疗保健（Medicare） 医疗救助（Medicaid） 商业性护理保险	社会性护理保险	社会性护理保险
资格限制	医疗保健（65岁及以上老年人和残障者） 医疗救助（需经资产审查）	无年龄限制、广泛普及	凡65岁以上老年人均有资格，40~64岁者需符合资格
给付类型	机构护理为主 社区和居家护理相当有限	社区和居家护理为主，机构护理为辅	社区和居家护理为主，机构护理相当有限
给付方式	实物给付（护理服务）	现金给付 实物给付（护理服务）	实物给付（护理服务）
私人费用分摊	居家护理：免费； 专业护理：20天以内免费，20~100天每天105美元，超过100天，全额付费	没有费用分摊要求，但超出公共保险覆盖范围的服务，平均每月自负130欧元	使用者自付费用为10%
护理制度不足	长期护理费用快速增加，财源主要依赖私人部门，缺乏风险分担机制，残补式护理救济将造成贫穷人口增多	高收入者可以选择自由加入与否，风险分散的功能未能发挥到最大	护理人力及设施不足，造成有保险无介护服务，护理给付排除现金支付

资料来源：OECD, Long-term Care for Older People, OECD Health Project, 2005, pp. 22-23。

本章小结

本章共包括五节内容：第一节分别从构建背景、基本内容和发展现状三方面介绍了德国长期护理保险制度的内容；第二节介绍了日本长期护理保险制度的相关法律、筹资机制、给付方式、护理等级、受益人群、保费支付状况及相关法律的修订内容；第三节介绍美国长期护理保险的法律及长期护理商业保险的发展现状；第四节介绍了我国台湾地区长期护理保险制度的法律背景、保障内容、政府责任及最新修订内容；第五节总结了上述国家和地区的发展经验及其对我国的启示。

思考题

1. 长期护理保险制度的发展模式有哪些典型模式？
2. 国外长期护理保险制度的保障及实施情况如何？

第六章

长期护理保险制度建设的国内实践

　　探索建立长期护理保险制度是应对人口老龄化、促进社会经济发展的战略举措，是实现共享发展改革成果的重大民生工程，是健全社会保障体系的重要制度安排。建立长期护理保险，有利于保障失能人员基本生活权益，提升他们体面和有尊严的生活质量，弘扬中国传统文化美德；有利于增进人民福祉，促进社会公平正义，维护社会稳定；有利于促进养老服务产业发展和拓展护理从业人员就业渠道。2016 年 7 月，根据党的十八届五中全会精神和"十三五"规划纲要任务部署，人力资源和社会保障部发布了《关于开展长期护理保险制度试点的指导意见》，将河北省承德市、吉林省长春市、黑龙江省齐齐哈尔市、上海市、江苏省南通市、苏州市、浙江省宁波市、安徽省安庆市、江西省上饶市、山东省青岛市、湖北省荆门市、广东省广州市、重庆市、四川省成都市、新疆生产建设兵团石河子市作为长期护理保险的试点城市，同时将吉林和山东两省作为国家试点的重点联系省份，旨在探索建立以社会互助共济方式筹集资金，为长期失能人员的基本生活照料和与基本生活密切相关的医疗护理提供资金或服务保障的社会保险制度。利用 1~2 年时间，积累经验，力争在"十三五"期间，基本形成适应我国社会主义市场经济体制的长期护理保险制度政策框架。

第一节　上海市长期护理保险的发展状况

一、上海市长期护理保险的实施背景

　　早在 20 世纪 70 年代末，上海市就已经进入了老龄化社会。截至 2015 年末，上海市共有 60 岁及以上老人 435.95 万人，占总人口的比例超过 30%，相比 2005 年分别增加了 169.58 万人、10.36%，比 2010 年分别增加了 104.93 万人、6.77%，说明上海市老龄化程度逐年增幅更大，速度更快。值得一提的是上海市高龄化老人增速迅

猛，80 岁及以上高龄老人数从 2010 年的 59.83 万人增加到 2015 年的 78.05 万人，占总人口比例从 4.24% 提高到 5.41%（如表 6.1 所示）。

表 6.1　　　　　　　　　　上海市近年来人口老龄化情况

年份	总人口（万人）	60 岁及以上		65 岁及以上		80 岁及以上	
		人口数（万人）	占总人口比例（%）	人口数（万人）	占总人口比例（%）	人口数（万人）	占总人口比例（%）
2015 年	1 442.97	435.95	30.21	283.38	19.64	78.05	5.41
2014 年	1 438.69	413.98	28.77	270.06	18.77	75.32	5.24
2013 年	1 432.34	387.62	27.06	256.63	17.92	71.55	5.00
2012 年	1 426.93	367.32	25.74	245.27	17.19	67.03	4.70
2011 年	1 419.36	347.76	24.50	235.21	16.57	62.92	4.43
2010 年	1 412.32	331.02	23.44	226.49	16.04	59.83	4.24
2005 年	1 360.26	266.37	19.58	—	—		
2000 年	—	—		11.53			
1990 年	—	—		9.38			

资料来源：根据各年的《上海市统计年鉴》数据整理计算所得。

根据 2010 年第六次人口普查数据显示，上海市 60 岁及以上老年人失能率达到 15.26%，其中严重失能老年人占老年人口的 4.02%，老年失能率随着年龄增长而增加，80 岁以上老年人的日常活动能力较差，部分失能和严重失能老年人占老年人比例分别为 55.36% 和 75%。与此同时，进入 21 世纪以来，上海市人口增长率都是负的，家庭结构日益小型化，户均人口不足 3 人，说明很多老人不与子女生活在一起。从子女的角度来看，每个就业者需要负担的人数接近 2 个人（如表 6.2 所示），子女花费在长期护理服务方面的时间和资金负担都不断加大，再加上其自身工作压力、护理其子女小家庭的负担都在不断加重，传统的家庭养老功能和护理功能都难以维系下去，必须要有新的护理模式来替代。

表 6.2　　　　　　　　　　上海市人口、家庭、年龄结构状况

指标名称	1990 年	2000 年	2005 年	2010 年	2013 年	2014 年
户均人口数（人）	3.1	2.8	2.7	2.5	2.5	2.5
平均每一就业者负担人数（人）	1.64	1.85	1.94	1.81	1.81	1.83
人口自然增长率（%）	3.51	-1.9	-1.46	-0.6	-0.54	0.32
人口预期寿命（岁）	75.46	78.77	80.13	88.9	90.0	90.3

资料来源：2015 年《上海市统计年鉴》。

在传统家庭养老功能弱化的情形下,社会养老功能就凸显其重要性了。上海市现有的养老服务机构远远不能满足巨大的老年护理需求,截至2014年,全市共有660家养老机构,床位数占60周岁及以上老年人口比例的2.8%,比2010年还降低了0.3个百分点。上海市从2011年开始加大投入公办养老机构建设,力争三年使其床位数占60岁及以上老年人口的2%,考虑到民办养老机构更趋向于接受生活自理能力的老年人入住,尽管床位数增加了,但仍不能满足失能老人入住需求。为此,上海市积极探索建立老年护理保险制度,并大力发展居家护理和社区护理,兴建了大量老年人日间护理服务中心,并相继出台相关的法律政策为今后正式建立长期护理保险制度进行积极有益的探索。

截至2013年底,上海市全年新增养老床位515张,新建老年人日间照料中心25家,新设立社区老年人助餐服务点41个。全市共有养老机构631家,床位108 364张,占本市户籍老年人口的2.8%,其中公办养老机构317家,床位54 254张,占50.1%;社会办养老机构314家,床位54 110张,占49.9%。全市17个区县共有230家社区助老服务社、社区居家养老工作人员3.1万人,年内为28.2万名居家老年人提供社区居家养老服务,占本市户籍老年人口的7.3%,其中为25.9万名老年人提供上门服务。13万名老年人经评估得到服务补贴,约占服务总人数的46.1%,年度补贴资金总额约3.6亿元;15.2万名老年人自费购买服务,约占服务总人数的53.9%;另有1.1万名老年人把养老服务补贴带入养老机构。同时,社区老年人日间照料中心共有340家,为1.2万名老年人提供日间照料服务;社区老年人助餐服务点共有533家,受益老年人6万人。

二、上海市试点长期护理保险的主要内容

上海市近几年相继制定出台了《关于全面推进居家养老服务的意见》《关于进一步深化居家养老服务试点工作的通知》《关于进一步推进深化居家养老服务工作的通知》等规章文件,多次召开全市性工作会议,对长期护理工作进行统一部署、整体规划,从财力、物力上给予资助和扶持,逐步把它从试点探索转变为全面铺开。

(一)相关法律法规

2012年,上海市卫生、财政、人保、医保、民政、红十字会、慈善基金会联合下发《关于做好2012年市政府实施舒缓疗护(临终关怀)项目的通知》,制定了《上海市社区卫生服务中心舒缓疗(临终关怀)科基本标准》,组织项目培训首批共117名医护人员获得了市级培训合格证书。截至2012年底,各试点社区均已完成临终关怀科的注册和病区改建,并已开展住院和居家相结合的舒缓疗护工作。各区县总投入140余万元,共开设舒缓疗护床位218张,收治病房患者30余人次,居家门诊服务60余人次。

2013年发布的《上海市区域卫生规划(2011~2020年)》,要求加快老年护理体

系建设和研究，全市老年护理开放床位共计 17 512 张，并计划完成老年护理医院护理分级标准和老年护理医院安全标准的制定任务。同年，上海市发布了《关于本市开展高龄老人医疗护理计划试点工作的意见》，并制定了相关操作规范和标准，在上海市 6 个街镇进行试点，启动高龄老人医疗护理计划试点。为了进一步推进医养结合工作，在全市 35 家老年护理院试点，开展老年护理院出入院标准的试点工作。2015年，上海市民政局、财政局联合发布了《关于加快推进长者护理之家建设的通知》，旨在进一步推动老年人护理体系建设；全面推行全科团队服务，由全科医师将家庭医生服务覆盖到养老机构，为社区及养老机构内老年人提供上门居家医疗护理服务。

2016 年底，上海市政府发布了《关于上海市长期护理保险试点办法》的通知，按照"分步实施"的原则，在徐汇区、普陀区、金山区三个区先行试点，时间为 1 年左右，择期扩大到全市范围，旨在以社会互助共济方式筹集资金，对经评估达到一定护理需求等级的长期失能人员，为其基本生活照料和与基本生活密切相关的医疗护理提供服务或资金保障。

（二）保障对象及缴费比率

参加长期护理保险的人员包括两种类型：第一类人员是参加上海市职工基本医疗保险的人员，由用人单位和在职职工个人共同承担长期护理保险费，单位按职工医保缴费基数之和的 1% 缴纳长期护理保险费；在职职工个人负担自身医保费基数的 0.1% 缴纳长期护理保险费，目前试点阶段个人支付部分暂免，退休职工不缴费。第二类人员是参加上海市城乡居民基本医疗保险的 60 周岁及以上的人，其筹资水平低于第一类人员人均水平，个人缴费约占总筹资额的 15%，其他部分由市、区各占 1∶1 比例承担。

（三）护理类型和护理等级

上海市针对老年人的护理服务类型有三种：一是社区居家护理服务，由社区养老服务机构、护理站、门诊部、社区卫生服务中心、护理院等基层医疗卫生机构组成，为居家的参保人员，通过上门或社区护理等形式，提供基本生活照料和与基本生活密切相关的医疗护理服务。二是养老机构护理服务，由养老机构为入住其机构内的参保人员提供基本生活照料和与基本生活密切相关的医疗护理服务。三是住院医疗护理，由护理院、社区卫生服务中心等基层医疗卫生机构和部分承担老年护理服务的二级医疗机构为入住在其机构内护理性床位的参保人员提供医疗护理服务。

60 周岁及以上具有上海市户口的老年人参与了长期护理保险的人员均可申请老年护理统一需求评估，根据评估结果获得相应的护理服务。上海市规定护理等级可以通过自理能力和疾病轻重两个维度的得分值决定，分值范围从 0~100 分，分值越高意味着所需要的护理等级越高，护理等级包括正常、护理一级至护理六级共 7 个等级。

（四）护理待遇

上海市规定在长期护理保险试点阶段，暂定 60 周岁及以上、经评估失能程度达到评估等级二级至六级且在评估有效期内的参保人员方可享受长期护理保险待遇。第一类人员和第二类人员的长期护理保险年度分别跟从其职工医保年度或居民医保年度。对第二类人员中享受本市城乡居民最低生活保障的家庭成员以及高龄老人、职工老年遗属和重残人员的个人缴费部分，由政府按照规定给予补贴。

上海市长期护理保险试点规定不同护理等级的护理待遇按照不同类型实施不同的措施。

首先是社区居家护理服务的待遇。根据规定只有评估护理等级为二级到六级的参保人员方可享受，对参保人员在护理评估有效期内发生的社区居家护理服务费用，长期护理保险基金的支付水平为90%。护理等级是二级或者三级的，每周可享受上门护理服务3次；护理等级是四级的，每周可享受上门护理服务5次；护理等级为五级或六级，每周可享受上门护理服务7次，每次护理服务为1小时/次。连续接受居家护理服务1个月以上、6个月（含）以下的，由其自主选择，在规定的每周7小时服务时间的基础上，每月增加1小时的服务时间，或者获得40元现金补助；连续接受居家护理服务6个月以上的，由其自主选择，在规定的每周7小时服务时间的基础上，每月增加2小时的服务时间，或者获得80元现金补助。

其次是养老机构护理待遇。同样按照评估后护理等级是二级至六级的参保人员才能享受，对参保人员在评估有效期内发生的符合规定的养老机构护理服务费用，长期护理保险基金的支付水平为85%。

最后是住院医疗护理待遇。参保人员在住院医疗护理期间发生的符合规定的费用，其待遇按照其本人所参加的本市职工医保或居民医保的相关规定执行，试点阶段将逐步推进参保人员经由老年护理统一需求评估后享受住院医疗护理。

（五）护理需求的评估认定

根据上海市发布的《关于全面推进老年护理统一需求评估体系建设的意见》，老年人护理统一需求评估环节由第三方评估机构（符合条件的评估机构可以提出申请，与市医保中心签订服务协议，成为长期护理保险定点评估机构）实施。上海市各区要培育和组建专业评估机构，以政府购买服务等方式，委托其开展评估。各区级管理平台对老年人的申请进行资格审核后，委托第三方评估机构安排评估团队上门开展评估，形成评估报告和服务建议，反馈至区级管理平台，由区级管理平台安排告知申请人。对评估结果有异议的，可以在收到评估结果之日起30个工作日内申请复核评估，复核评估由区级管理平台委托第三方评估机构安排不同的评估团队实施。对复核评估结果仍有异议的，可以申请终核评估，终核评估由市级评估管理机构指定其他第三方评估机构实施。

一般情况下，老年人的护理需求评估结果有效期最长为2年。对于社区居家护理、入住养老机构或者老年护理机构的老年人，在评估结果有效期内，如身体情况发生变化，可以由申请人（或其法定代理人）或其所在机构提出重新评估申请。上海市各区级管理平台依据评估结果,结合老年人的自主选择,组织进行养老服务分派,梯度提供社区居家老年护理、养老机构、护理院等老年护理服务。

此外,上海市各区级管理平台要通过抽查、问卷调查、第三方暗访等方式,对需求评估情况、轮候转介情况以及服务提供情况等加强监管,确保统一需求评估运行规范有序。上海市民政、卫生计生、人力资源社会保障、财政等部门依托市级系统对各区平台运作情况进行抽查和监督。

(六)护理保险结算办法

长期护理保险费用的结算由上海市人力资源社会保障局统一管理,各区医疗保险事务中心负责初审,之后交由上海市医疗保险事业管理中心负责长期护理保险费用结算的审核、结算和拨付等工作。

个人接受社区居家护理和在一家养老机构住养时发生的长期护理服务费用属于长期护理保险基金支付范围的由定点服务机构记账,自接受服务3个月内向定点护理服务机构申请结算,其余部分由个人自付。定点服务机构则每月在规定时间内向所属区医保中心申请结算。

综上所述,上海市目前实施的长期护理保险制度从2013年覆盖3个区6个街道发展至今已经覆盖全市范围,其以长期医疗护理服务为主,兼顾部分生活护理服务,主要针对拥有本市户籍、70岁以上参加职工医保的高龄老人实施医疗护理保障计划。

第二节 青岛市长期护理保险的发展状况

一、青岛市长期护理保险的实施背景

青岛早在1987年就迈入了老龄化社会,这一时间比山东省提前了7年,比全国提前了12年。随着改革开放和经济社会发展,青岛市人口老龄化日趋严峻。截至2015年末,青岛65岁及以上老年人口达109.71万人,占到总人口的12.06%,其中80岁及以上高龄人口有24.79万人,分别比2010年第六次人口普查时增加了20.32万人、5.34万人。这说明青岛市在"十二五"期间全市老年人口规模持续扩大,老龄化程度进一步提高,与此同时,高龄老年人口增长更快,人口"高龄化"特征更趋明显。

随着人口老龄化的不断加深,慢性病医疗护理管理、失能人员医疗护理等社会需求将不断攀升。根据《青岛市2010年人口普查资料长表数据资料》显示,按每40户抽样4户的数据样本采集显示:青岛市60岁及以上老年人中健康与基本健康的人数占老年人总数的85.9%,不健康和生活不能自理的人数占14.15%。从城乡对照来看,乡村老年人健康状况不及城市老年人,居住在城市的老年人健康与基本健康的人

数占老年人总数的 90.3%，不健康和生活不能自理的人数占 9.7%。居住在乡村的老年人健康与基本健康的人数占老年人总数的 81.4%，不健康和生活不能自理的人数占 18.45%。乡村的老年人中，健康与基本健康的老年人总数比住在城市的低 9 个百分点，农村不健康和生活不能自理的老年人比例比城市的高出一倍，差距明显。说明城乡无论在经济、社会发展还是居民健康方面都存在较大的差距。由此还可以看出，城乡老年人的健康状况都不容乐观。

为增强养老服务能力，应对老龄化带来的社会问题，2012 年 7 月 1 日，青岛市制定出台了《关于建立长期医疗护理保险制度的意见（试行）》，通过社保筹资的方式在全国率先建立了长期医疗护理保险制度。

二、青岛市长期护理保险的主要内容

（一）相关的法律法规

为有效应对人口老龄化带来的挑战，青岛市政府经过周密的调查研究和政策分析及论证评估，率先在全国于 2012 年出台了《关于建立长期医疗护理保险制度的意见（试行）》（青政办字［2012］91 号，以下简称《意见》）。经过两年多的试运行，青岛市政府在总结该制度经验的基础上，在 2014 年 9 月发布了《青岛市社会医疗保险办法》，其中的第三十四条规定建立长期护理保险制度，并明确规定职工长期护理保险资金按照相应比例分别从基本医疗保险历年结余基金和职工基本医疗保险基金中划转；居民长期护理保险资金主要从居民社会医疗保险基金中按一定比例划转。以此为基础，青岛市人力资源和社会保障局陆续发布了《关于印发〈青岛市长期医疗护理保险管理办法〉的通知》（青人社发［2014］23 号），《关于印发〈青岛市人力资源和社会保障局长期医疗护理保险护理服务机构管理办法〉的通知》（青人社发［2014］73 号），《关于规范长期医疗护理保险经办管理有关问题的通知》（青人社发［2014］74 号）。

通过四年的实践，青岛市长期医疗护理保险制度逐步走向了标准化和规范化，并在总结实践经验的基础上不断发展完善。2015 年，青岛市社会保险事业局印发了《关于长期医疗护理保险申办管理有关问题的补充通知》，进一步明确了社区巡护、居家医疗护理和护理院护理的申报标准，同时印发了《关于医疗机构申请承担院护、家护和巡护业务有关问题的通知》，规定了医疗机构申请成为长期医疗护理保险护理服务机构的流程和评定标准，保证了长期医疗护理服务的质量和水平。由此可见，该项制度作为我国唯一的地方政府出台的长期护理保险制度，运行四年来，已经逐渐形成了系统、完整规范的政策制度体系，并在实际运行中取得了很好的效果。

（二）保障对象及资金筹集

青岛市长期护理保险的参保对象为：凡参加城镇职工基本医疗保险、城镇居民基本医疗保险、新农合（2015 年 1 月 1 日实施）的参保人，均应参加护理保险。

2012 年试点期间，长期护理保险基金从医疗保险基金和福彩公益金中按规定划转。基金筹集方式：城镇职工护理保险基金，每月月底以当月职工医保个人账户记入比例划转0.2%资金量的2倍为标准，从医保统筹基金中划转；城镇居民护理保险基金，以上年度城镇居民人均可支配收入为基数，按0.2%比例从医保统筹基金划转，同时市财政每年从福利公益金划转2 000万元；此外，试行第一年医疗保险经办机构设立专门部门统一管理、分账核算城镇职工护理基金和城镇居民护理基金。

2015年，实施医疗保险历年结余基金一次性划转20%作为启动和支持基金；当期的护理保险基金，职工按个人账户计入基金0.5%，每年从医疗保险基金划入约5亿元，城乡居民按当年基本医疗保险筹集总额的10%划入。职工和居民护理保险基金列入财政专户，由社保机构统一管理和支付，分别核算。

（三）结算办法

青岛市长期护理保险对参保人因为年老、疾病、伤残等导致人身某些功能全部或部分丧失，生活无法自理，需要入住医疗护理机构或居家接受长期医护照料的相关费用给予相应的补偿。

医疗护理费用包含医药耗材等，实行按床包干管理。护理机构和社保机构结算的日包干标准为支付方式按每床日包干定额管理的办法，分三个标准：一是对入住定点护理机构或居家接受医疗护理照料的参保人，每床日定额包干费用为60元；二是在二级医院接受医疗专护的参保人，每床日总费用定额包干费为170元；三是在三级医院接受医疗专护的参保人，每床日总费用定额包干费为200元。

在医疗护理费用支付方面：对于职工，统筹的护理基金支付90%、个人负担10%；学生、儿童和按一档缴费的居民，统筹支付80%；按二档缴费的居民只享受巡护，统筹支付40%。护理机构结算数额包括在包干总额范围内，根据不同患者的病情实施治疗和护理，不得将其包干给每个患者。

（四）护理服务类型

青岛市将长期医疗护理服务细分为专护、院护、家护、巡护四类。2015年之前长期护理服务只有专护、院护、家护。经过四年实践发现，偏远地区或者村镇的参保人很难获得满意的护理服务，于是从2015年开始新增加了巡护。

第一类是专护，是指参保人病情较重，经重症监护室抢救或住院治疗病情已稳定，但需长期保留各种管道或依靠呼吸机等维持生命体征，需在二、三级医院病房继续接受较高医疗条件的医疗专护。

第二类是院护，是指参保人长期患各种慢性重病、长年卧床、生活无法自理，需入住具有医疗资质的养老机构接受长期医疗护理。

第三类是家护，即居家护理，是指根据部分参保人家庭实际和家属意愿，在家庭或没有医疗资质的养老院居住，由具备相应资质的社区护理机构的医护人员登门实施医疗和护理。

第四类是巡护，是指在医疗护理资源不足的农村地区，或者不具备享受家护条件的失能参保人,由社区护理机构或村卫生室提供定期巡诊(护)服务。

青岛市长期护理保险不设起付线,专护医疗护理费由护理保险基金报销90%,院护和家护医疗护理费由护理保险基金报销96%。各项费用根据"定额包干结算、结余留用、超支不补"的办法按床日结算。根据前期多年试点数据,目前,在二、三级医院专护分别按每床日170元、200元标准结算,院护和家护按每床日60元标准结算。

(五) 申请程序

青岛市的护理保险受益人群是因年老、疾病、伤残等失去自理能力需接受护理的参保人。申办流程大致分为三个步骤:

第一,参保人申请。参保人需办理长期医疗护理、医疗专护或居家医疗护理照料服务,由本人或其家属携带相关病历材料、社会保障卡和身份证,向定点护理机构提出申请,并填写"青岛市长期医疗护理申请表"。

第二,护理机构评估与网上申报。定点护理机构接到申请后,应按规定安排医保执业医师对申请人病情和自理情况进行现场审核,并按照"日常生活能力评定量表"评定标准进行初步评定。

针对低于60分(不含60分)的,按规定及时为申请人进行网上申报,并将申请人的病情和生活能力评定情况等信息传送至社会保险"一体化"管理系统;高于60分(含60分),以及低于60分但没有慢性疾病明确诊断的,不得进行网上申报。

第三,社保经办机构核准。社会保险经办机构或委托的第三方(以下统称经办机构)自收到定点护理机构提报的网上申请后5个工作日内提出审核意见;需现场审核的,自收到定点护理机构提报的网上申请后10个工作日内提出审核意见。经办机构在对申请人进行现场调查核实时,定点护理机构及申请人家属应当予以协助。审核通过的,审核通过日期即为核准建床的起始日期,有效期为一年。

定点护理机构应在核准建床起始日期7日内为申请人建床,提供医疗、护理服务,并在建床之日起3日内及时办理网上登记。因申请人的原因,未在规定时间办理网上登记的,网上登记之前所发生的费用由本人负担;因定点护理机构未按时办理的,其费用由定点护理机构承担。

参保人因病或其他原因需暂停或结束长期医疗护理治疗的,可随时办理撤床手续。参保人在核准的有效期内需再次进行长期护理治疗的,可直接到原护理治疗的定点护理机构办理建床手续;有效期满的,应按上述流程重新提出申请和审核。

(六) 护理评估及监督

青岛市要求必须建立长期护理服务评估管理制度,对参保人接受长期护理服务从申请、使用、结束长期护理三个环节进行评估并进行相应的监督管理。

首先,护理服务机构应建立护理服务综合评估制度,对收治的失能患者进行综合评估。综合评估内容包括基本情况评估(如性别、年龄、过敏史、家族史等)、生活状况评估（如饮食、睡眠、排便、排尿等）、生命体征评估（如体温、脉搏、呼吸、血压等）、心理社会评估（如情绪、思维等）、跌倒风险评估（如自理能力、肢体活动、跌倒史等）、体格检查（如皮肤黏膜、呼吸系统、生殖系统等）、置管与治疗情况（如胃管、尿管、造瘘管等）七个方面，评估人员同时填写"护理服务对象综合评估表"。通过综合评估，明确失能患者主要的健康问题和医疗护理服务需求。综合评估结果作为护理服务机构为失能患者制定个性化护理服务计划的重要依据。

其次，护理服务机构应根据护理服务综合评估结果，为失能患者制定个性化的护理服务计划。护理服务计划应包括患者需要护理的主要问题、采取的具体护理措施、家护和巡护护理服务时间频次、预期的护理目标等。护理服务计划可由医、护人员制定，也可由医生、护士、护理人员、营养师等组成的团队制定，同时填写"护理服务计划与评价表"。护理服务机构要严格按照制订的个性化护理服务计划为失能患者提供医疗护理服务。

护理服务机构要严格执行护理服务计划，不断规范护理服务行为，认真记录患者生命体征、给药护理、口腔护理、皮肤护理、排痰护理、管道护理等具体护理内容及过程，填写"护理记录单"，严格执行药品、医用耗材发放患者及家属签字制度，填写"药品、医用耗材发放记录单"。护理服务计划执行人员在执行过程中发现的问题应及时反馈给计划制订者或制订团队。护理服务机构应对护理服务计划执行情况适时进行评价，根据评价结果及时进行修订完善，不断调整优化护理服务内容，同时填写"护理服务计划与评价表"。评价时间最长不得超过三个月。

最后，护理服务机构应建立患者满意度评价制度，每季度结算时对医护人员为患者提供的医疗护理服务进行患者满意度评价，并将患者满意度评价结果与医护人员考核挂钩，对满意度评价过程中发现的问题及时进行整改完善。社会保险经办机构对护理服务机构提供的医疗护理服务情况进行患者满意度抽查，每年至少随机抽查2 000名患者或者家属，患者满意度评价结果同时纳入护理服务机构考核范围。患者满意度评价采取问卷调查、电话随访、入户探访、投诉举报等不同形式。

护理服务机构应将失能患者的综合评估结果、主要健康问题、主要的医疗护理问题、具体的护理服务计划、具体的护理服务频次时间、护理服务效果等内容告知患者或家属，并实行签字制度；应将护理服务综合评估制度、制订个性化护理服务计划制度、护理效果评价制度以及患者满意度评价制度等标准化管理内容和工作流程统一上墙公布，主动接受患者、家属和社会监督。

三、青岛市长期护理保险基金运行状况

青岛市长期护理保险从2012年试行以来，根据"跟随医疗保险"原则，率先在全国开启了长期医疗护理保险制度。培育了包括针对重症失能老人依托二、三级医院建立"医疗专护"模式、针对终末期及临终关怀老人依托养老护理院建立"护理院护理"模式、针对居家失能老人依托社区医疗机构建立登门服务的"居家护理"模式、针对农村失能老人依托村级卫生室建立"社区巡护"模式在内的四种模式。

参保人员从最初的城镇职工、城镇居民扩大到新农合（2015年1月1日实施）的参保人。截至2015年，青岛市在床护理人数为1.8万人（95%以上为老年人，平均年龄在80岁左右），其中在二、三级医院接受医疗专护的有597人，在有医疗资质的养老机构接受长期医疗护理的有1 431人，居家及在没有医疗资质的养老院居住接受定点社区医疗机构的医疗护理照料的有1.6万人。在此之前，老人只能住进医院才能接受长期护理服务，由此引发的"社会性入院"造成巨额护理费用导致基本医疗保险支出压力过大。实施长期护理保险后床位日平均费用是60多元，比基本医保住院费用降低了很多，在很大程度上缓解了基本医疗保险基金的运行压力。从实际结算情况来看，长期护理保险现有的四种护理服务方式平均个人负担比例仅是8.9%，个人和家庭的经济负担大为减轻。老人尤其是失能老人可以享受到专业、完善的医疗护理服务，从而改善了老人的生活质量。

专栏6.1

山东省长期护理保险制度

山东省在2017年4月发布了《关于试行职工长期护理保险制度的意见》（鲁政办字〔2017〕63号），正式开启了山东省职工长期护理保险试点工作。本着"以人为本、基本保障、责任分担、因地制宜、机制创新和统筹协调的基本原则开展试点工作，并计划利用3年左右的时间在全省全面建立职工长期护理保险制度。

一、保障内容及筹资机制

参加职工基本医疗保险的职工和退休人员均可参保，资金通过职工医保统筹基金、单位补充医保资金、个人缴费及财政补助、福彩公益金等渠道解决。其中，个人缴费不低于筹资总额的30%，个人缴费可从职工个人医保账户代扣。职工长期护理保险重点保障长期处于失能或半失能状态的参保人员日常生活照料和与基本生活密切相关的医疗护理等所需服务费用。

二、保险待遇标准

按照机构护理、家庭护理等不同形式、不同护理等级、不同护理服务方式等制定差别化的待遇保障政策，原则上规定范围内的护理服务费用支付标准掌握在75%左右。职工长期护理保险资金支付协议护理服务机构和人员为参保人员提供的符合规定的长期护理服务费用，可对保障对象发生的护理服务费用进行直接补偿或通过购买方式向提供服务的机构或护理人员支付费用。护理服务费用由护理保险资金和保障对象个人按比例或按定额分担，对贫困人员可以给予适当照顾。

续专栏 6.1

三、管理服务

（一）资金管理

职工长期护理保险统筹层次原则上与职工医疗保险相一致，要在职工基本医疗保险基金中单独管理，专款专用。

（二）服务管理

各市要建立健全对护理服务机构和从业人员的协议管理和监督稽核等制度，同时建立长期护理需求认定和等级评定标准体系，制定待遇申请和资格审定及变更等管理办法。对护理服务费用支出，探索实行总量预算控制下的复合式付费方式和结算办法。

（三）经办管理

各市要加强长期护理保险经办管理服务能力建设，鼓励各地通过探索购买服务、委托管理以及定制护理服务和护理产品等多种实施路径、方法，在确保资金安全和有效监控的前提下，与具有资质的商业保险机构等社会力量合作，提高经办管理服务能力。同时，加强信息网络系统建设，提高经办管理质量和效率。

四、相关配套设施

（一）加强与其他保障制度之间的统筹衔接

搞好与其他社会保险制度在筹资、待遇等方面的政策与管理衔接。对应由现有社会保障制度和国家法律法规规定支付的护理费用，已经纳入残疾人保障、军人伤残抚恤、精神疾病防治等国家法律规定范围的护理项目和费用，长期护理保险资金不再给予支付。

（二）积极促进长期护理服务市场的发展

积极推进公立护理服务机构等护理服务体系建设，引导社会力量、社会组织参与长期护理服务；积极鼓励和支持长期护理服务机构和平台建设，促进长期护理服务产业发展；充分利用促进就业创业的政策和资金，鼓励各类人员到长期护理服务领域就业创业；加大对护理人员的职业培训力度，按规定落实职业培训补贴政策，逐步探索建立长期护理专业人才培养机制；充分运用长期护理保险费用支付政策对护理需求和服务供给资源配置的调节作用，鼓励护理对象的亲属、邻居和社会志愿者提供护理服务。

（三）探索建立多层次长期护理保障制度

积极引导发挥社会救助、商业保险、慈善事业等的有益补充，解决不同层面护理需求；鼓励探索老年护理补贴制度，保障特定贫困老年人长期护理需求，发挥其"兜底"作用；鼓励商业保险机构开发适销对路的保险产品和服务，发展与长期护理社会保险相衔接的商业护理保险，满足多样化、多层次的长期护理保障需求。

第三节 长春市长期护理保险的发展状况

一、长春市长期护理保险制度的实施背景

吉林省在2003年步入老龄化社会,比全国时间稍晚。长春市在2003年65岁及以上人口占总人口比重达到7.1%,其中城镇65岁及以上人口在2002年为7.2%,农村在2005年达到7%,说明目前长春市城乡已经先后进入老龄化阶段[①]。截至2014年底,长春市户籍人口为754.7万人,60岁及以上老年人口共131.6万人,占户籍人口的17.4%。同年,长春市医保参保人员因病需要一级医疗护理超过9万人,且主要集中在省级医疗机构。目前"4+2+1"的家庭结构已经越来越难以承担失能人员的护理问题。因此,"一人失能,全家失衡"的现象逐渐成为社会共性问题,失能老人的日常照料和医疗护理,已经成为亟待解决的社会问题。

在此背景下,长春市于2015年5月1日推出了"失能人员医疗护理保险",因病、因老失能人员通过机构评估后将可在医院、养老院享受医疗护理服务,由此产生的费用将由医疗护理保险分担。

二、长春市长期护理保险的主要内容

(一)相关的法律法规

2015年3月,长春市人力资源和社会保障局发布了《长春市失能人员医疗护理保险实施办法(试行)》,对失能人员鉴定标准、医疗护理申报流程、护理保险财务管理及护理服务管理等内容作了相关规定。

2015年5月实施的长春市人民政府办公厅发布的《关于建立失能人员医疗护理保险制度的意见》,针对保障对象、资金筹集与支付标准、医疗护理服务供应商等问题做了详细规定。

(二)保障对象

目前,长春市失能人员医疗护理保险保障的对象是城镇职工基本医疗保险和城镇居民基本医疗保险的参保人员。基本医疗保险未参保、中断参保或自行终止参保缴费的,不享受医疗护理保险的相关待遇。未参保、中断参保后重新参保的,应按有关规定补缴基本医疗保险费,自享受基本医疗保险统筹基金支付待遇起,同时享受医疗护理保险待遇。

享受医疗护理保险待遇的参保人需符合以下条件之一:一是入住定点的养老或护

---

① 李辉:"长春市城乡人口老龄化与老年社会保障问题研究",《人口学刊》,2006年第4期,第9~13页。

理医疗护理机构,生活自理能力重度依赖的人员。二是因疾病入住定点的医院医疗护理机构,符合启动医疗护理保险病种条件,住院期间医疗费用超过基本医疗保险住院起付线且生活自理能力重度依赖的人员。三是癌症晚期舒缓疗护患者及其他符合有关规定的人员。

生活自理能力重度依赖人员包括三种情形:一是按照"日常生活活动能力评定量表"评定分数低于(含等于)40分的人员;二是按国家《综合医院分级护理指导意见(试行)》确定的符合一级护理条件且生活自理能力重度依赖的人员;三是体力状况评分标准(卡氏评分 KPS)低于(含等于)50分的癌症晚期患者。

(三)资金筹集

长春市失能人员医疗护理保险资金主要通过调整基本医疗保险统筹基金和个人账户结构进行筹集,用人单位和个人不需单独缴费。医疗护理保险资金按照划拨来源,分为城镇职工医疗护理保险资金和城镇居民医疗护理保险资金两部分,实行统一管理、分账核算、统一支付。医疗护理保险资金出现超支时,由长春市人力资源和社会保障部门会同财政部门按程序报长春市政府,研究确定财政分担办法。一是医保基金的划转标准与方式。参加城镇职工基本医疗保险的,在参保人员缴费到账的同时,由医保基金按比例划转。其中,参加统账结合医疗保险的,以当月职工医保缴费工资基数为标准,分别从职工医保个人账户中划转 0.2 个百分点、统筹基金中划转 0.3 个百分点,列入城镇职工医疗护理保险资金;参加住院统筹医疗保险的,从医保统筹基金中划转 0.5 个百分点,列入职工医疗护理保险资金;参加城镇居民基本医疗保险的,从城镇居民基本医疗保险统筹基金中按每人每年 30 元标准进行划转,列入城镇居民医疗护理保险资金。划拨标准视资金运行情况适时调整。二是划拨一次性启动资金。2015 年作为医疗护理保险制度启动的第一年,从城镇基本医疗保险统筹基金历年可用结余中一次性划拨 10%,作为医疗护理保险制度运行的启动资金。此外,各级政府可根据当年医疗护理保险资金收支情况,给予一定补贴。

(四)结算办法

长春市失能人员医疗护理保险费用按照实际医疗护理日实行按日定额包干的办法进行结算。护工劳务费、护理设备使用费、护理日用品等费用由市医疗保险经办机构按照全市市场抽样平均价格或市政府采购平台采购价格确定。

(五)申请程序

参保人员需要办理医疗护理待遇手续的,由本人或其代理人携带相关病历材料、社会保障卡和身份证向定点医疗护理机构医疗护理保险管理部门(科、室)提出申请,填写"长春市医疗护理保险申请表",定点医疗护理机构接到申请后,应按规定安排医保执业医师对申请人病情和自理情况进行现场初审,初审合格后,按规定及时为申请人进行网上申报,并将申请人病情和生活自理能力评定情况等信息传送至医疗保险经办机构。经医疗保险经办机构现场或网上审定后,即可享受医疗护理保待遇。

入住定点的养老或医疗护理机构享受长期医疗护理保险人员每次待遇审批期为半年；因疾病享受短期医疗护理保险的参保人员，其医疗护理待遇享受期与住院治疗医疗一级护理期相同。

参保人员因病情好转或其他原因需停止医疗护理保险待遇的，可随时办理医疗护理保险结算手续。定点医疗护理机构应按照医疗护理保险资金支付比例及时与参保人结算，并打印"长春市医疗护理保险费用结算单"，费用结算单需由本人或代理人签字确认。

参保人员在核准的有效期内需要变更或者延续医疗护理保险的，需按上述流程重新申报。

（六）护理保险管理与监督

失能人员医疗护理保险管理由长春市医疗保险经办机构执行，其与定点医疗护理机构实行协议管理，通常协议有效期为一年。定点医疗护理机构应当根据人员、设备等情况以及承办能力合理安排和承接医疗护理保险业务，确保参保人员医疗护理服务质量，原则上每位专业护工同期管理的医疗护理人数应不少于3人且不超过5人；应加强医疗护理保险参保人员管理，建立医疗护理档案和分时段护理记录，建立医疗护理保险建撤床登记簿和在床人员一览表。医疗护理结束后，应将参保人员的"申请表"、"评定量表"与在床期间的医疗护理记录、报告等材料一并保存。如果发现定点医疗护理机构通过伪造病历、降低评定标准等手段，将不符合办理条件的参保人员纳入医疗护理保险结算的，应当按照医疗护理保险有关规定和服务协议进行处理，直至取消定点医疗护理资格。

医保经办机构应定期或不定期对在床人员和医疗护理治疗情况进行检查，对于定点医疗护理机构违反有关规定和服务协议所发生的费用，经查实后，在与定点医疗护理机构月结算的拨付额中予以扣除。

三、长春市长期护理保险基金运行状况

2015年长春市实施失能人员医疗护理保险制度以来，逐渐将参保的85周岁以上、90周岁以下未完全失能老人全部纳入医疗护理保险范围，入住定点养老机构的床位费给予50%补偿；把参保的90周岁以上老人全部纳入医疗护理保险范围，部分失能、未失能的老人按照现行失能人员医疗护理保险全部待遇标准的70%享受待遇。目前，此项政策将惠及全市8万余名参保老人。

与此同时，为了进一步降低老年人的医疗费用负担，长春市明确规定参加居民医疗保险的85周岁以上老人（含85周岁）住院（不分医院级别）治疗，起付线降低到每次均为100元，支付比例提高为起付线以上、1万元以下为75%，1万元至5万元为80%，5万元至16万元为85%。

另外，长春市还建立了生命晚期舒缓疗护制度，将晚期癌症、终末期脑出血和脑梗塞纳入首批治疗病种，把治疗、护理、心理安慰等项目整体打包，实行单病种付费。参保患者通过定点医院舒缓疗护诊区就诊，经评估符合标准即可入住舒缓疗护病房。个人只需支付住院起付线标准的费用，就可享受舒缓疗护待遇。

第四节 部分试点地区长期护理保险发展的经验

纵观上述试点地区，我们不难发现其出台并实施的长期护理保险制度差异明显，通常与当地人口老龄化程度、医疗护理成本上升、护理服务社会需求量大等因素息息相关。未来，随着我国人口老龄化趋势不断向纵深方向发展，失能人员尤其是失能老人长期护理问题将成为各地方政府及全国都将面临的突出性民生问题，试点地区的探索将为全国性长期护理保险制度的构建提供有益的尝试和参考。

一、部分试点地区长期护理保险制度的差异

上海市、青岛市和长春市三大城市作为较早开展长期护理保险实践的地区，基本都遵循了跟随基本医疗保险制度的原则，覆盖人群除上海外，长春和青岛规定保障对象均为职工医保和居民医保的参保人群，在统筹层次上基本采取市级统筹，县区经办机构负责参保登记和申请受理等事务性工作，基金管理和核心业务都由市级经办机构负责。三个城市的长期护理保险制度在筹资方式、保障内容、给付水平和失能认定及鉴定等方面均有不同程度差异。

（一）筹资方式差异

在长期护理保险的筹资机制中，上海市、长春市和青岛市都主要依托医疗保险基金进行筹资，目前尚未需要个人缴费和政府财政投入，但其具体实施存在较大差异。首先，在启动基金方面，长春市和青岛市均采取一次性划转一定比例基本医疗保险结余基金作为启动基金，长春市划转城镇职工基本医疗保险统筹基金结余的比例为10%，青岛市划转职工医保基金的比例为历年结余的20%。其次，调整了医疗保险统筹基金和个人账户方式筹资，单位、个人和政府财政均不缴费，其中长春市采取参保人个人账户0.2%和统筹基金账户0.3%分别划转的结构，无个人账户的职工医保参保人和城镇居民参保人都由统筹基金划拨资金。青岛市则采取职工医保从统筹基金原本划入个人账户份额中切割0.5%，居民则从统筹基金中划入。上海市尚未建立专门的长期护理保险基金，而是将其混入医疗保险统筹基金中（如表6.3所示）。

（二）保障内容差异

第一，护理待遇保障内容通常包括床位费、护理服务费、设备使用费、耗材费

表 6.3　　上海、青岛和长春市长期护理保险制度筹资方式差异

城市	上海市	青岛市	长春市
制度名称	高龄老人医疗护理保障计划	长期医疗护理保险	失能人员医疗照护保险
筹资来源	职工医保基金	1. 启动资金：职工医保历年结余基金一次性划转 20% 2. 职工医保：统筹基金每月个人账户月计入基数 0.5% 3. 居民医保：当年医保筹集总额的 10%	调整医保统筹基金和个人账户结构，用人单位和个人不单独缴费： 1. 启动资金：一次性划转城镇基本医保统筹基金历年结余的 10% 2. 职工医保参人：统筹结合，从个人账户划转 0.2%，统筹基金中划转 0.3%；住院统筹的，从医保统筹基金中划转 0.5% 3. 城镇居民医保，统筹基金按 30 元/人/年算

资料来源：根据各大城市的资料汇总整理所得。

等。长春市和青岛市的以医疗护理服务为主，增加了部分必需的生活护理；上海则较两者包含更多的生活护理服务。青岛市除巡护费外还包含了药品费。第二，护理待遇基本采用了给付服务的方式。上海市实施纯居家护理服务；长春市实施纯机构护理服务；青岛市则实施机构服务（专护和院护）和居家护理服务（家护和巡护）相结合的方式，鼓励居家护理方式（如表 6.4 所示）。

表 6.4　　上海、青岛和长春市长期护理保险制度保障内容差异

城市	上海市	青岛市	长春市
制度名称	高龄老人医疗护理保障计划	长期医疗护理保险	失能人员医疗照护保险
支付范围	1. 护理内容：基础护理、常用临床护理及相应护理指导（医疗护理和生活照料） 2. 给付标准：每次上门服务时间 1 小时，轻度或照护二级每周上门 3 次，中度或照护三、四级老人每周上门 5 次，重度或照护五、六级老人每周上门 7 次	1. 护理形式：医疗专护、护理院护理、居家医疗护理和社区巡护 2. 护理内容：生命体征检测、给药；医疗护理服务；处理管道、造瘘护理、吸痰护理、压疮预防和护理、换药、膀胱冲洗、口腔护理、床上洗发、擦浴等；采集送检样本；指导吸氧机和呼吸机使用；处理病情变化病人；相关营养、心理、康复及卫生宣教；临终关怀等	护理机构床位费、护工劳务费、护理设备使用费、护理日用品、舒缓治疗费等
待遇形式	居家护理	机构和居家护理服务	机构护理服务

资料来源：根据各大城市的资料汇总整理所得。

（三）付费方式和待遇水平

从三个城市的实际情况看，付费方式均按照居家护理服务和机构护理服务分开制

定，除长春市对医院提供的短期护理服务采取按病种付费外，长春市和青岛市对于机构护理服务通常按床日付费。对于居家护理服务，则分为按项目付费、按日付费或按年付费两种方式，如上海市按照项目按次付费；青岛市采取按日和按年两种付费方式，对居家医疗护理服务采取按日付费，对社区巡护采取按年付费的方式。

待遇方面，对依托基本医疗保险筹资的上海市、青岛市和长春市，作为基本医疗保险待遇的延伸，其待遇水平均在80%以上，其中青岛市由于采取两档实现城乡居民医保整合，所以对一档、二档缴费采取不同的报销水平（如表6.5所示）。

表6.5　　　　上海、青岛和长春市长期护理保险制度保障内容差异

城市	上海市	青岛市	长春市
制度名称	高龄老人医疗护理保障计划	长期医疗护理保险	失能人员医疗照护保险
支付方式	按次	医护、院护、家护、巡护	养老或护理机构按床日付费；定点医院按病种补偿
结算标准	居家医疗护理服务（医疗照护员）的收费标准为65元/次，居家医疗护理服务（执业护士）的收费标准为80元/次	医疗专护170元/日，护理院医疗护理65元/日，居家医疗护理50元/日 社区巡护：1 600元（职工及居民一档）；800元（二档）	医疗护理112元/日，日常照料107元/日
报销比例	90%	职工90%；一档缴费居民80%；二档缴费居民40%	职工：90% 居民：80%

资料来源：根据各大城市的资料汇总整理所得。

（四）资格条件和认定程序

青岛市和长春市的长期护理保险制度都针对长期卧床6个月以上的重度失能人群提供保障，其中长春市针对入住定点养老、护理机构或定点医院且符合病种条件的重度失能人群及癌症晚期舒缓医疗护理患者；青岛市则将重度失能作为先决条件，同时对各个护理服务等级分别设定医学条件。上海市建立了老年照护统一需求评估体系，对轻度、中度和重度失能人群都提供护理待遇。目前，只有上海市出台了老年照护统一需求评估体系（详见附录1），长春市还将《综合医院分级护理指导意见（试行）》一级护理条件和卡氏评分KPS的癌症晚期患者视作重度失能人群（如表6.6所示）。

表6.6　　　　上海、青岛和长春市长期护理保险制度护理资格认定机制

城市	上海市	青岛市	长春市
制度名称	高龄老人医疗护理保障计划	长期医疗护理保险	失能人员医疗照护保险

续表

城市	上海市	青岛市	长春市
待遇资格条件	上海市老年照护统一需求评估；70岁以上老年人	长期卧床已达或预期达6个月以上，生活完全不能自理，病情基本稳定，《日常生活能力评定量表》评定低于60分（不含60分），且符合规定条件	1. 入住养老或护理机构，生活自理能力重度依赖他人 2. 因疾病入住定点医院，符合病种条件，住院期间医疗费用超过基本医疗保险住院起付线且生活自理能力重度依赖的人员 3. 癌症晚期舒缓治疗患者 4. 其他
重度失能标准	—	"日常生活能力评定量表"评分低于60分（不含60分），且符合规定条件	满足任意一项即可： 1. "日常生活活动能力评定量表"评分低于（含等于）40分 2. 《综合医院分级护理指导意见（试行）》一级护理条件且生活自理能力重度依赖 3. 卡氏评分KPS低于（含等于）50分的癌症晚期患者
资格认定程序	市县医保经办机构受理；医疗机构评估	本人或家属向护理机构提出待遇申请，护理机构入户评估与网上申报，经办机构核准	定点机构初审，医保经办机构复核

资料来源：根据各大城市的资料汇总整理所得。

目前，上海市、青岛市和长春市对有失能护理需求的人群实施申请、初评、复核三个步骤的资格认定。上门初评方面，青岛市和长春市都由护理服务机构实施，上海市则由社区医疗机构实施。最终核准机构方面，青岛市和长春市均有医保办机构复核核准。

二、部分试点地区长期护理保险制度发展的经验

（一）政府重视，出台相关政策

中华民族具有"养儿防老"的传统观念，同时由于养老机构、医疗护理机构费用成本高企，老年人由于收入能力下降等原因更倾向于选择居家养老，但对于我国目前"4+2+1"为主的家庭结构而言，迫于工作、经济等压力很难为失能老人提供居家护理服务。为此，很多试点地区政府积极出台扶持政策，全力推动居家养老服务的开展。除了上述试点地区，北京市、大连市、广州市和南京市等地也都出台了相关的政策性文件，对居家养老进行部署和试点探索。

（二）制定失能人员划分标准，实施分类补贴

试点地区几乎都制定了不同的失能人员划分标准，根据实际情况将老人按经济收

入、身体状况、家庭状况分成不同类别，然后确定政府补贴的不同标准，其中对部分高龄老人、生活不能自理老人、有特殊贡献老人及特困老人，愿意在家中养老的，由政府采取发放补贴的方式实施上门包护服务。对身体健康、有经济支付能力的老人采取低偿、优惠提供社区服务或上门包护服务。上海市对享受低保或经济困难、生活不能完全自理的老人，每人每月补贴 10 元～250 元；对优抚对象、劳动模范等有特殊贡献且生活不能完全自理的老人每人每月补贴 150 元～250 元；对百岁以上的高龄老人每人每月补贴 10 元。

（三）地方政府主导，机构运作

试点地区普遍采用政府主导、社会参与、中介组织或服务实体承办的运作方式，推动长期护理服务的开展。各地重视发展非营利性的社区服务机构或中介服务组织，为老年人提供居家养老服务。这些机构或组织有良好的群众基础，能够针对不同情况及时为老年人提供不同的服务。例如，上海市建立和完善了多层次、多形式、广覆盖的市、区（县）、街道（乡镇）三级居家养老服务网络，在政府宏观指导下由各类服务机构负责居家养老服务的运作。

（四）护理内容和方式多样

各试点地区根据老年人在身体状况、心理素质、生活习惯、文化环境等方面的差异，在护理服务内容和服务方式上，尽量做到供求相应、因人而异、丰富多彩、灵活多样。各地普遍利用社区"星光老年之家"为空巢老人、平时子女无力照顾的老人开展日间照料服务；利用闲置的劳动力资源和志愿者资源为行动不便的老年人上门提供洗衣做饭、清洁卫生、代购物品、帮助户外活动等服务；利用社区医疗卫生站点为有病的老人提供医疗康复、护理保健、开设家庭病床等服务；利用专业护理人员和专业社工为老年人提供聊天谈心、心理疏导、读书念报、信息咨询等服务。

（五）评估绩效，强化监督

各地加强对长期护理服务机构、服务人员和服务质量的管理，普遍推行全员（服务对象、服务人员）和全过程的质量控制，强化检查监督。许多地方订立了行之有效的规章制度，规范长期护理服务运作。有的聘请中介组织或专业机构作为第三方监督长期护理服务过程，考核人员，评估质量。例如，上海市委托全市福利行业协会组建了居家养老服务评估事务所，招聘、培训专门的评估员，对申请服务补贴的老年人进行生活自理能力的评估和经济收入的核定，提高了政府福利资源的利用效果和效率。

本章小结

本章共包括四部分内容。前三部分内容分别介绍和分析了我国上海市、青岛市和长春市长期护理保险制度试点的状况，从长期护理保险制度出台的背景、制度的主要内容和实施效果及当前的发展现状等方面进行了详细研究。最后一部分内容在前述三节内容的基础上，总结了上海市、青岛市和长春市三地长期护理保险制度在保障内容、筹资方式、待遇给付方式、认定机制等方面存在的差异，并总结归纳了试点地区长期护理保险制度发展的经验。

思考题

1. 我国试点地区长期护理保险制度实施的总体状况。
2. 试点地区长期护理保险制度之间的比较。

第七章

我国长期护理保险制度构建的基本框架

我国建立长期护理保险制度的主要政策目标是为了适应人口老龄化的严峻形势，化解老年失能风险，分担个人与家庭的长期护理压力，满足失能老人的护理服务需求，保障老年人群健康养老、体面生活，进一步完善社会保障体系。建立长期护理保险制度的指导思想是以基础设施建设为基础，以护理补贴为切入点，以医疗改革为契机，以商业保险为补充，以社会保险为发展方向，逐步建立完善适合中国国情的失能人员长期护理保险制度。

第一节 我国长期护理保险制度构建的方向选择

一、长期护理保险制度构建的基本原则

建立长期护理保险制度，应以满足失能护理需求为宗旨，通过分担失能人员及家庭的护理负担来保障其基本生活权益。在坚持"广覆盖、保基本、多层次、可持续"的我国社会保障基本方针的前提下，构建长期护理保险制度应坚持以人为本、共同分担、保障多层次、护理融资与产业并行等原则。

（一）坚持以人为本的原则

建立长期护理保险制度，应坚持以人为本的原则。具体而言，就是以满足失能人员的护理需求作为制度构建的宗旨，深入分析失能风险的特殊性，评估失能人员的护理需求水平和等级，针对每一位失能人员提供适合的长期护理服务。同时，应结合我国居家养老的传统美德和习惯，适应失能人员居家护理的心理，鼓励和支持开展失能人员尤其是老人的居家护理和社区护理，以最大限度保证失能人员生活环境的稳定。此外，应允许失能人员参与护理服务计划的拟定，赋予其选择护理方式的权利，以最大限度地符合失能人员个体的护理服务需求。

（二）坚持共同分担的原则

长期护理费用支出规模庞大，单纯依赖个人力量会造成市场失灵，贫穷者不能得到必要的长期护理服务，失能风险难以有效应对。靠政府的大量财政投入，会造成国家财政收支困难，给经济发展带来不利影响。因此，我国应建立长期护理费用的多渠道融资机制，实现政府、企业和个人的多主体共同分担，从而可以建立稳定、充足、可持续的融资模式。同时，我国幅员辽阔，失能老人总量巨大且分布在全国各个地区，建立长期护理保险制度，单独依靠中央有关部门难以实施，必须充分发挥中央有关部门和地方政府的职能，从财政补贴、产业建设、资格认定、服务给付等方面密切合作，共同分担，为制度有效地实施奠定基础。

（三）坚持保障多层次的原则

当前，由于我国各地区之间经济发展不平衡，当前和今后一段时间内，我国无法实现养老的完全国家化，没有足够的实力把失能人员供养起来而无须其自身或家庭支付任何费用。因此，我国应积极借助保险方式来筹集养老资金，采用社会保险和商业保险并行模式，建立保障多层次的长期护理保险制度，由政府建立长期护理社会保险制度提供最基本的、必要的长期护理服务或其费用支出，如提供各种医疗护理、临终关怀等，同时鼓励个人和家庭在经济承受能力范围内购买长期护理商业保险产品，满足失能人员多层次、多样化的长期护理服务需求。

（四）坚持护理融资与产业并行的原则

长期护理保险制度主要包含两个环节，一个是护理融资体系，另一个是护理服务产业体系。当我国建立国家、企业和个人共同分担的融资模式后，长期护理保险制度能否有效实施关键在于护理服务产业的发展。如果护理服务产业没有相应发展起来，即护理服务供给总量有限、专业水平和质量较低，那么将会出现"有保险没有护理"的护理服务困境。因此，政府应出台相应的政策，制订长期护理服务产业的具体管理办法，并鼓励各地充分发挥社区资源优势，建立起适应不同服务层次，满足不同经济水平护理需求的护理服务机构。同时，要强化护理人员的培训力度，规范护理人员的护理行为，进行护理职业资格的认证和护理机构的专业等级认证，实施护理人员进修考试制度、受护理者申诉制度、服务质量检查制度等配套机制，以提高护理水平和护理质量。

二、长期护理保险制度构建的基本思路

构建长期护理保险制度，将失能人员纳入我国社会保障体系，首先涉及的一个问题是长期护理保险制度的定位是社会保障体系的哪一个层次，即社会救助、社会保险还是社会福利。其次，建立长期护理保险制度，应采取哪一种制度模式，是建立一种独立的社会保险制度，还是附属于基本养老保险制度或基本医疗保险制度。

（一）长期护理补贴政策应优先纳入社会救助体系

社会救助直接面对贫困或低收入阶层，以解除因各种原因陷入生活困境难以自拔

者的生活危机为目的，包括城市最低生活保障制度、下岗职工基本生活保障制度、城乡医疗救助、乡村扶贫政策、灾害救济、城乡福利院以及其他社会救助政策。将老年人失能护理补贴纳入社会救助体系，为全社会最贫困且不能自理的老人提供救助，有助于缓解面临经济和生活自理双重困境的老年人的生存危机。

民政部发布的《2015年社会服务发展统计报告》显示，截至2015年底，全国有城市低保对象957.4万户、1 701.1万人。全年各级财政共支出城市低保资金719.3亿元。2015年，全国城市低保平均标准是451.1元/人/月，比2014年增长9.5%；全国城市低保月人均补助水平是316.6元，比2014年增长10.9%。全国有农村低保对象2 846.2万户、4 903.6万人。全年各级财政共支出农村低保资金931.5亿元。2015年，全国农村低保平均标准为3 177.6元/人/年，比2014年增长14.4%；全国农村低保年人均补助水平为1 766.5元，比2014年增长13.8%。全国救助供养农村特困人员516.7万人，比2014年下降2.3%。全年各级财政共支出农村特困人员救助供养资金210.0亿元，比2014年增长10.6%。其中：集中供养162.3万人，年平均供养标准为6 025.7元/人，比2014年增长12.2%；分散供养354.4万人，年平均供养标准为4 490.1元/人，比2014年增长12.1%。

参照2010年我国按行业分城镇单位服务行业人员平均工资为28 206元等数据资料，谢红等（2011）测算得出北京市护理机构月收费标准为2 800元。无论是雇用专业护理人员还是入住护理机构，城乡低保人员显然难以负担如此高昂的护理费用。城乡低保人员多为社会最底层的人民群众，可供获得的家庭支持和社会经济支持有限，如若遭遇失能，生活不能自理，无异于雪上加霜，面临生存危机。面对这一问题，尤其是在我国城乡各年龄段将近8 000万低保人员的庞大人口规模的背景下，从当前来看，政府有责任保障低保人员遭遇失能之后的生活救助问题，包括残疾、高龄、失能等低保老人为代表的特困人群，在基本低保补助的基础上，增加失能补贴，或者安置失能低保老人入住护理服务机构。

（二）长期护理保险制度未来应纳入社会保险体系

在我国社会保障制度的三个层次中，社会救助直接面对贫困或低收入阶层，以解除因各种原因陷入生活困境难以自拔者的生活危机为目的。社会保险面向全体人民群众，以保障人民群众的基本生活水平为目的，包括基本养老保险、基本医疗保险、失业保险、工伤保险、生育保险共五项制度。社会福利在社会救助和社会保险的基础上，以不断改善和提高服务人民群众的生活质量为目的，包括老年人福利、残疾人福利等政策。从我国社会保障制度体系来看，社会救助是我国社会保障的"兜底"政策，保障水平最低；社会保险是我国社会保障的主体，保障人民群众的基本生活；社会福利是在保障人民群众基本生活的基础上，为人民群众提供更高水平的社会保障。从受众的角度来看，社会保险在我国保障人群最广，基本实现了全民覆盖。

未来长期护理保险制度不仅可以保障现有4 000多万老年失能人口的生活照料问

题，同时还是全体人民群众步入老年阶段后的失能风险保险制度。如果以社会救助的方式建立长期护理保险制度，一是保障水平过低，难以保障人民群众的基本生活；二是老年失能风险已经成为一种社会风险，面向特定少数人群的社会救助政策难以化解这类风险。如果以社会福利的方式建立老年人长期护理保障制度，保障人群势必将集中在经济发达的地区特别是城市地区，一是难以涵盖全部失能人员尤其是失能老人，二是不符合我国当前的经济状况。如果以社会保险的方式建立长期护理保险制度，不仅可以发挥社会保险的强制力，克服个人参与长期护理保险制度的短视行为，同时可以实现失能风险的社会分担，建立稳定可持续的制度模式，因此，以社会保险方式建立长期护理保险制度较为适宜。需要指出的是，社会保险制度覆盖全体民众，联系千家万户，将长期护理保险制度纳入社会保险制度非一夕之功。因此，从当前最紧迫的角度看，政府首先应完善社会救助体系，承担社会底层人员失能护理的兜底责任，与此同时，应逐步推进失能人员长期护理保险制度的建设，完善我国的社会保险制度。

（三）长期护理保险制度运行模式要选择恰当

以社会保险方式建立长期护理保险制度共有两种运行模式。第一种是建立独立的长期护理社会保险制度，与基本养老保险、基本医疗保险、工伤保险、失业保险和生育保险五大基本社会保险并行；第二种是附属于现有五大基本社会保险之一，将基本社会保险的保障待遇范围进行拓展从而涵盖失能护理。我国现有试点地区如上海市、青岛市都采取长期护理保险制度纳入基本医疗保险制度的运作模式。当然，这两种运作模式各有利弊。

独立的长期护理社会保险制度模式，其优势在于和我国现行五大社会保险险种平行运作，更为凸显长期护理保险制度建设的紧迫性和重要性，也可以通过制度的设计更好地完成失能护理保险的目标。日本等国家即采用这种模式，由国家通过税收财政等优惠政策，鼓励和引导人民群众参加长期护理保险，同时大力发展护理产业，培训护理服务人员。其难题在于我国《社会保险法》于2011年7月1日正式实施，作为我国社会保险政策的基本法，《社会保险法》确立了现有五大险种是我国社会保险政策的组成部分，并未将失能护理纳入社会保险的政策范围，同时五大险种由相应的社会保障部门经办，因此可以说我国当前社会保险政策框架基本定型。在这种情况下，构建独立的长期护理保险制度不仅具有政策法规层面的难度，同时还将面临经办机构层面的压力。

如果将长期护理保险制度纳入现有的某项社会保险制度下，则只有基本养老保险制度、基本医疗保险制度可以作为其潜在的主体制度，因为只有基本养老保险制度、基本医疗保险制度面向全体人民群众，符合长期失能风险社会化分担的要求。对比基本养老保险制度和基本医疗保险制度，由于当前基本养老保险制度尚未实现全民覆盖，同时基本养老保险制度本身缴费率较高、基本养老保险金存在较大程度的缺口，再加上失能护理涉及慢性病管理等医疗问题，而养老保险作为定额给付性的保障方式没有办法控制医疗费用的使用，因此并不适宜将保障待遇范围拓展到失能护理，即不适宜将长期护理保险制度纳入基本养老保险制度。就基本医疗保险制度而言，我国基本医疗保险制度已经实现全民覆盖，同时，急性病、慢性病、失能护理之间具有紧密联系，失能护理与医疗行为特别是医疗护理密切相关，健康标准、失能标准、医院标准、护理院标准都需由卫生主管部门制定，置于统一的医疗保障体系下，也便于管理，同时我国社会医疗保险经办部门也积累了丰富的医疗费用管控经验。德国等国家就采用了这种模式。我国当前基本医疗保险基金拥有一定的结余积累，总体来看基本医疗保险的缴费率相对适中，因此可以将长期护理保险制度纳入基本医疗保险制度下，即将长期护理保险附属于基本医疗保险制度，将基本医疗保险制度的保障待遇范围拓展至失能护理，也是一种现实可行的运行模式。然而，挂靠医疗保险，我国医疗保险现行碎片化的结构和较低的统筹层次，也为长期护理保险制度的设计提出了难题。原则上讲，长期护理保险制度不应巩固和扩张这种碎片化，而应随着医疗保险制度改革的进展，以医疗保险制度的改革为契机，逐步破除这种碎片化的制度，扩展失能护理保险责任，建立公平共享的制度模式。

（四）发展长期护理商业保险能够满足失能人员多样化、多层次的护理需求

因为长期护理社会保险仅仅提供了最基本的护理费用补偿，难以满足经济发达地区失能人员高层次的护理服务需求，所以有必要鼓励发展长期护理商业保险。当前，由于人们对保险的认知度不高，对保险存在一些偏见，特别是长期护理保险尚处在初级发展阶段，受精算技术以及相关专业知识的认知局限，保险费率比较高，非一般人能承受得起，因而主要应该针对中高收入人群或地区。经济发达地区的居民购买力水平相对比较高，长期护理社会保险制度的推行比较顺利，同时居民将发现长期护理社会保险的保障可能不充足。对于这些具有一定购买力水平的居民而言，通过缴纳自己能承受的保费，在获得基本的护理保障的同时，在经济条件允许的情况下，有能力购买高层次的长期护理商业保险，以满足其多样化和多层次的护理服务需求。

由于长期护理商业保险计划是长期护理社会保险计划的有力补充和配合，国家应通过相应的税收优惠政策促进其发展壮大。从表面上看，税惠政策会减少国家财政的即期收入，但实际上，随着长期护理商业保险基金规模的不断扩大，对国家财政收支平衡应具有积极作用。发达国家的经验显示，基本社保普遍存在严重赤字，而这其中很大一部分是由国家财政来承担的，如果商业补充性长期护理保险计划能够大力发展，那么它作为基本社会保险的替补品，可以调节基本社会保险对居民的收入替代率，进而有效缓解国家财政压力。因此，政府应给予经营长期护理保险业务的保险公司所得税、营业税和印花税等税收政策的优惠减免，以刺激长期护理保险市场的有效供求。购买长期护理保险的个人可享有纳税抵扣，企业为员工购买长期护理保险的保险费可以作为经营费用在税前列支，在被保险人获得保险金时可以享有免税或者较低的税率，从而有效刺激长期护理保险市场的均衡供求。

三、长期护理保险制度的基本模式

独立的长期护理社会保险制度实际上是国家、企业和个人共同筹资建立专项基金的一种模式，国家通过转移支付为低保人群提供救助，企业或个人筹资，专款专用，为失能人员尤其是失能老人提供长期护理保险保障，实质上是一种"基本救助＋基本福利＋个人储蓄"。政府职责是弱势群体的融资保障、参保人员的财政补贴和护理产业建设。由于我国居民尤其是老年居民具有较高的储蓄倾向，这种模式可以充实中国老人的消费和自我保障机制，但对收入水平较低的人员，则需要国家给予较高的财政补助。

通过拓展基本医疗保险制度保障待遇范围来构建长期护理保险制度，实际是将长期护理保险制度作为一个基本医疗保险的子项目来实施。

纵观各国构建长期护理保险制度上的经验，对我国有很大的启发，但同时我们也应该清楚地意识到我国的实际情况与这些经济基础颇具规模的发达国家有很大的不同。在我国如果完全采用"美国模式"或"日本模式"来构建长期护理保险制度是不切合实际的，因为"美国模式"对社会经济水平、人均收入水平均有比较高的要求，同时也需要有一个相对发达、完善的商业健康保险市场，这些都是我国暂时不能达到或提供的。"日本模式"除了需要个人的收入水平充足外，还对国家、地方财政提出要求，这无疑会给政府本已经捉襟见肘的预算支出雪上加霜，同时对道德风险管控的经验缺乏也是难题之一。因此，我国长期护理保险制度的构建要从基本国情出发，走适合中国发展的道路。不论未来是通过建立独立的长期护理社会保险制度，亦或是拓展基本医疗保险制度保障待遇范围来构建长期护理保险制度，都需要解决好融资机制、保险待遇和护理服务输送等重要问题。

（一）筹资机制

首先，长期护理保险制度，如果作为基本医疗保险的一个子项目，就遵从了长期护理跟从医疗保险的原则，这也是德国和我国台湾等地区所采取的长期护理制度模式。该类长期护理保险制度的筹资必须在当前基本医疗保险制度的筹资机制框架之下建立一个相对独立的子账户，实行完全积累，子账户不足的部分由中央和地方财政给予补贴。我国应利用精算等定价技术，合理调整当前城镇职工基本医疗保险参保人员的缴费结构，或者在符合我国经济发展水平的前提下，适当增加个人和企业的缴费比例。对于参加城镇职工基本医疗保险的离退休人员，则由国家财政予以补贴或适当收取离退休人员的部分费用，同时，对于城镇居民基本医疗保险和新型农村合作医疗保险参保人员，适当增加国家的财政补助和个人缴费。此外，要加强基本医疗保险基金的监管，要求基本医疗保险基金结余较多的地区，适当补助长期护理保险融资。

其次，独立的长期护理保险制度模式需要建立国家、企业和个人之间合理的缴费比例，保证长期护理保险基金的可持续性。

（二）保险待遇

纵观国际国内经验做法，长期护理保险制度可以基本医疗保险参保人员为覆盖人群，也可以基本覆盖全体人民群众，但长期护理保险基金几乎都实施专款专用，在保证失能人员护理给付的前提下，可以投资于养老等产业。就保险待遇而言，首先，从保险待遇享受人群的角度来讲，长期护理保险制度的给付对象限定为60岁及以上的失能老人；其次，从保险待遇差异的角度来讲，长期护理保险制度要坚持公平统一的原则，不以人群的身份来设定保险待遇水平，不分城乡、不分职业差异，完全根据失能人员的护理需求等级来提供不同的长期护理服务；最后，从保险待遇水平的角度来讲，长期护理保险制度可从低水平起步，坚持以收定支的原则，根据融资情况，逐步提高失能护理的保险水平。

（三）护理服务输送

长期护理保险制度的护理服务输送是指失能人员由申请护理服务到获得护理服务的全过程，主要包括申请、评估失能等级、拟定服务计划、提供护理服务等四个阶段。当老人因年老或疾病、意外等原因而失能，首先由失能人员本人或其亲属向主管部门申请长期护理服务。主管部门接到护理申请后，将实地审核其失能状况，并根据相应指标，判断申请者的失能等级（如轻度失能、中度失能和重度失能等）。主管部门和失能人员根据失能等级，共同拟定适合的护理服务计划，如餐饮服务、看护、康复训练等一整套服务计划项目。主管部门提供的护理服务主要包含两个方面：一个是给付方式，包括实物给付和现金给付，另一个是结算方式。原则上，现金给付仅限于对于家庭照顾者的补偿，鼓励实物给付，在机构护理、社区护理和居家护理三种实物给付方式中，重点发展居家护理和社区护理。结算方式包括按人头付费、按项目收费以及复合结算方式。结算标准受服务内容、人力成本、特殊地区时段等影响，原则上应鼓励总额预付、按人头付费等复合结算方式。

专栏 7.1

《"健康中国 2030" 规划纲要》关于长期护理保险制度的相关内容

2016年10月25日，我国发布了《"健康中国 2030" 规划纲要》（以下简称《纲要》），提出到2030年要实现的具体目标包括：

1. 人民健康水平持续提升。 人民身体素质明显增强，2030年人均预期寿命达到79.0岁，人均健康预期寿命显著提高。

2. 主要健康危险因素得到有效控制。 全民健康素养大幅提高，健康生活方式得到全面普及，有利于健康的生产生活环境基本形成，食品药品安全得到有效保障，消除一批重大疾病危害。

3. 健康服务能力大幅提升。 优质高效的整合型医疗卫生服务体系和完善的

续专栏 7.1

全民健身公共服务体系全面建立，健康保障体系进一步完善，健康科技创新整体实力位居世界前列，健康服务质量和水平明显提高。

4. 健康产业规模显著扩大。建立起体系完整、结构优化的健康产业体系，形成一批具有较强创新能力和国际竞争力的大型企业，成为国民经济支柱性产业。

5. 促进健康的制度体系更加完善。有利于健康的政策法律法规体系进一步健全，健康领域治理体系和治理能力基本实现现代化。

《纲要》第十章加强重点人群健康服务中的第二节促进健康老龄化中明确提出要推动居家老人长期照护服务发展，全面建立经济困难的高龄、失能老人补贴制度，建立多层次长期护理保障制度；推进老年医疗卫生服务体系建设，推动医疗卫生服务延伸至社区、家庭；健全医疗卫生机构与养老机构合作机制，支持养老机构开展医疗服务；推进中医药与养老融合发展，推动医养结合，为老年人提供治疗期住院、康复期护理、稳定期生活照料、安宁疗护一体化的健康和养老服务，促进慢性病全程防治管理服务同居家、社区、机构养老紧密结合；鼓励社会力量兴办医养结合机构。

《纲要》第十一章第三节提出要积极发展商业健康保险，通过落实税收等优惠政策，鼓励企业、个人参加商业健康保险及多种形式的补充保险；丰富健康保险产品，鼓励开发与健康管理服务相关的健康保险产品；促进商业保险公司与医疗、体检、护理等机构合作，发展健康管理组织等新型组织形式。到2030年，现代商业健康保险服务业进一步发展，商业健康保险赔付支出占卫生总费用比重显著提高。

第二节 我国长期护理保险制度的机制建设

一、政策和制度建设

《中华人民共和国老年人权益保障法（修订草案）》第二十九条规定：国家逐步建立长期护理保险制度。鼓励、引导商业保险公司开展长期护理保险业务。对生活长期不能自理、经济困难的老年人，地方各级人民政府应当根据其失能程度等情况给予护理补贴。中央政府应出台相应的法律法规，如在《社会保险法》中明确长期护理保险的服务内容、运行机制和监管体制，严格规范长期护理服务市场。同时，制定《老年人长期护理保障制度实施细则》及《老年人长期护理保障服务管理办法》等，以使制度实行具备足够的法律基础。

《老年人长期护理保障制度实施细则》作为老年人长期护理保险制度的基本法,对主管机关、筹资模式、保险对象、保险给付、服务输送等政策性基本事项进行了界定与规范。《老年人长期护理保障服务管理办法》则针对各项长期护理资源配置、机构管理、设施供需、设置标准、服务供给者的资格条件、品质规范与评价标准等内涵做出了规范性规定。

我国要坚持家庭、社区和福利机构相结合,逐步健全社会福利服务体系,加强老年人、残疾人、孤儿福利服务。《民政事业发展第十三个五年规划》提出要坚持政府引领、多元参与、保障基本、兜住底线等原则,加快养老服务体系建设,满足多元化养老服务需求;积极开展探索长期护理保障体系,推进居家和社区养老服务网络;完善社区服务机制,加强社区福利设施建设;加快养老机构建设,加强养老机构标准化建设;加快养老护理员队伍建设。

二、相关部门之间的协调

由于长期护理保险制度涉及医疗保障、医疗卫生、老年护理社区建设等诸多环节,必须建构完备且运作具有效率的组织体制,各地要建立由民政、发展改革、老龄部门牵头,相关部门参与的工作机制,加强组织领导,加强协调沟通,加强对规划实施的督促检查,确保规划目标的如期实现,鼓励社会各界对规划实施进行监督。

我们应该在中共中央的统一领导下,由全国老龄工作委员会统一协调和推动失能人员长期护理保险制度构建工作,由民政部负责失能护理社会救助的供给,由人力资源和社会保障部主管参保人群的缴费和服务的输送,由中国保监会负责保费的筹集及资金的运营,由卫生部门主管老年护理医疗服务的标准和监管等工作,人力资源和社会保障部门与卫生部门共同审核失能人员的失能等级并拟定护理服务计划。财政部负责参保人员缴费的财政补助和保障失能人员长期护理保险账户的专款专用。住房和城乡建设部负责社区护理服务设施等建设,制定养老服务社区的等级标准。其他部门应积极配合长期护理保险制度的推动工作。

专栏 7.2

人力资源与社会保障部关于开展长期护理保险制度试点的指导意见

2016年6月,人社部发布我国部分省市地区开展长期护理保险制度试点的指导意见(以下简称"意见"),提出试点的目标是为了探索建立以社会互助共济方式筹集资金,为长期失能人员的基本生活照料和与基本生活密切相关的医疗护理提供资金或服务保障的社会保险制度。利用1~2年试点时间,积累经验,力争在"十三五"期间,基本形成适应我国社会主义市场经济体制的长期护理保险制度政策框架。

续专栏 7.2

试点阶段，长期护理保险制度要以长期处于失能状态的参保人群为保障对象，重点解决重度失能人员基本生活照料和与基本生活密切相关的医疗护理等所需费用。试点地区可根据基金承受能力，确定重点保障人群和具体保障内容，并随经济发展逐步调整保障范围和保障水平。

试点阶段，长期护理保险制度原则上主要覆盖职工基本医疗保险（以下简称"职工医保"）参保人群。试点地区可根据自身实际，随制度探索完善，综合平衡资金筹集和保障需要等因素，合理确定参保范围并逐步扩大。

试点阶段，可通过优化职工医保统账结构、划转职工医保统筹基金结余、调剂职工医保费率等途径筹集资金，并逐步探索建立互助共济、责任共担的长期护理保险多渠道筹资机制。筹资标准根据当地经济发展水平、护理需求、护理服务成本以及保障范围和水平等因素，按照以收定支、收支平衡、略有结余的原则合理确定，建立与经济社会发展和保障水平相适应的动态筹资机制。

试点阶段，长期护理保险基金按比例支付护理服务机构和护理人员为参保人提供的符合规定的护理服务所发生的费用。根据护理等级、服务提供方式等制定差别化的待遇保障政策，对符合规定的长期护理费用，基金支付水平总体上控制在 70% 左右，具体待遇享受条件和支付比例由试点地区确定。

"意见"提出长期护理保险基金要单独管理、专款专用。建立举报投诉、信息披露、内部控制、欺诈防范等风险管理制度；建立健全对护理服务机构和从业人员的协议管理和监督稽核等制度；建立健全长期护理保险基金监管制度，确保基金安全有效。另外，要加强长期护理保险经办管理服务能力建设，规范机构职能和设置，积极协调人力配备，加快信息系统建设，同时制定经办规程，优化服务流程，明确相关标准，创新管理服务机制。

"意见"指出要加强与其他保障制度之间的统筹衔接，探索建立多层次长期护理保障制度，积极引导发挥社会救助、商业保险、慈善事业等的有益补充，解决不同层面护理需求；鼓励探索老年护理补贴制度，保障特定贫困老年人长期护理需求；鼓励商业保险公司开发适销对路的保险产品和服务，发展与长期护理社会保险相衔接的商业护理保险，满足多样化、多层次的长期护理保障需求。

三、中央和地方政府权责分工

中央及地方政府权责分工主要涉及护理服务输送环节，直接关系到失能护理服务的实际消费情况，因此应建立中央和地方合理的权责分工，充分发挥各级政府职能的作用。同时，在各地区建立长期护理保险制度的同时，逐步推进制度整合和城乡衔接，促进城乡一体化长期护理保险体系建设，进一步提高统筹层次，稳步提高长期护理保险的统筹层次，扩大基金调剂和使用范围，增强基金共济能力。

中央和地方政府的权责分工，建议长期护理保险管理机制、评估与服务计划均由人力资源和社会保障部门主导负责，以人力资源和社会保障部及其各地方机构作为核心，地方为辅助角色，并鼓励地方发展创新服务方案。这样有利于建立事权统一的管理组织，行政成本较低廉，行政效能也较高。同时，地方政府应积极发展长期护理服务产业，并对失能者提供相关的福利服务。明确各级政府在长期护理保险方面的责任，建立政府对长期护理保险制度的正常投入机制和不同层级政府间的分担机制。各级政府要调整财政支出结构，逐步提高长期护理保险支出占财政支出的比重。同时加大中央财政对长期护理体系建设的投入，巩固现有筹资渠道，积极开辟其他资金来源。此外，还要适应长期护理保险事业快速发展的需要，切实保障社会保险经办机构管理服务所需经费以及社会救助等机构所需经费。

中央和地方政府应建立和完善覆盖全社会的社会保障公共服务网络，完善街道（社区）、乡镇（行政村）社会保障基层服务平台建设，建立行政村社会保障协管员制度。县级以上（含县级）要普遍建立布局合理、功能齐全、信息联网的社会保障基础服务设施。

四、发挥社会组织作用

充分利用社会资源，采取政府购买服务的方式加强和改善长期护理服务水平，提高服务质量和效率。老龄事业单位、老年法律援助中心、老年维权协调组织、老年学校、老年活动室等均和老年人的社会生活息息相关。鼓励和支持街道（乡镇）建设老年日间照料服务中心、社区建设老年日间照料服务站。建立长期护理保险制度，应充分发挥这些老龄组织在保障老年人生活、促进老年人群互助和交流方面的作用，以满足老年人基本养老服务需求、提升老年人生活质量为目标，以保障失能老人、部分失能老人的基本服务需求为重点，提供基本的生活照料、精神关爱、护理康复、紧急救援和社会参与等设施、组织、人才要素所形成的网络，以及与此相配套的服务标准、运行机制和监督制度。同时，积极引导和鼓励其他社会组织、慈善机构，鼓励社会团体参与失能护理等方面的支援服务工作。鼓励企业经营居家养老服务，开展失能人员助餐服务、养老机构向社区延伸服务，做好居家养老服务管理等。

民政部关于《民政事业发展第十三个五年规划》明确提出要在城市结合社区服务设施建设，增加养老设施网点，增强社区养老服务能力，打造居家养老服务平台。倡议、引导多种形式的志愿活动及老年人互助服务，动员各类人群参与社区养老服务。在农村，结合城镇化发展和新农村建设，以乡镇敬老院为基础，建设日间照料和短期托养的养老床位，逐步向区域性养老服务中心转变，向留守老年人及其他有需要的老年人提供日间照料、短期托养、配餐等服务；以建制村和较大自然村为基点，依托村民自治和集体经济，积极探索农村互助养老新模式。社会养老服务体系应更加完善，建立健全失能老人关爱服务体系。经常性社会捐助体系应进一步完善，各乡镇（街道）应基本建立经常性捐助站（点）和慈善超市。

专栏 7.3

中国保监会有关长期护理保险制度的政策

2016年8月，中国保监会关于印发《中国保险业发展"十三五"规划纲要》（以下简称《十三五规划纲要》），其中关于长期护理保险制度的相关内容包括：

1. 发展多元化健康保险。完善商业健康保险顶层设计，鼓励发展与基本医疗保险相衔接的补充医疗保险，大力开发各类医疗、疾病保险和失能收入损失保险等商业健康保险产品，全面推开个人税收优惠型商业健康保险。同时，鼓励发展多种形式的商业护理保险，积极参与国家长期护理保险制度建设和试点工作。

2. 精准对接脱贫攻坚多元化的保险需求。积极开发扶贫农业保险产品，满足贫困农户多样化、多层次的保险需求；针对低收入人群的疾病、死亡、残疾等风险提供保障，防止因意外致贫返贫；研究推动大病保险向贫困人口予以倾斜；积极探索扶贫小额贷款保证保险等信贷扶贫模式，完善风险补偿机制；大力发展普惠保险，开发各类保障适度、保费低廉的小额保险产品；组织引导城乡居民在参加社会医疗保险的基础上，再投保小额人身保险等商业保障产品。

本章小结

本章包括两部分内容，第一部分内容从我国长期护理保险制度构建的基本原则、基础思路、基本模式三个方面阐述了其未来的发展方向。第二部分主要阐述了如何通过政策和制度建设、相关部门协调、政府分工、发挥社会力量来构建长期护理保险制度。

思考题

1. 长期护理保险制度的各方主体的责任。
2. 我国长期护理保险制度的构建应包括哪些重要部分。

第八章

我国构建长期护理社会保险模式的成本测算

长期护理保险制度的核心是可持续的筹资机制,筹资的前提是护理成本费用的正确估算。本章通过对我国长期护理需求量的测算推算了我国到 21 世纪中叶长期护理的费用总额,同时估算了低保人群的长期护理保险的社会救济成本,为设计可持续的筹资机制提供参考数据。

第一节 我国长期护理需求量预测

根据数据可得性和连续性,本书采用老年长期护理需求量等指标表示我国长期护理需求量,即将老年人口作为考察的样本进行相关数据测算。

一、我国老年长期护理需求量预测

(一) 我国未来人口发展预测数据资料的选取

基于不同生育率变化的假设,有关专家和部门对我国未来人口发展做了多方案的预测。本书选取了由联合国经济与社会事务部人口司(United Nations, Department of Economic and Social Affairs, Population Division)公布的《世界人口展望 2010》所测得的数据,由于 2011 年以前的数据对现在已无预测功能,所以只选取 2011~2050 年的数据(如表 8.1 所示):

表 8.1　　中国未来 60 岁以上分年龄人口数据(2011~2050 年)　　(单位:千人)

年份 年龄	2011 年	2015 年	2020 年	2025 年	2030 年	2035 年	2040 年	2045 年	2050 年
60~64 岁	59 456	76 472	74 574	86 096	110 576	107 750	83 022	90 731	108 001
65~69 岁	40 312	50 511	70 322	68 953	80 107	103 385	101 002	78 168	85 781

续表

年份 年龄	2011年	2015年	2020年	2025年	2030年	2035年	2040年	2045年	2050年
70~74岁	30 987	33 298	43 663	61 364	60 694	71 094	92 395	90 762	70 693
75~79岁	22 213	23 782	26 144	34 815	49 572	49 627	58 796	77 179	76 393
80~84岁	12 345	14 239	15 955	17 948	24 409	35 380	36 009	43 356	57 709
85~89岁	5 217	6 098	7 692	8 896	10 307	14 403	21 361	2 2229	27 337
90~94岁	1 596	1 720	2 273	3 001	3 616	4 355	6 305	9 648	10 344
95~99岁	225	261	343	485	682	869	1 104	1 680	2 687
100+	14	19	28	39	60	90	123	166	262

资料来源：联合国经济与社会事务部：《World Population Prospects：the 2010 Revision》。

（二）我国老年人生活自理能力状况数据的选取

如果按照日常生活自理能力进行区分，国际通行的做法是根据ADLs表中的吃饭、穿衣、上下床、上厕所、室内走动和洗澡六个指标进行调查。本书中，我们将不能自理的老年人界定为完全失能，部分自理的老年人界定为部分失能。部分失能和完全失能的老年人共同构成我国长期护理保险的需求总量。根据上述判断标准，以2006年中国城乡老年人口状况追踪调查数据为基础，我国老年人日常生活自理情况总体堪忧。按年龄组来看，60~69岁老年人中失能率为10.7%，70~79岁老年人中失能率是22.8%，80岁及以上老年人中失能率超过54%；按性别来看，各年龄组男性老年人的自理能力均高于女性老年人，但无论男女老年失能率都随年龄增长不断提高（如表8.2所示）。

表8.2　　2006年分性别和年龄组的城乡老年人日常生活自理能力分布　　（单位:%）

性别	年龄组	合计	能够自理	部分自理	不能自理
合计	60~69岁	100	89.3	7.7	3.0
	70~79岁	100	77.1	15.7	7.1
	80岁以上	100	45.9	31.9	22.2
男性	60~69岁	100	91.4	6	2.6
	70~79岁	100	81.5	13.3	5.3
	80岁以上	100	50.7	29.6	19.7
女性	60~69岁	100	87.2	9.4	3.5
	70~79岁	100	73.1	18	8.9
	80岁以上	100	42.8	33.3	23.9

资料来源：张恺悌、郭平：《中国人口老龄化与老年人状况蓝皮书》，中国社会出版社2009年1月版。

（三）我国未来老年长期护理需求数量预测

根据联合国经济与社会事务部2010年对我国未来人口发展预测所提供的我国未

来老年人口数据和 2006 年中国城乡老年人口状况追踪调查数据可以预测出我国未来老年长期护理需求者数量（如表 8.3 所示）。

表 8.3　　　　　2011~2050 年我国老年长期护理需求者总量

年份 需求量	2011 年	2015 年	2020 年	2025 年	2030 年	2035 年	2040 年	2045 年	2050 年
部分失能（万人）	2 222	2 586	3 050	3 673	4 446	5 279	5 861	6 396	6 938
完全失能（万人）	1 108	1 282	1 514	1 822	2 222	2714	3 066	3 410	3 809
需求总量（万人）	3 330	3 869	4 564	5 495	6 668	7 992	8 927	9 806	10 747
总量增长速度（%）	100.0	116.2	137.1	165.0	200.3	240.0	268.1	294.5	322.7

从以上预测结果可知，以 2006 年调查数据的失能率来测算，2011 年我国需要长期护理服务的老年人总数为 3 330 万人，其中部分失能老年人总数为 2 222 万人，完全失能老年人总数为 1 108 万人。到 2015 年，即"十二五"期末，我国需要老年长期护理服务的老年人总数为 3 869 万人，其中部分失能老年人总数为 2 586 万人，完全失能老年人总数为 1 282 万人。到 2030 年，我国需要长期护理服务的老年人总数为 6 668 万人，其中部分失能老年人总数为 4 446 万人，完全失能老年人总数为 2 222 万人。到 2050 年，我国需要长期护理服务的老年人总数为 10 747 万人，其中部分失能老年人总数为 6 938 万人，完全失能老年人总数为 3 809 万人（如表 8.3 所示）。2030 年和 2050 年长期护理服务需求总量分别是 2011 年的 2.03 倍和 3.22 倍，因此，这种老年人口护理需求基数和增长速度理应引起我国对护理产业发展的足够重视。

二、老年长期护理总费用估算

（一）老年长期护理的等级划分

因为不同失能程度的老年人所需要的护理内容不同，所以应划分不同的护理等级。部分失能的老年人拥有一定的自理能力，其接受的护理服务内容相对较少，因此我们将部分失能老人需要的护理等级界定为一级护理，即护理等级最低的护理。同时参照国际通行 ADLs 中"吃饭、穿衣、上下床、上厕所、室内走动和洗澡"6 项指标，将完全失能老人中，一到两项"做不了"的定义为"轻度失能"，老年人需要的护理等级界定为二级护理；三到四项"做不了"的定义为"中度失能"，老年人需要的护理等级界定为三级护理；五到六项"做不了"的定义为"重度失能"，老年人需要的护理等级界定为四级护理。根据 2011 年 3 月 1 日全国老龄办发布的《全国城乡失能老年人状况研究》新闻发布稿，2010 年末我国完全失能老年人中，84.3% 为轻度失能，中度和重度失能的比例分别为 5.1% 和 10.6%。

根据上述护理等级的界定，我们将 2011~2050 年我国老年长期护理需求者总量对应不同的护理等级予以细化（如表8.4所示），继而可以在此基础上，针对不同的护理等级进行护理总费用的测算。

表 8.4　　　　　2011~2050年我国不同护理等级老年长期护理数量　　　　（单位：万人）

年份 护理级别	2011年	2015年	2020年	2025年	2030年	2035年	2040年	2045年	2050年
一级护理	2 222	2 586	3 050	3 673	4 446	5 279	5 861	6 396	6 938
二级护理	934	1 081	1 276	1 536	1 873	2 288	2 585	2 875	3 211
三级护理	56	65	77	93	113	138	156	174	194
四级护理	117	136	160	193	236	288	325	361	404

（二）老年长期护理总费用估算

老年长期护理总费用估算的假设条件包括需求人数、护理等级、给付项目及给付标准，其中给付方式包括实物给付及现金给付，我们统一测算实物给付和现金给付对应的经济费用。从给付项目上看，实物给付包括居家护理、社区护理及机构护理等3项。参照我国台湾地区2009年制定的《长期护理保险发展规划》，居家护理主要包括居家服务、家庭托顾、居家护理、居家复健、喘息服务；社区护理主要包括日间照顾、社区关怀据点、辅具、餐饮、无障碍环境改善；机构护理主要包括护理院、安养院等。居家和社区护理费用支出主要为护理人员劳务费用；机构护理费用支出主要为设施费用。护理人员主要包括护理师、物理治疗师、职能治疗师、照顾管理专员及督导。结合发达国家长期护理保险制度的发展经验，给付项目的设计应以鼓励居家、社区护理为主，机构护理为辅。因此，我们假定原则上只有完全失能老人并且达到四级护理水平的失能才可以申请机构护理，特殊情况下除外。同时，结合我国台湾地区的测算结果，假定长期护理四级护理需求的老年人中申请机构护理的比例为30%，不同护理等级下居家、社区、机构三种给付项目给付比例如表8.5所示。

表 8.5　　　　　不同护理等级长期护理给付项目结构占比　　　　（单位：%）

护理等级	居家/社区护理	机构护理
一级护理	100	0
二级护理	98	2
三级护理	95	5
四级护理	70	30

利用2011~2050年我国不同护理等级老年长期护理数量，乘以不同护理等级之下给付项目结构占比，可得我国未来长期护理不同护理等级之下居家/社区护理和机构护理的需求总量（如表8.6所示）。

第八章
我国构建长期护理社会保险模式的成本测算

表 8.6　　2011～2050 年不同护理等级长期护理给付项目需求量　　（单位：万人）

年份	2011 年		2015 年		2020 年		2025 年		2030 年
给付项目	居家/社区护理	机构护理	居家/社区护理	机构护理	居家/社区护理	机构护理	居家/社区护理	机构护理	居家/社区护理
一级护理	2 222	0	2 586	0	3 050	0	3 673	0	4 446
二级护理	915	19	1 059	22	1 251	26	1 505	31	1 836
三级护理	54	3	62	3	73	4	88	5	108
四级护理	82	35	95	41	112	48	135	58	165

年份	2035 年		2040 年		2045 年		2050 年		2030 年
给付项目	居家/社区护理	机构护理	居家/社区护理	机构护理	居家/社区护理	机构护理	居家/社区护理	机构护理	机构护理
一级护理	5 279	0	5 861	0	6 396	0	6 938	0	0
二级护理	2 242	46	2 533	52	2 817	57	3 147	64	37
三级护理	131	7	149	8	165	9	185	10	6
四级护理	201	86	228	98	253	108	283	121	71

我国台湾地区的统计资料显示截至 2008 年底，每位护理服务员平均需服务 6.1 位个案，平均每位个案每个月接受约 20 个小时的服务。2008 年，OECD 国家每千名 65 岁老人拥有专业长期护理工作人员 6.1 人。根据台湾地区长期护理保险护理人员服务产能情况，假定我国长期护理服务人员（包括专业护理人员和非专业护理人员）服务产能情况如下：对于居家/社区护理，一级护理等级之下每位护理人员平均服务 6 位老人，二级护理等级之下每位护理人员平均服务 4 位老人，三级护理等级之下每位护理人员平均服务 2 位老人，四级护理等级之下每位护理人员平均服务 1 位老人，我们可测算出不同护理等级的护理人员人力需求总量（如表 8.7 所示）。

表 8.7　　2011～2050 年不同护理等级护理人员需求　　（单位：万人）

需求量 \ 年份	2011 年	2015 年	2020 年	2025 年	2030 年	2035 年	2040 年	2045 年	2050 年
一级护理	370	431	508	612	741	880	977	1 066	1 156
二级护理	229	265	313	376	459	560	633	704	787
三级护理	27	31	37	44	54	66	74	83	92
四级护理	82	95	112	135	165	201	228	253	283

假定居家/社区护理的老年长期护理费用主要为护理人员劳务费用和器械器具等设备费用，并进一步假定以我国按行业分城镇单位就业人员平均工资中居民服务和其他服务业的年平均工资为一级护理年均费用支出标准，同时假设二级、三级、四级护理人员劳务费用年均支出标准同比递增 20%、40%、60%，而居家/社区护理项目不

同等级护理费用中的设备费用为相应等级护理人员劳务费用的40%。

2010年，我国城镇单位就业人员中居民服务和其他服务业的年平均工资为28 206元，根据上述假设条件可得，一级护理人员劳务费用年均支出标准为28 206元，设备费用为11 282元，每人年均费用支出标准为39 488元；二级护理人员劳务费用年均支出标准为33 847元，设备费用为13 529元，每人年均费用支出标准为47 387元；三级护理人员劳务费用年均支出标准为39 488元，设备费用为15 795元，每人年均费用支出标准为55 284元；四级护理人员劳务费用年均支出标准为45 130元，设备费用为18 052元，每人年均费用支出标准为63 181元。另外，我们假定机构护理每人年均费用标准为上述四级护理费用的平均值51 335元。

从宏观总量测算的角度出发，随着时间的推移，未来老年长期护理费用要受经济因素，例如经济增长率、通货膨胀率、利息率等方面的影响。我们假设老年长期护理费用的增长速度与职工平均工资的增长速度相同，并假定不同护理等级护理人员每人年均费用支出标准和机构护理费用按照职工平均工资的增长速度上涨。同时，根据相关文献设定2010~2015年为4%，2016~2050年为3%，且以2010年不变价格计算，由此可计算出2011~2050年不同护理等级护理人员每人年均费用和机构护理每人年均费用标准（如表8.8所示）。

表8.8　　　　2011~2050年护理人员费用和机构护理费用年均支出　　　（单位：次/元）

年份	2011年	2015年	2020年	2025年	2030年	2035年	2040年	2045年	2050年
一级护理	41 068	48 044	55 696	64 567	74 850	86 772	100 593	116 615	135 188
二级护理	49 282	57 652	66 835	77 480	89 821	104 127	120 711	139 938	162 226
三级护理	57 495	67 261	77 974	90 393	104 791	121 481	140 830	163 260	189 264
四级护理	65 709	76 870	89 113	103 307	119 761	138 836	160 948	186 583	216 301
机构护理	53 388	62 457	72 405	83 937	97 306	112 804	130 771	151 599	175 745

根据表8.6中2011~2050年我国长期护理不同护理等级给付项目需求情况，以及表8.8中2011~2050年护理人员费用和机构护理费用年均支出数据，我们可以计算出2011~2050年我国老年长期护理总费用，其中2011年我国老年长期护理总费用为3 646亿元，2015年快速增长至4 948亿元。2030年，我国老年长期护理总费用已经突破1万亿元，达到13 315亿元。2050年，我国老年长期护理总费用将高达39 682亿元（如表8.9所示）。面临如此高额的老年长期护理费用，理应引起我国政府的极大关注，尽早考虑未来我国如何解决这一重大问题。

表8.9　　　　　　2011~2050年我国老年长期护理总费用　　　　　　（单位：亿元）

年份	2011年	2015年	2020年	2025年	2030年	2035年	2040年	2045年	2050年
一级护理费用	1 521	2 071	2 832	3 952	5 546	7 634	9 826	12 431	15 633

续表

年份	2011年	2015年	2020年	2025年	2030年	2035年	2040年	2045年	2050年
二级护理费用	1 127	1 527	2 090	2 916	4 123	5 836	7 645	9 856	12 761
三级护理费用	154	209	286	399	564	799	1 046	1 349	1 746
四级护理费用	540	731	1 001	1 397	1 975	2 796	3 662	4 721	6 113
机构护理费用	303	410	561	783	1 107	1 568	2 053	2 647	3 428
护理总费用	3 646	4 948	6 770	9 447	13 315	18 632	24 232	31 005	39 682

三、护理总费用的区间估计和敏感性测试

为了观察老年长期护理总费用的预测过程中某些特殊变量假定数值的变化对最终预测结果的影响，也为了使预测更加科学，我们将在其他假定变量数值固定不变，而某一变量（如护理人员服务产能、不同护理等级护理人员劳务费用年均支出标准同比增长率、设备费用占相应护理等级护理人员劳务费用年均支出标准的比率等）发生改变的情况下，对长期护理总费用进行区间估计。

（一）护理人员服务产能变化对总费用的影响

假定对于居家/社区护理，一、二、三、四级护理等级之下每位护理人员平均服务老人数在8、6、4、2，6、4、2、1以及4、2、1、1四种情形，我们预测出的2011～2050年我国老年长期护理总费用发生了较大变化。老年长期护理总费用与护理人员服务产能负相关：当护理人员服务产能较高时，老年长期护理总费用较低；当护理人员服务产能较低时，老年长期护理总费用较高。随着护理人员服务产能的变化，2011年老年长期护理总费用的预估区间在2 542亿元~5 688亿元范围内，而2050年则在26 406亿元到62 006亿元范围内，护理总费用增长明显（如表8.10所示）。

表8.10　　　　2011~2050年我国老年长期护理总费用　　　　（单位：亿元）

护理人员服务产能\年份	2011年	2015年	2020年	2025年	2030年	2035年	2040年	2045年	2050年
8、6、4、2	2 542	3 310	4 528	6 319	8 903	12 439	16 164	20 662	26 406
6、4、2、1	3 646	4 948	6 770	9 447	13 315	18 632	24 232	31 005	39 682
4、2、1、1	5 688	7 719	10 561	14 738	20 775	29 083	37 836	48 425	62 006

（二）护理人员劳动成本变化对总费用的影响

假定以我国城镇单位就业人员中居民服务和其他服务业的年平均工资为一级护理年均费用支出依据，同时假设二级、三级、四级护理人员劳务费用年均支出标准同比递增，如果分别按照30%、60%、90%，20%、40%、60%以及10%、20%、30%三种情形设定增长速度，我们预测出的2011~2050年我国老年长期护理总费用也发

生了明显变化。老年长期护理总费用与各等级护理人员劳务费用年均支出标准同比增长率正相关：当增长率较高时，老年长期护理总费用较高；当增长率较低时，老年长期护理总费用较低。随着各等级护理人员劳务费用年均支出标准同比增长率的变化，2011年老年长期护理总费用的预估区间在3 393亿元～3 898亿元，2050年则整体提高到36 827亿元～42 536亿元（如表8.11所示）。

表8.11　　　　　　2011～2050年我国老年长期护理总费用　　　　　（单位：亿元）

劳动成本增长率＼年份	2011年	2015年	2020年	2025年	2030年	2035年	2040年	2045年	2050年
30%、60%、90%	3 898	5 289	7 237	10 100	14 238	19 937	25 942	33 210	42 536
20%、40%、60%	3 646	4 948	6 770	9 447	13 315	18 632	24 232	31 005	39 682
10%、20%、30%	3 393	4 606	6 302	8 795	12 393	17 326	22 522	28 800	36 827

（三）设备费用占比变化对总费用的影响

假定居家/社区护理项目不同等级护理费用中的设备费用为相应等级护理人员劳务费用的一定比例即50%、40%、30%以及20%四种情形，我们预测出的2011～2050年我国老年长期护理总费用在3 125亿元～42 516亿元范围，护理总费用逐年增加。老年长期护理总费用与设备费用占相应等级护理人员劳务费用年均支出标准的比率正相关：当比率较高时，老年长期护理总费用较高；当比率较低时，老年长期护理总费用较低。随着设备费用占相应等级护理人员劳务费用年均支出标准的比率的变化，2011年老年长期护理总费用的预估区间为3 125亿元～3 906亿元，2050年则在34 013亿元～42 516亿元（如表8.12所示）。

表8.12　　　　　　2011～2050年我国老年长期护理总费用　　　　　（单位：亿元）

设备费用比例＼年份	2011年	2015年	2020年	2025年	2030年	2035年	2040年	2045年	2050年
50%	3 906	5 301	7 253	10 122	14 267	19 963	25 963	33 220	42 516
40%	3 646	4 948	6 770	9 447	13 315	18 632	24 232	31 005	39 682
30%	3 385	4 595	6 286	8 772	12 364	17 301	22 502	28 790	36 847
20%	3 125	4 241	5 803	8 098	11 413	15 970	20 771	26 576	34 013

四、老年长期护理相关宏观经济指标的测算

（一）老年长期护理总费用占GDP的比重

根据相关宏观经济研究的预测方案，并结合我国目前经济发展态势，假设2011～2015年的年均经济增长率为7.0%，2016～2020年、2021～2025年、2026～2030年、

2031~2035年、2036~2040年、2041~2045年、2046~2050年的年均增长率依次为6.5%、6.0%、5.5%、5.0%、4.5%、4.0%和3.5%，结合国家统计局公布的2011年我国GDP为471 564亿元，推算出2011~2050年我国国内生产总值GDP历年数值（如表8.13所示）。

表8.13　　　　　　　　2011~2050年我国国内生产总值预测

年份	GDP年均增长率（%）	期末GDP总量（亿元）
2011年		471 564
2015年	7.0	618 124
2020年	6.5	846 884
2025年	6.0	113 3321
2030年	5.5	1 481 206
2035年	5.0	1 890 436
2040年	4.5	2 355 827
2045年	4.0	2 866 224
2050年	3.5	3 404 174

运用前面预测的2011~2050年我国老年长期护理总费用，再根据所预测的2011~2050年我国GDP数据，我们可以推算出2011~2050年老年长期护理总费用占GDP的比例为0.77%~1.17%（如表8.14所示）。

表8.14　　　　　　2011~2050年我国老年长期护理总费用占GDP的比重

年份	2011年	2015年	2020年	2025年	2030年	2035年	2040年	2045年	2050年
护理总费用（亿元）	3 646	4 948	6 770	9 447	13 315	18 632	24 232	31 005	39 682
GDP（亿元）	471 564	618 124.2	846 883.7	1 133 321	1 481 206	1 890 436	2 355 827	2 866 224	3 404 174
比重（%）	0.77	0.80	0.80	0.83	0.90	0.99	1.03	1.08	1.17

尽管2011~2050年我国老年长期护理总费用占GDP比重将逐渐上升，由2011年的0.77%上升到2050年的1.17%，但从目前来看，要低于主要经济合作与发展组织（OECD）国家2009年的平均水平1.5%（如图8.1所示）。

参考相关国家和地区的长期护理保险制度的实践经验，护理费用部分由政府财政直接分担部分比例。目前我国尚没有明确的财政支出用于长期护理费用，今后随着全社会长期护理费用的增加，以及家庭中老年人比例的上升，越来越大的长期护理责任将转移至政府方面。假定我国财政对长期护理支出的比例达到30%，并一直保持稳定，以此作为我国未来长期护理保险制度中财政支出的测算基础。从OECD国家的经验来看，政府承担30%的长期护理费用的比例是普遍趋势，进而推算出我国财政负担的长期护理费用总额及其占GDP的比例。至2020年，我国老年长期护理财政支出

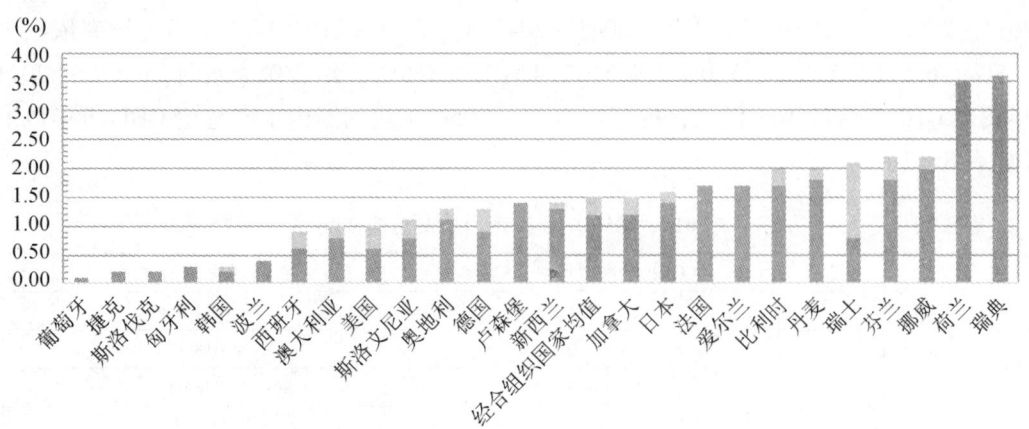

■ 公共长期护理费用占比　■ 私人长期护理费用占比

图 8.1　2009 年 OECD 国家长期护理费用/GDP

资料来源：OECD Health Data 2010。

预计达 2 031 亿元，占当年 GDP 的比重约为 0.24%。2050 年，我国老年长期护理总费用财政补助预计达 11 905 亿元，占 GDP 的比重上升为 0.35%（如表 8.15 所示）。这一部分的财政支出主要是由于我国人口老龄化所带来的，属于新增加的财政压力，对我国的财政可持续性将带来冲击。

表 8.15　　2011~2050 年我国老年长期护理总费用财政负担比例

年份	2011 年	2015 年	2020 年	2025 年	2030 年	2035 年	2040 年	2045 年	2050 年
护理总费用（亿元）	3 646	4 948	6 770	9 447	13 315	18 632	24 232	31 005	39 682
财政负担（亿元）	1 094	1 484	2 031	2 834	3 995	5 590	7 270	9 302	11 905
财政负担/GDP（%）	0.23	0.24	0.24	0.25	0.27	0.30	0.31	0.32	0.35

（二）每千名老人护理人员数

根据前面预测的 2011~2050 年我国老年长期护理所需护理人员数和根据《世界人口展望 2010》所测算的 2011~2050 年我国 60 岁以上老年人口总数的数据，我们可以计算出 2011~2050 年我国每千名老人护理人员数。2011~2050 年我国每千名老人护理人员数在 40 人以上，预计在 2050 年达到最高为 53 人（如表 8.16 所示）。

表 8.16　　2011~2050 年我国每千名老人护理人员数

年份	2011 年	2015 年	2020 年	2025 年	2030 年	2035 年	2040 年	2045 年	2050 年
护理人员数（万人）	708	822	970	1 168	1 419	1 707	1 912	2 106	2 318
老年人口总数（千人）	172 366	206 399	240 995	281 597	340 022	386 952	400 116	413 918	439 206
每千名老人护理人员数（人）	41	40	40	41	42	44	48	51	53

第八章
我国构建长期护理社会保险模式的成本测算

相对于 2010 年 OECD 主要国家，如美国 113 人、澳大利亚 70 人、加拿大 49.5 人、德国 3.6 人、韩国 3.3 人，我国处于中上游水平且远高于其平均水平 6.4 人（如表 8.17 所示。）

表 8.17　　　　　　　　OECD 国家老龄化和护理服务水平

国家	65 岁以上人口占比（%）	80 岁以上人口占比（%）	65 岁以上人口中接受机构护理比例（%）	65 岁以上人口中接受居家护理比例（%）	每千名老人床位数（张）	每千名老人护理人员数（人）
OECD 平均水平	15	4	4	9	44.5	6.4
加拿大	13	3.50	4	—	46.7	49.5
韩国	10.70	1.80	1.10	2.10	14	3.3
荷兰	15.20	3.90	6.70	12.90	69.5	8.2
瑞士	17.30	5	6.40	12.30	72	7.6
澳大利亚	13.30	3.70	7.20	8.60	59.6	70
意大利	20.40	5.80	3	4.90	16	
日本	23	6.20	3	9.80	26.3	5.4
西班牙	17.20	4.90	0.30	1.20	21.3	42
法国	16.90	5.50	6.70	6.50	52	−113
美国	15.80	3.70	—	—	42	3.6
德国	20	5	3.70	7	48	—
英国	15.80	4.10	—		56	

资料来源：OECD（2011），*Help Wanted? Providing and Paying for Long - Term Care.*

第二节　低保人群的社会救济成本测算

一、社会服务事业发展总况

21 世纪以来，在市场经济改革进程的推动下，我国经济平稳较快发展、综合国力不断提高。在保持经济持续稳定增长的同时，政府高度重视民生事业的发展，着力保障和改善民生，通过优化公共财政支出结构、扩大民生领域投资的方式，统筹经济与社会协调发展，大力进行社会保障和基本公共服务体系建设，让广大人民群众共享经济增长的成果。

自 2001 年以来，政府对社会服务事业财政支出投入持续增加。"十五"期间，我国财政支出总额达 127 800.69 亿元。其中，社会服务经费支出总额为 2 471.8 亿元,占财政总支出的 1.93%。"十一五"期间,我国财政支出总额达 317 654.99 亿元。其中,社会服务经费支出总额为 9 156.8 亿元,占政府财政总支出的 2.88%。相比"十五"期间社会服务经费支出在政府财政总支出中的比例上升 0.95 个百分点。在各项社会服务经费支出中,城市最低生活保障事业费占比最大。"十五"时期,社会服务经费支出中所占比例较大的前三项支出是城市居民最低生活保障事业费、社会福利费和抚恤费;"十一五"时期,社会服务经费支出中所占比例较大的前三项支出是城市居民最低生活保障事业费、农村低保及其他社会救济费和抚恤费。随着我国农村社会保障体系的建立和完善,农村最低生活保障水平不断提高,保障人数及覆盖范围扩大。农村低保及其他社会救济项在社会服务费用支出中的占比显著增加,"十五"时期所占比例为 5.16%,"十一五"时期上升至 18.91%(如表 8.18 所示)。

表 8.18　　2001~2010 年我国社会服务费及财政支出　　（单位：亿元）

年份	国家财政支出	社会服务经费支出	抚恤费	军队离退休、退职费	社会福利费	城市居民最低生活保障事业费	农村低保及其他社会救济费	自然灾害救济费	地方离、退休人员费	其他民政事业费
"十五"时期	127 800.69	2 471.8	479.8	302.7	444.7	668	127.6	247.6	66.9	284.7
2001 年	18 902.58	284.8	69.5	31.2	90.6	41.6		41.0	13.0	39.5
2002 年	22 053.15	392.3	74.7	49.5	167.5	108.7		40.0	13.2	47.3
2003 年	24 649.95	498.9	87.9	59.0	78.9	153.1		52.9	13.1	54.0
2004 年	28 486.89	577.4	104.1	74.1	52.1	172.7	47.7	51.1	13.9	61.7
2005 年	33 708.12	718.4	143.6	88.9	55.6	191.9	79.9	62.6	13.7	82.2
"十一五"时期	317 654.99	9 156.8	1 316.2	956.0	529.9	1 901.8	1 731.9	1 205.0	125.7	1 390.4
2006 年	40 213.16	915.4	178.8	115.7	65.3	224.2	147.8	79.0	14.0	90.6
2007 年	49 565.40	1 215.5	210.8	165.0	87.6	277.4	189.8	79.8	24.8	180.3
2008 年	62 427.03	2 146.5	253.6	180.2	103.1	393.4	326.8	609.6	26.5	252.7
2009 年	75 874.00	2 181.9	310.3	225.7	124.1	482.1	487.9	199.2	30.0	322.7
2010 年	89 575.40	2 697.5	362.7	269.0	149.8	524.5	579.6	237.2	30.4	544.1

资料来源：2011 年《中国民政统计年鉴》。

"十二五"时期民政事业发展的总体目标是到 2015 年完成《中华人民共和国国民经济和社会发展第十二个五年规划纲要》赋予民政事业的发展任务,数量适当、分布合理、设施健全、功能完善、方便可及的民政公共服务设施网络初步形成,基本民生保障水平与经济社会发展水平相适应,基层民主活力和社会自治功能明显增强,服务国防和军队现代化建设更加有力有效,专项社会事务管理服务水平继续提升,基层民政能力建设迈出实质性步伐,构建充满活力、富有效率、更加开放和有利于科学

第八章
我国构建长期护理社会保险模式的成本测算

发展的民政体制机制,民政事业在社会主义和谐社会建设中的基础性作用进一步发挥,具体目标如表 8.19 所示。

表 8.19 "十二五"时期民政事业发展的部分主要指标

主要项目和指标		2010 年	2015 年目标值	年均增长率(%)
1. 最低生活保障平均标准(元/人·月)	城市	251.2	404.6	10
	农村	117.0	188.4	10
2. 农村五保对象集中供养率(%)		31.9	50	[18.1]
3. 医疗救助政策范围内住院自付费用救助比率(%)		43	70	[27]
4. 每千名老人拥有养老床位数(张)		18	30	[12]
5. 基本养老服务补贴制度覆盖率(%)		—	50	—
6. 社区服务设施覆盖率(%)		50.81	90	[39.19]
7. 社会组织数(万个)		44.6	60.5	6.29
8. 每万人拥有社会工作专业人才数(人)		1.5	15	[58.49]

注:[ ] 表示五年累计数。
资料来源:民政部、国家发展和改革委员会关于印发《民政事业发展第十二个五年规划》的通知。

坚持民生优先的社会救助制度安排,推进基本社会服务均等化,提高困难群众和老年人的基本生活保障水平,促进全体人民共享发展成果。具体措施包括完善城乡最低生活保障制度和巩固动态管理下的应保尽保。农村五保供养方面贯彻《农村五保供养工作条例》,强化政府供养责任,完善供养政策,落实供养资金,以不低于当地农村居民平均生活水平的原则确定五保供养标准。医疗救助方面,全面建立临时救助制度,协同开展住房救助、教育救助、司法援助,努力实现城乡社会救助精确管理和全覆盖。此外,还要加强最低生活保障与最低工资、养老保险、失业保险、农村扶贫开发等政策的配套衔接。

老年人的经济来源及其生活保障正面临着前所未有的挑战。本节提出低保人群护理补贴机制的含义是通过政府财政渠道对低收入失能老年人群体给以适当的经济保障,以解决低收入老年人群体的长期护理问题。目前,城乡庞大的老年人群体没有经历较高收入的工作时期,缺少足够的个人财富积累,因此需要采取有效的补偿性措施,通过社会资源给予低收入老年人群合理的经济补偿。

二、低保失能老年人人数与补贴金额预测

根据前面测算得出的 2011~2050 年我国不同护理等级老年长期护理数量,从表 8.6 可知,不计部分失能老人(一级护理级别)选择机构护理(养老院及护理院)的人数,完全失能老人选择机构护理的比例为 38.46%。据此,我国可以计算出 2011~2050 年

选择机构护理的完全失能老年人需要不同等级长期护理的人数为 426 万人～1 465 万人（如表 8.20 所示）。

表 8.20　　　2011～2050 年我国不同护理等级老年长期护理数量　　　（单位：万人）

人数＼年份	2011 年	2015 年	2020 年	2025 年	2030 年	2035 年	2040 年	2045 年	2050 年
完全失能老人	1 107	1 282	1 513	1 822	2 222	2 714	3 066	3 410	3 809
选择机构护理完全失能老人	426	493	582	701	855	1 044	1 179	1 311	1 465

按季度看，2011 年全国城乡地区中县以上老人低保平均人数分别为 18 922 333 人和 3 365 814 人（如表 8.21 所示）。结合前面计算的 2011～2050 年我国 60 岁以上分年龄人口数据，我们可以计算得出农村、城市老人的低保率分别为 10.98%，1.95%。

表 8.21　　　　　2011 年全国县以上老人低保情况（城乡）　　　　　（单位：人）

地区	2011 年第一季度	2011 年第二季度	2011 年第三季度	2011 年第四季度
农村	18 572 947	18 697 341	19 100 975	19 318 069
城市	3 364 145	3 350 410	3 326 845	3 421 854

资料来源：2011 年民政部民政事业统计季报。

假定完全失能老人中低保老人选择入住机构护理的比例与完全失能老人整体选择机构护理的比例相同，且 2011～2050 年我国低保老年人占全国老年人口的比例不变。我们可以计算出 2011～2050 年我国城乡选择机构护理的完全失能老人中低保老人的总人数（如表 8.22 所示）。

表 8.22　　2011～2050 年我国选择机构护理的完全失能老人中低保人数　　（单位：万人）

人数＼年份	2011 年	2015 年	2020 年	2025 年	2030 年	2035 年	2040 年	2045 年	2050 年
农村	47	54	64	77	94	115	129	144	161
城市	8	10	11	14	17	20	23	26	29

按照谢红等（2011 年）推算出的 2009 年全国城镇护理院护理成本为重度失能护理费用，即 1 227.73 元/月，2009 年农村重度失能护理费用为 463.25 元/月。假定机构护理的护理成本等于护理院护理中重度失能护理的成本，并假设老年长期护理费用的增长速度与职工平均工资的增长速度相同，根据相关文献设定我国职工平均工资的增长速度在 2005～2010 年为 5%，2010～2015 年为 4%，2016～2050 年为 3%，以 2010 年不变价格计算，我们可以计算出 2011～2050 年我国城乡地区机构护理每人月均费用为 506～4 413 元（如表 8.23 所示）。

表 8.23　　　　　　　2011～2050 年机构护理的人均成本　　　　　　（单位：元/月）

年份	2011 年	2015 年	2020 年	2025 年	2030 年	2035 年	2040 年	2045 年	2050 年
农村	506	592	686	795	922	1 069	1 239	1 436	1 665
城市	1 341	1 568	1 818	2 108	2 444	2 833	3 284	3 807	4 413

根据民政事业统计季报（2011 年第 1～第 4 季度）公布的农村、城镇居民最低生活保障平均标准计算出 2011 年农村和城镇居民最低生活保障平均标准分别为 133 元/人/月和 275 元/人/月，分别为 2011 年机构护理人均成本的 26% 和 46%。因此，假定对入住养老机构的农村和城市低保老人的补贴分别按照机构护理人均成本的 74% 和 54% 给予补贴，我们便可计算出 2011～2050 年对入住养老机构低保老人的补贴总额，其中城市地区需补贴的金额远小于农村地区。2011 年对入住养老机构低保老人的补贴总额为 28 亿元，其中对入住养老机构的农村低保老人的补贴额为 21 亿元，对入住养老机构的城市低保老人的补贴额为 7 亿元。2030 年入住养老机构的低保老人的补贴总额已经突破 100 亿元，达到 103 亿元。2050 年入住养老机构的低保老人的补贴总额更是达到 318 亿元（如表 8.24 所示）。

表 8.24　　　　2011～2050 年对入住养老机构的低保老年人的补贴总额　　　（单位：亿元/年）

人数＼年份	2011 年	2015 年	2020 年	2025 年	2030 年	2035 年	2040 年	2045 年	2050 年
农村	21	28	39	54	76	108	142	183	237
城市	7	10	13	19	26	37	49	63	81
合计	28	38	52	73	103	145	190	246	318

城乡最低生活保障制度是我国社会保障体系的重要组成部分，是从制度上保障我国城乡贫困人口基本生活的重要途径。20 世纪 90 年代以来，我国低保制度逐渐由部分城市扩展到全部城市，进而逐步从城市延伸到农村。

"十一五"时期，城市低保制度进入稳步发展阶段，保障人数维持在 2 300 万人左右，平均保障标准、平均支出水平逐年提高。2010 年，我国城市居民最低生活保障标准为人均每月 251.2 元，平均支出水平由"十一五"规划期初的人均每月 83.6 元提高至 189.0 元。2007 年，国务院下发《关于在全国建立农村最低生活保障制度的通知》，农村最低生活保障制度在全国范围内开始建立和实施，保障最低生活资金得以落实，符合条件的农村贫困人口逐步纳入保障范围，平均标准随着当地生活必需品价格的变化和人民生活水平的提高进行适时调整。2006 年，我国农村最低生活保障人数为 1 593.1 万人，2010 年农村最低生活保障人数大幅上升至 5 214.0 万人，是农村低保制度实施以前保障范围覆盖人数的 3.3 倍。

随着城镇化的推进，我国城乡最低生活保障制度进一步完善，更加注重保障公平，更加注重城乡统筹发展。2006 年，我国城市最低生活保障支出总额为 224.7 亿元，农村最低生活保障支出总额为 66.0 亿元，城市低保支出占全国低保支出总额的 77.3%，农村低保支出占全国低保支出总额的 22.7%；2010 年，城市最低生活保障支出总额为 524.0 亿元，农村最低生活保障支出总额为 463.0 亿元，城市低保支出占全国低保支出总额的 53.1%，农村低保支出占全国低保支出总额的 46.9%（如表 8.25 所示）。

表 8.25　　　　　2001~2010 年我国城市、农村低保保障情况

年　份	城市最低生活保障人数（万人）	农村居民最低生活保障人数（万人）	城市最低生活保障 平均支出水平（元/人·月）	农村最低生活保障 平均支出水平（元/人·月）	城市最低生活保障 平均标准（元/人·月）	农村最低生活保障 平均标准（元/人·月）	城市低保支出总额（亿元/年）	农村低保支出总额（亿元/年）
2001 年	1 170.7	304.6	29.6		147.0		41.6	
2002 年	2 064.7	407.8	43.9		148.0		108.8	
2003 年	2 246.8	367.1	58.0		149.0		156.4	
2004 年	2 205.0	488.0	65.0		152.0		172.0	
2005 年	2 234.2	825.0	72.3		156.0		193.8	
2006 年	2 240.1	1 593.1	83.6	34.5	169.6	70.9	224.7	66.0
2007 年	2 272.1	3 566.3	102.7	38.8	182.4	70.0	280.0	166.0
2008 年	2 334.8	4 305.5	143.7	50.4	205.3	82.3	402.6	260.4
2009 年	2 345.6	4 760.0	172.0	68.0	227.8	100.8	484.1	388.4
2010 年	2 310.5	5 214.0	189.0	74.0	251.2	117.0	524.0	463.0

资料来源：2011 年《中国民政统计年鉴》。

"十三五"时期，我国城乡居民社会保障体系建设将继续坚持"广覆盖、保基本、多层次、可持续"的基本方针，以增强公平性、适应流动性、保证可持续性为重点，更加注重保障公平，更加注重统筹城乡发展，更加注重优质高效服务，更加注重可持续发展。作为社会保障体系的重要组成部分，我国城乡最低生活保障制度建设也将继续完善，逐步实现城镇和农村最低生活保障制度的统一。

三、政策建议

补供方是政府直接补偿长期护理运营过程中所耗费的成本，补偿的形式有税收优惠、运营补贴等，最终目的是保证居民长期护理服务的质量、可及性和可负担性。补需方是政府对长期护理服务的消费者进行补偿，通过提高其购买能力，保证居民得以支付长期护理服务，有现金补偿、专项补贴、医保救助等形式。补供方和补需方二者

的目的都是保证居民获得长期护理服务，其区别在于政府对市场干预方式的不同。

从实践经验来看，补供方的措施以天津市为例，根据天津市《关于进一步发展我市居家养老服务的意见》，从2012年起天津市居民区应当配套建设老年日间照料服务中心和托老所等服务设施。天津市财政对每个老年日间照料服务中心给予30万元~50万元的一次性资助，福利彩票公益金对每个托老所按每张床位1万元给予一次性资助。老年日间照料服务中心的运营由区县财政给予经费支持。托老所运营后，由福利彩票公益金按每月每张床位100元给予运营补贴，即通过补贴供方的财政补助、运营补贴等，鼓励长期护理服务产业的发展。从补需方的角度看，根据天津市《关于对我市困难老年人增加居家养老护理补贴的意见》，从2012年10月1日起，天津市将在现有居家养老服务补贴的基础上增加居家养老护理补贴，符合条件的老年人按照轻度、中度、重度照料等级，每月可领到居家养老服务补贴、护理补贴共计150元、200元、400元。对经过评估，符合轻度、中度和重度照料等级的老年人，在每人每月100元、150元和200元居家养老服务补贴的基础上，给予每人每月50元、50元和200元居家养老护理补贴。居家养老护理补贴与居家养老服务补贴以居家养老服务代金券的形式支付补贴对象，即通过居家养老服务代金券，以专项服务补贴的方式，保证失能老人的长期护理服务需求。

我们认为，发展长期护理服务，从我国当前的国情来看，补供方和补需方应同时进行，唯有如此，方可一方面促进长期护理产业的发展，另一方面保证失能老人的支付能力。未来，无论是补供方还是补需方，均应顺应长期护理服务以服务输送为主、现金补贴为辅的发展规律，强调对长期护理服务的专项补贴，保证长期护理资金的专款专用。

专栏 8.1

老年人护理服务费用的实际状况

中国保险行业协会发布的《2016年中国长期护理调研报告》显示，尽管存在实际的护理需求，但老年人对护理服务的整体支付意愿却不高。根据调查，1/3的受访老人不愿意支付任何护理服务费用，在有支付意愿的老人中，大多数每月愿意承担的费用也集中在1 000元以下（占比38.9%）和1 000~3 000元（占比19.4%）这两个水平，愿意承担月费用超过3 000元的人群比例仅为8.4%（去除选择居家护理的人群，支付意愿并无显著变化）。护理服务支付意愿显然会受到健康状况的影响。除此之外，问卷中的相关问题明确提示受访者根据自己的经济情况来选择愿意承担的金额，因此支付意愿也受收入水平的影响。

从依赖等级来看，与护理服务需求的情况十分相似，服务支付意愿在60分

续专栏 8.1

的巴塞尔指数水平发生明显变化：60分以上的完全自理和轻度依赖两个组别中，各有三成以上的老人支付意愿为0，另有约40%的老人愿意每月承担1 000元以下的费用，而超过3 000元的人群占比仅为5%；在60分以下的中度和重度失能老人中，不愿意支付任何费用的人群占比下降至20%左右，而选择1 000元以上的各个费用选项的人群比例均有明显上升，特别是有8.9%和13.9%的中度和重度依赖老人每月愿意承担的费用超过5 000元。这从支付意愿的角度再次证明，一旦进入中度依赖状态，老年人对护理服务的需求便大幅上升。

从收入角度来看，每月可支配收入低于2 000元的受访老人中有41.1%不愿意支付任何费用，而这一比例在月收入超过5 000元的人群中大幅下降至9.3%。此外，1 000~3 000元的费用水平在月收入低于2 000元和高于5 000元人群中的选择占比分别为13.7%和40.7%，但即使是在最高收入的老年人中，支付意愿超过每月3 000元的比例也较低，仅为11.6%。

综上所述，护理依赖等级和收入水平对老年人的服务支付意愿有较为显著的影响，其中前者的影响大于后者。整体来看，大部分老年人的支付意愿都较低，愿意每月承担3 000元（或5 000元）以上的人集中在月收入超过5000元的高收入、依赖等级达到中度以上这两个人群中。

本章小结

本章有两节内容，第一节根据联合国经济与社会事务部人口司发布的《世界人口展望2010》中关于我国老龄人口数据和老年人失能数据测算我国未来老年人长期护理需求量，并在此基础上测算了长期护理的费用及护理人员费用。第二节测算了低保人群长期护理的社会救助成本。通过测算低保人群的失能人口数、护理成本及其补贴成本最终推导测算得出财政"兜底"的支出。

思考题

1. 长期护理费用的成本测算方法有哪些？
2. 当前我国失能人员的护理费用如何筹集？

第九章

长期护理商业保险的补充机制

人口老龄化已经成为当今社会必须面对的一个严重问题。随着老龄化程度的加剧，社会对长期护理的需求急剧增加，然而倒金字塔形的家庭结构及越来越重的生活压力使我们传统的家庭长期护理不能维持，老年护理需求不可能在家庭内得到充分满足，此部分需求必然转向社会，如果不及时采取制度化的措施规划应对，在一定条件下老年护理风险会逐步演化为社会性风险。长期护理保险成为人类对抗长期护理风险的一个有效手段和必然途径。现阶段，长期护理商业保险在应对全球老年失能风险方面所起的作用有限，多数 OECD 国家都是以税收或者社会保险的方式来保障老年人的护理需求。然而，长期护理商业保险作为补充性保险，在满足人们多样化护理需求方面将扮演重要角色，且随着我国老龄化形势的加剧，老年护理费用对公共财政造成了巨大的压力，这使得商业保险模式显得更为重要。当前，我国保险行业发展取得了很大进展，中产阶级的队伍也在日益扩大，发展长期护理商业保险具备了一定的有利条件。

第一节 长期护理商业保险作为补充机制的必要性

在长期护理保险制度中，长期护理商业保险作为充分发挥市场机制作用的调节工具，有其存在的必要性。

一、老年护理费用对公共财政造成的压力

（一）公共财政体系面临卫生费用上涨压力

改革开放以来，伴随着我国医疗卫生事业的长足发展，全社会的医疗卫生费用（此处为不包括长期护理费用的狭义卫生费用）也出现了大幅上涨，从 1978 年的 110 亿元上升至 2011 年的 22 496 亿元，人均卫生费用也从 11 元增加至 1 670 元，卫生费

用16.4%的年均增长率超过了GDP的年均增长率14.9%，卫生费用占GDP的比重由3%上升为4.8%[①]。卫生费用的上升源于我国卫生条件的进步、卫生保障的完善和我国老年人比例的提高。一方面，卫生条件的改善和卫生保障制度的不断完善为更多的居民提供了就医的便利，医疗技术的进步及新设备的应用在一定程度上提升了医疗成本；另一方面，老年人口比重的提高也使得整体看病就医总量相应增加。

卫生费用的增长，一方面反映了我国居民的医疗卫生条件得到改善，但与此同时也给我国经济和财政带来了一定的压力。卫生费用由政府、社会和个人共同分担，通过分析我国卫生费用的负担结构，可以看出在2000年以后，随着我国医疗保障制度的完善，个人的卫生负担占比下降，而政府和社会的卫生负担占比则上升。2010年，政府卫生支出占财政总支出的比重上升为6.4%，较最低的水平（2002年）上升了2.3个百分点（如表9.1所示）。

表9.1　　　　　　　　　　我国卫生费用的负担结构

年份	卫生费用（亿元）				卫生费用构成（%）			政府财政支出（亿元）	政府卫生支出占财政支出比重（%）
	合计	政府卫生支出	社会卫生支出	个人卫生支出	政府卫生支出	社会卫生支出	个人卫生支出		
1980年	143	52	61	30	36	43	21	1 229	4.2
1985年	279	108	92	79	39	33	29	2 004	5.4
1990年	747	187	293	267	25	39	36	3 084	6.1
1995年	2 155	387	768	1 000	18	36	46	6 824	5.7
2000年	4 587	710	1 172	2 705	16	26	59	15 887	4.5
2001年	5 026	801	1 211	3 014	16	24	60	18 903	4.2
2002年	5 790	909	1 539	3 342	16	27	58	22 053	4.1
2003年	6 584	1 117	1 789	3 679	17	27	56	24 650	4.5
2004年	7 590	1 294	2 225	4 071	17	29	54	28 487	4.5
2005年	8 660	1 553	2 586	4 521	18	30	52	33 930	4.6
2006年	9 843	1 779	3 211	4 854	18	33	49	40 423	4.4
2007年	11 574	2 582	3 894	5 099	22	34	44	49 781	5.2
2008年	14 535	3 594	5 066	5 876	25	35	40	62 593	5.7
2009年	17 205	4 686	5 948	6 571	27	35	38	76 300	6.1
2010年	19 980	5 733	7 197	7 051	29	36	35	89 874	6.4

资料来源：《中国统计年鉴2011》。

---

① 根据《2011中国统计年鉴》相关数据计算所得。

我们基于人口迭代模型进行的人口预测数据和一系列对成本、工资的假设,采取敏感性分析的方法,对我国卫生费用未来可能发生的走势进行预测,结果显示到2050年,我国卫生费用占 GDP 的比重最高可达17.2%,即便是中性情景①下,我国卫生费用也将由2010年的1.9万亿元上升至2050年的91万亿元(当年价),占 GDP 的比重也将由2010年的5%上升至2050年的9.0%。按照目前中国政府的卫生支出占卫生总费用30%左右的比例来看,卫生费用的快速增长将导致政府财政支出中卫生相关费用占 GDP 比重的增加。在税收和其他财政收入政策不变的情况下(假设财政收入占 GDP 比重不变),政府卫生支出占 GDP 的比重和政府财政支出占全部财政支出的比重的上升必然导致财政赤字的增加。在我们的中性情景假设下,政府卫生支出占财政支出的比重将由目前的6.7%上升至2050年的11.6%。这将会对我国财政体系的可持续发展造成严重的冲击。

(二) 长期护理服务费用加剧公共财政压力

对卫生费用的估计还应该充分考虑当前日渐突出的长期护理问题,这是我们国内以往研究经常忽视的环节,而面对我国日益严重的老龄化状况尤其应该引起重视。据我国老龄办统计预测,到2050年我国老年人口总量将超过4亿人,老龄化水平推进到30%以上。同时,我国人口老龄化还表现出两个显著特征:一是老年人口抚养比提高。2000年我国劳动年龄人口对老人赡养比为15.6%,预计到2050年将上升为48.49%。如果再加上对幼年子女的抚养,劳动年龄人口的总抚养比上升得更为迅速,2050年将达到76.8%,人口老龄化将使劳动年龄人口的经济负担日益沉重。二是高龄化趋势明显。到2050年,80岁及以上老年人口将达到9 448万人,占老年人口的21.78%。中国高龄老年人口增长速度很快,重度老龄化和高龄化问题显得越来越突出,赡养老年人所面临的困难越来越严重,所以在不久的将来,老年长期护理也将成为影响我国国计民生的社会性问题。

本书第八章已经测算了2011~2050年老年长期护理费用占 GDP 的比例,且比重呈现逐年增加的趋势,到2025年,长期护理费用占 GDP 的比重达到0.83%,至2050年这一比例更是达到1.17%。如果国家力求公共财政在应对老年护理风险方面扮演唯一重要的角色,即公共财政直接为承担老年人的护理费用支出或者通过公共财政建立、经营福利性老年护理机构,看护照料老人,在我国经济实力有限的情况下,必将给公共财政支付造成巨大的压力,尤其在我国未来经济增长速度放慢与高龄化趋势加剧的背景下,会进一步加重公共财政应对老年护理风险的费用支出压力,势必恶化政府的财政状况,影响国家的预算安排,给国家重大项目的实施造成障碍。因此,单纯以公共财政应对老年长期护理风险,将造成国家财力严重不足,大大削弱国家财政职

---

① 预测中根据对门诊次均费用和住院次均费用的年均增长率、年龄别门诊和住院增长率的不同假定出现不同情景下卫生费用的估计。

能和宏观调控能力,继而严重制约了国防、农业、科教文卫事业的发展。

即便是国家财政承担部分老年长期护理费用,对我国公共财政也会产生很大的冲击。参考相关国家和地区的长期护理保险制度的实践经验,护理费用部分由政府财政直接分担,从 OECD 国家的经验来看,政府承担 30% 的长期护理费用的比例是普遍趋势①,且在目前狭义卫生费用中,政府承担部分也为 30% 左右。这里假定从 2013 年起,我国财政逐步对长期护理费用也开始提供财政支持,至 2032 年我国财政对长期护理支出的比例也达到 30%,此后至 2050 年一直保持稳定,以此作为我国未来长期护理保险制度中财政支出的测算基础。运用第八章预测的 2011~2050 年我国老年长期护理总费用,再根据所预测的 2011~2050 年我国 GDP 数据及对未来政府承担比例的假定,我们可得到 2011~2050 年老年长期护理总费用财政负担部分占 GDP 的比重的预测值:至 2020 年,我国老年长期护理财政支出预计达 812.4 亿元,占当年 GDP 的约 0.1%;至 2050 年,我国老年长期护理总费用财政补助预计达到 111 904.6 亿元,占 GDP 的比重上升为 0.35%(如表 9.2 所示)。这一部分的财政支出主要是由于我国人口老龄化所带来的,属于新增加的财政压力,对我国的财政可持续性带来新的冲击,影响国家财政职能和宏观调控能力。

表 9.2　　　　　　　　2011~2050 年我国老年长期护理财政支出

年份	财政负担比例假设(%)	财政负担总额(亿元)	财政负担/GDP(%)
2011 年	0.00	0	0
2015 年	4.50	222.66	0.036
2020 年	12.00	812.4	0.096
2025 年	19.50	1 842.165	0.163
2030 年	27.00	3 595.05	0.273
2035 年	30.00	5 589.6	0.296
2040 年	30.00	7 269.6	0.309
2045 年	30.00	9 301.5	0.325
2050 年	30.00	111 904.6	0.350

二、长期护理需求的多层次

随着老龄化进程的加快和家庭结构变化导致"空巢"家庭的增多,这就对老年

---

① 在 OECD 国家,政府支出占长期护理费用的比重平均在 30% 以上,见 Rosanna Tarricone & Agis D. Tsouros, "Home Care in Europe," World Health Organization, 2008。在美国,联邦和州政府的 Medicaid 支出占全部长期护理支出的约 40%,其他主要来源包括个人支出、Medicare、商业保险和地方政府预算,见 John Greenwald, "Another Time Bomb for the Economy," Fiscal Time, October 20, 2010; and Georgetown University Health Policy Institute, 2004, "Who pays for long-term care?".

长期护理服务提出了更高的要求,不仅仅局限于身体健康方面的护理服务需求,老年人身心健康等精神层次的护理需求也会逐渐增长,而我国现实情况是大多数老年福利设施服务功能单一、设备简陋,不能全方位为老年人提供多元化的生活和护理服务。以养老服务机构为例,养老服务机构应该是一个集精神生活和物质生活为一体的系统服务设施,但是目前国内大多数的养老院服务项目单调,服务水平低,一般仅仅能够满足入住老人的吃、住等基本生活需求,服务模式雷同,缺乏特色和个性服务,对老年人心理慰藉、精神赡养、文化娱乐、身体康复等更高层次的需求缺乏服务,尤其是社会力量举办的养老机构,投入有限,人力匮乏,老人活动空间小,床位相对密度大,空气不清洁,众多不能自理的老人住在一起,感到明显的拥挤和压抑。老年医疗设施资源配置和利用也存在不合理的情况,现有的医院绝大多数属于综合性医院,专门服务于老年人的医院和适应老年人需要的慢性病治疗、照料机构、晚期病人的临终关怀机构很少,形成此类服务的空缺,光凭政府一己之力是很难解决的,至少在短时间内是不可能实现的。

三、长期护理商业保险的专业化管理与服务优势

(一) 长期护理商业保险的专业化优势

改革开放以来,借鉴国外保险业上百年的先进经验和管理技术,我国保险业得到迅猛发展,在精算技术、承保和理赔管理、机构网络以及资金运用方面都有显著进步。商业保险由于其商业特性,使其在技术、服务网络、成本管理上相对政府社会保险行为更具先天的优势。

第一,商业保险机构具有政府机构和其他社会组织所不具备的专业技术资源。长期护理保险制度的建设是一个科学的系统工程,从基础数据的收集分析、保障范围和给付标准的设计,到费率的厘算等都需要专业的保险知识和精算技术。在此方面,商业保险机构能够为长期护理保险体系的制度设计和保险计划实施提供大量专业服务。

第二,商业保险公司具有政府机构和其他社会组织缺少的专业管理资源。长期护理保险的管理涉及参保人的身份认证、护理状态鉴定、赔案理算、结报补偿、案卷管理、客户服务、护理服务机构管理等环节,这些环节需要建立专业的管理制度并通过信息管理系统进行处理。这些正是商业保险机构经营管理的范畴和优势所在。商业保险机构已经建立了专业的管理制度,拥有业务信息管理系统,培养了专业的管理队伍,这些专业管理资源能够直接应用于长期护理保险的专业化管理。

第三,商业保险机构具有较高的专业组织效率。按照现代保险制度建立的商业保险机构,从岗位设置、业务流程设计、业务管理制度、人员素养等方面,具有较高的保险业务运作效率。商业保险公司参与长期护理保险的管理,能够提高长期护理保险体系的运营效率,减低运营成本。

第四，商业保险公司参与管理能够增强长期护理保险制度实施的公平性和透明度。商业保险公司参与长期护理保险管理，能够实现业务处理的契约化、信息化、制度化、标准化和规范化，增加业务管理和长期护理保险给付的公平性和透明度，有效降低人为主观因素干扰所造成的不规范现象，保证长期护理保险制度的公平、公正和公开，增强公众对长期护理保险制度的信任。

（二）长期护理商业保险的服务优势

长期护理商业保险不同于社会保险，具有融资渠道广、非强制性、产品设计灵活、精算和风险控制能力强等特点，在满足人们多样化护理需求方面将扮演重要角色，在应对老年失能风险方面都发挥着重要的作用。

从融资渠道看，长期护理商业保险的融资渠道主要来自保险公司的客户，不需要财政直接投资，可以实现在不造成国家财政负担的基础上，以商业筹资方式帮助部分人群实现风险分散，有效解决部分群体的护理保障需求。在当前养老金资金缺口大，社会医疗保障不断提高，政府融资承受能力有限的情况下，长期护理商业保险的融资渠道更加可取。

从我国区域差别的解决途径看，长期护理商业保险的发展模式比较灵活，具有非强制性的特性，面对我国地区经济差异大、不平衡的情况，长期护理商业保险可以充分发挥专业优势，通过差异化的保障方案、保障水平和保险费率来调节和解决不同经济发展阶段各地区的护理需求。

从客户需求看，随着医疗技术水平的提高、生活质量的不断改善、各种专业护理机构的涌现，老年人需要接受长期护理的种类将逐步增多并且更加多样。老年护理需求的复杂性决定了长期护理保险的内容应该具有多样性。长期护理商业保险具有产品设计灵活多样的特点，可以为被保险者量身定做满足其需求的保单，满足被保险者不同层次的需要。当国民面临护理风险时，能够根据自身偏好与客观支付能力选择最适宜的护理给付组合，而不会因护理等级的轻重、持续时间的长短而产生不确定性，甚至无力应对的困境。同时，长期护理商业保险创新能力较强，能够通过不断的探索和尝试，以产品的改进和创新适应不断变化的护理服务需要，并为未来建立长期护理社会保险奠定一定的经验基础。

从风险控制角度看，在我国，社会医疗保险和商业医疗保险均不负担医疗护理费用，许多投保医疗保险的老年人长期住院，把医院当作护理场所，引发道德风险，加剧了我国医疗保险的支出和社会保障的财政负担。长期护理商业保险的发展可以通过为客户提供护理保障而规避道德风险带来的医疗费用支出巨增的风险。同时，商业保险公司通过专业化的经营，还可以促进养老护理服务机构的发展，防范护理机构可能带来的服务风险，推动国家长期护理保险制度的构建。

第二节 长期护理商业保险产品

一、美国长期护理商业保险产品

美国的长期护理保险始于20世纪80年代中期，属于出现较晚的新险种，现已成为美国健康保险市场最受欢迎的产品之一。根据美国寿险营销研究会（Life Insurance Marketing and Research Association，LIMRA）的统计，至2010年美国长期护理商业保险总有效保单数达到722万人次，保费收入累计109.1亿美元，其中个人保单达到480万人次，保费收入累计88.5亿美元（如表9.3和表9.4所示）。

表9.3　　　　　　　美国商业长期护理保险个人业务发展概况

年度	项目	新发保单（个）	有效保单累计（千美元）
2002年	投保人数	581 625	3 855 584
	保费收入	1 024 297	5 992 785
2004年	投保人数	362 009	4 225 000
	保费收入	698 800	6 810 000
2005年	投保人数	332 372	4 400 000
	保费收入	660 813	7 300 000
2006年	投保人数	296 809	4 510 000
	保费收入	607 703	7 718 000
2007年	投保人数	294 118	4 630 000
	保费收入	633 693	8 100 000
2008年	投保人数	276 500	4 800 000
	保费收入	603 984	8 600 000
2009年	投保人数	212 800	4 800 000
	保费收入	464 061	8 740 000
2010年	投保人数	234 816	4 800 000
	保费收入	524 738	8 850 000
2011年	投保人数	229 494	4 810 000
	保费收入	545 901	9 200 000

资料来源：LIMRA，*Individual LTCI Insurance Annual Review 2007&2008&2009&2010&2011*。

表 9.4　　　　　　　　　美国团体长期护理保险发展趋势

年度	项目	参与团体数量（个）	参与人数（人）	保费收入（千美元）
1999 年	新保单	870	178 836	67 772
	有效保单	3 099	786 317	356 950
2003 年	新保单	1 087	241 318	224 919
	有效保单	5 801	1 745 947	1 151 741
2005 年	新保单	1 026	112 282	64 728
	有效保单	7 288	1 792 711	1 078 561
2007 年	新保单	1 512	121 762	62 826
	有效保单	9 239	2 101 388	1 584 536
2008 年	新保单	1 162	113 560	63 127
	有效保单	10 100	2 200 000	1 700 000
2009 年	新保单	871	92 480	61 478
	有效保单	—	2 200 000	1 700 000
2010 年	新保单	938	100 991	67 831
	有效保单	—	2 280 000	1 860 000

资料来源：LIMRA，U.S. Group Long – Term Care Insurance Annual Review 2007&2008&2009&2010。

长期护理商业保险既为个人提供了年老时所需护理的保障，又可以作为一种良好的投资手段而为被保险人及其家庭所接受。

（一）保障范围和承保方式

1. 保障范围

长期护理保险承保被保险人在特定场所（医院急病治疗部分外）因接受时间至少超过一年以上的各种个人护理服务而发生的护理费用。这些护理服务内容包括：具有治疗性质的护理服务，如诊断、预防、康复，以及其他不具有治疗性质的家庭护理、成人日托中心护理等；服务性质可以是全天候的专业护理，也可以是非全日的中级护理与日常护理（如个人生活照顾、看护服务等）；护理服务可以在护理院进行，也可以在家庭或社区住所进行。长期护理保单按护理服务项目的不同定额给付，直至最高保额。其中：专业护理需在医师指导下进行，专业护理人员 24 小时看护病人，需要特殊护理知识和护理技能；中级护理是一种非连续性护理，虽不需要专业医护人员全日看护病人，但通常护理服务持续时间比较长；日常护理是最基本的非医疗性质的安养护理，并不要求由专业的护理人员护理，仅仅为病人提供日常起居活动的帮助，但这种护理耗时最长。不同保险单关于日常护理的要求不同，有的是在被保险人丧失一定日常活动能力时才可进行，以某几项失能作为支付津贴的条件，一般只要求两项失能即可申请保险津贴，有的是必须经过医生鉴定方可实施，还有的长期护理保险单还包括家庭护理,该服务的一部分或全部均在家中进行。家庭护理在美国长期护理保险市场中的地位日益重要。

2. 承保方式

在美国,长期护理保单的承保方式较为多样,可以签发独立的长期护理商业保单,也可以将其作为终身寿险保单的批单形式。长期护理商业保险可单独向个人承保,也可以团体保险形式向团体提供承保。

近年来美国长期护理保险市场上的联合型保单数量呈现快速的上升,而单一型疗养院保单的比例从20世纪90年代的主导地位下降到2010年的1%左右,体现了护理多样化的趋势。同时,每日给付额也随时间推移而上升(如表9.5所示),但其增长速度要明显慢于保费的增长速度,说明长期护理保险的成本压力日见明显。

表9.5 美国不同时期长期护理保险保单特征列表

保单特征		2010年	2005年	2000年	1995年	1990年
保单类型	单一护理院护理(%)	1	3	14	33	63
	联合型(%)	95	90	77	61	37
	单一家庭护理(%)	4	7	9	6	—
护理院护理每日给付(美元)		153	142	109	85	72
家庭护理每日给付(美元)		152	135	106	78	36
护理院护理免赔期(天)		85	80	65	59	20
联合保单免赔期(天)		90	81	47	46	—
护理院护理给付期(年)		4.9	5.4	5.5	5.1	5.6
保单有通货膨胀保护(%)		74	76	41	33	40
年缴保费(美元)		2 283	1 918	1 677	1 505	1 071

资料来源:America's Health Insurance Plans (AHIP), 2012, Who Buys Long-Term Care Insurance in 2010-2011? A 20-Years Study of Buyers and Non-Buyers。

(二) 保费交纳和保险金给付

1. 保费的交纳

长期护理商业保险的保费可以根据被保险人的需求和财务状况有很多可供选择的方案。例如,对夫妇双方都投保的,即连生保险,可给予折扣优惠。实际的费率通常取决于三种因素,即投保年龄、津贴给付方式、选择的保险利益和保险条款。虽然各保险公司制订的费率各不相同,但是保单更新时保险人不能因被保险人的健康状况发生变化而撤销保单。保险人可以在保单更新时提高保险费率,但必须一视同仁地对待同等情况的全体被保险人。另外,一般保险人在开始履行给付保险金责任一段时间后,被保险人无须再缴纳保费。

美国寿险营销研究会 2005 年的报告中给出了一个关于长期护理商业保险产品第一年平均保费的大致列表，它可以在一定程度上说明美国长期护理保险保费制定的水平总体上随着年龄增长、家庭收入增多和投资资产数量的增加而不断提高（如表 9.6 所示）。

表 9.6　　长期护理商业保险产品第一年平均保费的大致情况

	第一年的平均保费
年龄	
40~49 岁	1 298 美元
50~59 岁	1 598 美元
60~64 岁	1 911 美元
65 岁以上	2 196 美元
家庭收入	
少于 5 万美元	1 820 美元
5 万~10 万美元（不含）	1 643 美元
10 万美元及以上	2 017 美元
用作投资的资产	
少于 5 万美元	1 315 美元
5 万~10 万美元（不含）	1 444 美元
10 万~25 万美元（不含）	1 707 美元
25 万~50 万美元（不含）	2 107 美元
50 万美元及以上	2 119 美元

资料来源：LIMRA，2005。

2. 保险金给付

在美国，一份私人的长期护理保险保单需要为必要的长期护理成本进行支付，例如疗养院护理或家庭看护。一般而言，保单会在进行护理的每一天都提供固定的支付而无论实际护理成本是多少。长期护理保险产品一般都有固定的支付期限，如为疗养院护理支付两年或三年的护理费。覆盖时间越长，保单价格也就越高，某些保单用金额上限代替了时间上限。为了获得保障，保单持有人不仅要在事先规定的护理类型中受益，而且需要满足一定的"触发条件（Benefit Trigger）"，如在 ADLs 列表内的两项活动中需要得到照顾，或者保单持有人因精神方面的疾病需要得到监护，如罹患老年痴呆症等。长期护理保险给付方式主要涉及三大条款。

（1）日给付和最高给付额条款。被保险人可自由选择按日进行给付，美国的日给付主要为 50 美元~250 美元，一旦择定后，被保险人所获得的每日护理保险费用不得超过此给付限额。除了规定一个每日津贴，部分长期护理保险单还同时规定整个给付期内给付限额和每日给付，也就是当每日给付额累计达到整个给付期的总限额时，保险责任终止。

（2）给付期条款。被保险人可以自行选择一年或者数年甚至延续至终身等不同的给付期，由保险人在被保险人所选择的某一种给付期内承担保险给付的责任。例如，美国家庭人寿保险公司（American Family Life Insurance Company）销售的保单（AFLAC 保单：A－27025－CA）支付三年期养老院、二年期生活辅助及 400 次家庭护理访问的护理成本，如果消费者不愿意离开家去使用其他保单利益，他可能很快就用尽家庭护理，同样需要疗养院护理的人们可能在任何时候都不能使用家庭护理及辅助生活护理服务。目前，许多经营长期护理保险的公司开始利用"货币池"保单提供更多灵活性，以使消费者用最适当的设施及时接受最有效的护理服务，在消费者尽可能使用低成本护理服务的情况下，这种方法还可以延展保单给付期。

（3）等待期条款。如果消费者已经接受保单涵盖的护理服务，但其护理费用低于等待期规定的免赔额度，这段时期的护理成本将得不到补偿，直到护理费用高于规定的免赔额度时才能够获得补偿。这段虽接受保单涵盖的护理服务却得不到补偿的时期称为等待期，其内容包括等待期天数和规定免赔保险利益额度。通常规定 0 天、30 天、60 天、90 天、100 天或者 100 天以上多种等待期，由被保险人自行选择，只有在过了等待期之后，保险人才对被保险人因护理服务而支出的费用（包括等待期内支出的费用）负责给付。

等待期所经历的天数不需要连续，可随时间的推移积累，一旦满足等待期规定天数，保单持有人将不必满足新的等待期。例如，如果养老院护理费用是每天 150 美元，消费者选择了 100 天的等待期，他将支付 15 000 美元的护理费用，而公司从第 101 天开始支付护理费。如果消费者在养老院没有住满 100 天，公司将不支付他在养老院的护理费，但如果其保单中涵盖家庭护理且满足获取资格，他可能最终取得一些支付[①]。等待期的规定实质上是免赔额的一种形式，目的在于为保险人消除一些小额索赔，在一定程度上减少了道德风险。

3. 长期护理保险的其他重要条款

（1）保险利益选择条款。长期护理保险申请人可根据当前专业护理机构的收费标准选择保险给付利益，所选每日给付金额可从低于 50 美元到 300 美元或更高，但鉴于其他类型护理的成本可能等于专业护理机构的成本或者是其数额的一定比例，保险利益的最高额一般为现行专业护理机构所需的费用。一些保单给付利益的支付并不考虑实际医疗费用，只要满足给付条件，保险人将支付预先选定额度的保险利益。虽然有些保单按实际护理费用支付，但最高给付额不能超过最大保险金额。如果每天的护理费用是 100 美元，但购买保单的每日最高利益是 150 美元，则一些公司仅支付

---

① General Electric Capital Assurance Company，Policy Form Number FLH 03－01315.

100 美元的实际护理费用。对于一些老的保单，多余的保险利益可能会丧失，但一些新保单利用货币池（Pool of Money）的办法，通过货币池保单，每日给付可逐年累积，这种累积价值可消费保单规定的任何类型的护理服务且不限定花费的比例。例如，每日给付 150 美元、给付期三年的保单可积累的总价值为 164 250 美元，如果保单提供养老院（Nursing Home）和家庭护理（Home Care）利益，选择家庭护理可能使价值积累的花费较慢，而选择养老院护理就使累积价值的花费较快。

（2）通货膨胀保护条款。由于通货膨胀因素的存在，保险金额的实际价值会出现一定程度的贬值。因为长期护理保险的成本随着时间的推移而上升，那么在当前适用的日支付额可能在未来需要服务的时候显得不够。因此，许多保单都提供了通货膨胀保护作为附加的责任。

提供通货膨胀保护通常有两种方法：一种是内嵌式自动通货膨胀保护，初始每日给付利益将按照年度单一或者综合比例逐步增长。美国保险监督官协会（The National-al Association of Insurance Commissioners，NAIC）示范法要求保险公司提供 5% 的综合利益保护，但也允许提供州法律范围内的其他产品设计。规定的保护比例可能难以适应实际长期护理成本的变化，消费者也可能认识到单一比例的通货膨胀保护使得他们保险利益的增长慢于复合比例的通货膨胀保护。该类通货膨胀保护的数量和成本内涵于初始保费中，以至于消费者一旦决定购买该产品，年缴保费将不再变动，当他们可能有固定的收入而不愿遭受不可预期的保费增长时，这种确定性可使消费者在将来更好地安排他们的保单成本。另一种抵御通货膨胀的办法是保险单赋予被保险人定期（如逐年）增加保险金额的权利，按他们购买时的年龄变动缴费率，被保险人可运用这项权利不断增加其保险单上的保险金额，以提高抵御通货膨胀的能力。保险公司通常每隔 3~5 年提供这类选择，消费者有权拒绝这一选择，但到了一定界限后（比如连续拒绝 2 次）消费者就无权使用这种选择。因为消费者在购买长期护理保险时，可能不明白通货膨胀保护的价值，也不知道递延给付利益的潜在成本，同时也难以权衡是否随着自己渐渐变老，选择通货膨胀保护的代价可能太高，导致最终损失掉任何进一步的通货膨胀保护和静态收益。

上述通货膨胀保护条款都会提高被保险人的年缴费额。通货膨胀是一种货币现象，不仅会增加被保险人的成本，而且会增加保险人的运作成本，上述方法和保险对策不能从根本上解决问题。当然，最根本的办法是提高保险资金的投资收益率。

（3）"不丧失现金价值"条款。长期护理保险保单都具有一定的现金价值，所缴纳的保费因通货膨胀或者保险公司对保险资金的投资而使保单的价值发生变化。如果没有针对保单价值变化而进行修正的条款，一旦投保人停止缴费，保险责任即终止，投保人或被保险人缴纳保费没有发生保险责任，没有得到任何回报。长期护理保险会因此遭到市场的批评。

事实上，由于长期护理保险承保时间长，保险单具有储蓄性质，在其生效若干年，必然出现一定的现金价值积累。因此，许多保单提供"不丧失现金价值"条款，允许那些已交纳多年保费的人在停止保费缴纳时仍可获得部分赔偿。有时候，保险人应该向被保险人提供"现金价值"给付，作为退保金，而投保人可以将获得的现金价值视为交纳的保险费，继续获得减额缴清保险的保障。例如，一位停止交纳保费的人可以保留一份终身长期护理保险保单，但是其保障水平会有所降低。

在其他情况下，保险公司可能使用 NAIC 规定的或有利益不丧失条款（Contingent Benefit upon Lapse，CBL），也称为或有不丧失条款，即没有购买不丧失保单利益的消费者如果发现费率增长而停止缴纳保费，此时这一条款将起作用。或有利益不丧失意味着被保险人能够保留的保单利益等于保费增长时或保单失效时所缴纳的总保费，不同于提前购买不丧失保单利益条款，这种条款不要求支付额外的保险费，但是它仅在要求这种保护的州或者保险公司自愿提供的情况下才有效。当所有保费增长的累计值超过基于保单持有者年龄计算的一定比例时，或有利益不丧失条款将生效（如表 9.7 所示）。例如，现年 75 岁的人在 65 岁时购买了年保费是 2 000 美元的保单，10 年内将支付至少 20 000 美元的保费，如果保费增加 30% 时退保，无论单一增加还是累积增加，他都有资格获得或有保险利益，要求保险人退还 20 000 美元的已缴保费。

表 9.7　　　　　　　　　　NAIC 或有保险利益丧失条款

投保年龄	高于初始保费百分比（%）	投保年龄	高于初始保费百分比（%）	备注
29 岁及以下	200	60 岁	70	如果在既定投保年龄，增加保费的累计值超过了规定比例，将诱发不丧失利益条款生效
30~34 岁	190	65 岁	50	
35~39 岁	170	70 岁	40	
40~44 岁	150	75 岁	30	
45~49 岁	130	80 岁	20	
50~54 岁	110	85 岁	15	
55~59 岁	90	90 岁及以上	10	

资料来源：National Association of Insurance Commissioners（NAIC），2000，2000 Producer Education and Examination Requirements，PR-20-01。

随着美国长期护理保险市场的不断发展和壮大，美国 NAIC 也加强了对长期护理保险市场的监管，制定了《长期护理保险示范法规》，明确规定了保险人、投保人和被保险人等相关利益方的权利、义务，清晰界定了长期护理保险条款的最低标准，有效的保险监管促进了美国长期护理保险市场的有序和科学发展。同时，美国的再保险公司也积极参与长期护理保险市场的发展，给从事长期护理保险业务的保险公司提供再保险支持，以扩大市场主体的承保能力，参与长期护理保险公司的风险管理和产品设计等活动不断满足美国社会对长期护理保险产品的多样化需求。

二、我国台湾地区长期护理商业保险产品

根据中国台湾地区主管机关统计,2010 年底户籍登记人口为 2 316 万人,随着医疗卫生技术的进步,中国台湾地区民众平均寿命延长,加上低出生率,使得社会年龄结构与抚养比发生改变。传统的家庭式护理将难以为继,这使得长期护理需求有明显增加的趋势。

根据台湾"寿险公会"所整理的 2010 年保险业销售长期护理保险概况显示,至 2010 年底,寿险业长期护理保险累计有效契约有 326 201 张保单,其中当年度新契约保单有 42 480 张保单,保费收入合计新台币 71.4457 亿元,初年度保险费为新台币 13.629 亿元,续年度保险费为新台币 58.3827 亿元;保险给付金额为新台币 3.3387 亿元(如表 9.8 所示)。

以长期护理保险保费占市场规模而言,2010 年度长期护理保险费占寿险业总保费收入新台币 23 130.97 亿元的比率仅为千分之 3.09,2010 年度长期护理总保费占寿险业传统寿险及健康险总保费收入的比率仅为千分之 12.23。

表 9.8　　　　　　台湾 2007~2010 年长期护理保险销售及给付状况表

年度	保单数(件)		保险费收入(亿元新台币)			保险给付(亿元新台币)
	新发保单	有效保单	初年度	续年度	合计	
2007	58 548	253 978	15.99	35.05	51.04	1.88
2008	35 943	287 440	8.58	50.40	58.99	2.52
2009	33 093	297 756	8.26	54.53	62.79	2.67
2010	42 480	326 201	13.06	58.38	71.44	3.34

资料来源:"台湾寿险公会"统计资料。

(一)台湾长期护理保险的产品类型

长期护理商业保险在中国台湾地区寿险市场的发展时间较短,因此目前中国台湾地区长期护理保险的产品构架较单纯,其长期护理商业保险产品类型可分为"非账户型、账户型""主约型、附约型"两种类型。

1. 非账户型、账户型

(1)非账户型。该类长期护理保险产品的保障期间为终身,有保单价值准备金。一旦被保险人经审查后符合长期护理状态,首先可以领取一次给付的长期护理疗养金和分期给付的长期护理保险金。此外,若被保险人身故,受益人可以申请身故保险金,且无须扣除已领取的长期护理保险金。只要被保险人持续符合长期护理状态,保险公司就要持续给付长期护理保险金。其命名为"非账户型",原因在于此类产品没有账户概念,保险给付皆依照保单条款所约定的数字给付,无给付次数和金额上的限制。

(2) 账户型。该类长期护理保险产品的保障期间为终身，没有保单价值准备金。当被保险人符合长期护理状态时，保险公司会给付一次长期护理疗养金，之后分期给付长期护理保险金，当申请领取的保险金额达给付上限时，保单即终止；被保险人身故时，其保单受益人可以领取身故保险金，但其金额需扣除已领取的各项长期护理保险金。命名为"账户型"主要是由于此类产品有账户概念，当被保险人从账户里获得给付时，账户金额将会减少，故账户型产品的保险给付有金额或次数上的限制，且其身故保险金需扣除已领取的长期护理保险金。

2. 主约型、附约型

(1) 主约型。此类长期护理保险独立为一张保单销售，不需要附加在其他保单下。上述分类方式的非账户型和账户型皆为此类。保障期间为终身，账户型无保单价值准备金，非账户型有保单价值准备金，当保户符合长期护理状态时，保险公司会给付一次性的长期护理疗养金，并分期给付长期护理保险金，其中账户型有给付上限，非账户型无给付上线。

(2) 附约型。长期护理保险为附约，需搭配其他主约销售，目前中国台湾地区附约型长期护理保险多搭配一般寿险销售。保障期间为一定期间，无保单价值准备金。被保险人需在约定期间内（如 10 年、15 年或 20 年）符合长期护理状态，保险公司才会给予理赔。当被保险人符合长期护理状态，且保险给付达到一定次数或金额上限后，保险公司终止其保险给付。

(二) 长期护理保险保单的主要条款

1. 投保年龄条款

关于投保年龄，长期护理保单都有最低投保年龄及最高投保年龄限制，各公司限制年龄不同。最低投保年龄在 14 岁到 20 岁，最高投保年龄在 60 岁到 75 岁。

根据《2009 年台湾零岁平均余命估测结果》，男性和女性的零岁平均余命是 78.97 岁，男性余命为 75.88 岁，女性余命为 82.46 岁，且未来仍有增加趋势。针对中国台湾地区现有及未来年龄发展趋势，长期护理保险产品的上述投保年龄限制应做出适当调整修正。如最高投保年龄限制为 60 岁的长期护理保险保单，未来应该提高年龄限制，才能更符合消费者需求。

2. 长期护理状态定义条款

中国台湾地区长期护理状态的定义是由于疾病、事故伤害、体质虚弱或认知障碍，经专科医生诊断以后，判断符合下列两项情况之一者：一是在没有其他人协助之下，无法进行下列六项活动之三项（含）以上者（饮食、自行穿脱衣物、散步、睡觉起床、沐浴、排便尿）；二是被诊断确定为"器质性痴呆"，在意识清醒的情况下有"分辨上的障碍"，需他人看护照顾者。"器质性痴呆"以台湾地区行政院卫生署最新印制的《国际疾病伤害及死因分类标准》第 290 条及第 294 条所列病症为准。"分辨上的障碍"是指专科医生认定符合分辨障碍三项中的两项以上者（时间的分辨障碍：经常无法分辨季节、月份、早晚时间等；场所的分辨障碍：经常无法分辨自己的居住所或现在所处的地方；人物的分辨障碍：经常无法分辨家人或日常经常在一起的人）。

总之，中国台湾地区长期护理状态的认定标准可分为身体功能失能以及认知损害两类。然而，各家保险公司对此定义的规定差异较大，主要可以归结为三种类型：第一种定义要求需先符合经常处于卧床状态的基本要求，再加上其他两种以上的功能障碍（ADLs）或符合认知损害定义（IADLs）；第二种定义要求符合任意 3 种以上的功能障碍或认知损害；第三种定义是采用计分制，在 6 项功能障碍与认知损害中，由医师评量计分。

对长期护理状态定义的不同导致给付条件差异较大，因此消费者选择保单的成本将会增加，而且过多的差异也有可能增加理赔纠纷。对于判定医院与医师的要求，各家保险公司也不相同，有些保单对医院与医生的规定相当宽松，由此可能造成长期护理状态认定缺乏统一规则，导致保险公司无法控制损失率。目前，大部分保险公司都要求认定医院需在区域医院等级以上，对于医生则要求必须是特定专科的专业医生。

3. 保险理赔、理赔期间及理赔金额条款

在符合保单定义的长期护理状态后，保险公司会依照保单条款进行保险金给付。通常，保险公司会先给付被保险人长期护理疗养金，然后分期给付长期护理保险金，再视保单条款和类型，给付身故、全残保险金和祝寿金。

以理赔期间来区分，中国台湾地区的长期护理保险可以分为终身给付和定期给付两种类型，以人寿保险概念设计的，给付多为终身；以健康保险概念设计的，给付多为一定期间。若以理赔金额是否有次数或上限来区分，长期护理保险可以分为账户型、非账户型；给付金额无上限的是非账户型。

4. 等待期间与豁免保费

等待期间是从被保险人经指定医院诊断确定为长期护理状态之日算起 60 天或 90 天，期间需持续符合长期护理状态，否则保险公司不给予长期护理给付。等待期间通常为 90 天，只有极少数公司为 60 天，对于消费者而言，等待期间越短越好。

关于豁免保费，主要可以分为两种定义，少数公司定义为被保险人于契约有效期间内，经诊断符合长期护理状态时，将溯自长期护理状态确定日起，豁免长期护理期间的保险费；在保险费豁免期间，被保险人若未继续符合长期护理状态，则停止豁免保险费。

专栏 9.1

中国台湾人寿珍爱长期看护终身保险保单给付条款

给付项目		给付内容
长期看护疗养金	于免责期（90天）届满时仍生存且持续符合"长期护理状态"者（终身以领取一次为限）	保险金额的6倍
长期看护保险金	于免责期（90天）届满时仍生存且持续符合"长期护理状态"者，以免责期届满之次日为"长期看护保险金"之给付日，以后每届满半年仍生存且持续符合"长期护理状态"者，持续给付"长期护理保险金"。累计给付"长期护理保险金"以36次为上限	保险金额的15倍
身故保险金	于本契约有效期内身故者。	已缴年缴化保险费总和的1.1倍减去已领"长期看护疗养金"及"长期看护保险金"后之金额②
全残废保险金①	于本契约有效期内成全残废者	
祝寿保险金	投保人达101岁仍生存且契约仍有效者	
豁免保险费③	于免责期（90天）届满时仍生存且持续符合"长期护理状态"者，将自"长期护理状态"确定之日起，豁免本契约长期看护期间应交保险费	
重大烧烫伤保险金	于本契约有效期间，因遭受意外伤害致"重大烧烫伤"时，自事故发生日起15日仍生存时，按主契约保险金额的25%给付"重大烧烫伤"保险金，终身以给付一次为限	

①被保险人为全残废，且同时符合"长期护理疗养金"、"长期护理保险金"给付条件，本公司依约定在给付"长期护理疗养金"和"长期护理保险金"的同时豁免保费。

②如累计已领"长期护理疗养金"及"长期护理保险金"总额已达已缴年缴化保险费总和的1.1倍，本公司将不再给付身故保险金、全残废保险金及祝寿保险金。

③若未持续符合"长期护理状态"，本公司即停止豁免保险费，投保人应自下一保险费交付日起，按原缴费方法继续交付保险费。

案例 9.1

长期护理看护健康保险产品

2005年，我国的长期护理保险还处于萌芽状态，几乎还是一片空白，社保体系里也不包括护理费用，但由于我国老龄化社会的快速进程，家庭规模小型化，居民的平均寿命不断增长，以及医疗费用的大幅上涨等原因，老年护理成本也在不断地增加，因此长期护理保险也将在中国进入一个快速发展期。市民的长期护理需求分为以下三种：

> **续案例 9.1**
>
> 1. 治疗型：(1) 老年性疾病，常规服药治疗中并发急性感染或其他疾病的患者；(2) 各类疾病急性期已过，但治疗周期未满的患者；(3) 各类生命体征基本稳定但仍需监护的患者；(4) 严重褥疮感染者。
>
> 2. 护理型：(1) 除传染病以外各类病情稳定的慢性疾病、老年性疾病患者；(2) 需要疗养恢复的病人；(3) 各类术后病人、骨折病人需康复治疗者；(4) 各类疾病后遗症需康复治疗、功能锻炼者；(5) 肢体残疾、生活不能自理者；(6) 老年性痴呆病人；(7) 患晚期肿瘤生命体征稳定但生活不能自理者。
>
> 3. 临终关怀型：(1) 晚期恶性肿瘤患者；(2) 老年性衰竭、多脏器功能衰竭者；(3) 各类临床失去治疗价值、家属同意放弃治疗的病人。
>
> 当时，长期护理健康保险主要定位于"护理型"需求，针对的是18～55周岁的青中年人士。通过购买这种产品，投保者可以在经济能力宽裕、身体健康的时候为老年准备充分的保障，减轻子女未来的负担。
>
> 以一位30周岁的男性投保为例：选择20年期交费，年缴保费3 760元，可获得10万元保险金额保障。一旦经确定需要"长期护理"，即可免交续期保险费，并可领取12 000元长期护理复健保险金，同时每半年可领取8 000元（每月约1 333元）。满88周岁时，还可获得一笔10万元满期保险金用于应付未来的医疗费用。
>
> （资料来源：秦晓华："中国台湾地区寿险长期护理险沪上首次亮相"，《每日经济新闻》，2005年1月31日。）

三、我国长期护理商业保险产品

（一）现有的长期护理保险产品

随着我国老龄化形势的加剧，家庭结构日趋小型化，传统家庭养老的功能受到挑战，迫使人们转变养老观念，在国家相关政策的支持下尽早规划自己的老年护理风险。为适应这种趋势，我国商业保险公司开始进入长期护理保险市场，开发了一些附加型乃至主险型的护理保险商品。国内保险公司首次比较集中推出长期护理保险是在2005～2006年。2005年初新成立的东方航空公司与台湾泰康人寿合资的国泰人寿保险公司推出了国内首款真正意义上的长期护理保险—国泰康宁长期护理看护健康保险。主要内容包括：一是投保范围。凡18周岁以上、55周岁以下身体健康的人，均可作为被保险人参加该保险。投保年龄为55周岁的人缴费期限为15年。二是投保责任。该长期护理保险金承担下列保险责任：①身故或第一级残废保险金。按照保险金给付，合同终止。②长期看护复康保险金。被保险人经该保险公司指定或认可的医疗机构诊断确定符合长期看护状态的，保险公司于免责期结束的次日按保险金额的

12%一次性给付长期看护复康保险金,被保险人在符合长期看护状态的缴费期间免缴保险费。③长期看护保险金。被保险人经诊断确定符合长期护理看护状态的,保险公司于免责期结束的次日起,在每届满半年时按保险金额的8%给付长期看护保险金。④满期保险金。对于保险人生存至88周岁时,保险公司按照保险金额给付满期保险金,合同终止。三是给付条件。被保险人经指定或认可的医疗机构诊断后,依诊断证明书判断符合下列两种情形者予以给付:①时常处于卧床状态,无法在床铺周围以自己的力量步行。②被诊断确定为器质性痴呆,在意识清醒的情形下有分辨上的障碍,须有他人看护照顾的。

随后,2006年中国人民健康保险公司首先推出了具有全面保障功能的长期护理保险产品"全无忧长期护理个人健康保险",这是一款专门为丧失日常生活能力的客户提供长期护理保障的保险产品,提供了多种保障内容,同时还能为客户提供专业健康管理。该产品具体保障内容为:在60周岁以前,如果被保险人不幸因各种原因丧失了独立生活自理能力,被保险人将得到保险公司每年给付保额的8%作为长期护理保险金,用以支付该被保险人各年的护理费用支出,并因此可豁免今后的各期保险费;当被保险人步入老年后,即便不满足领取长期护理保险金的条件,也会因为年老体衰需要不同程度的看护,因此该产品对年满60周岁时尚未达到领取长期护理保险金条件的客户,特别设计了从60周岁当年起每年按保额的8%领取老年护理保险金的保障,充分满足了被保险人年老后对老年护理和高额医疗费用的保障需求;此外,保险期间内,如被保险人罹患癌症或约定的五项老年疾病(急性心肌梗死、中风、严重老年性痴呆、慢性呼吸功能衰竭、帕金森氏病)之一,便可得到最高两倍保额的一次性现金给付,及时缓解其巨大经济压力。除了保障生者的健康,如果被保险人不幸身故时,其指定的受益人还可获得最高两倍保额的身故保险金,作为对其家庭造成影响的经济补偿。也就是说,只要参与到这款产品当中,被保险人的健康将被中国人民健康保险股份有限公司的这款长期护理险一包到底。

此后,除上述公司在原有产品基础上不断扩充产品类型和保障范围外,陆续有更多的保险公司开发销售长期护理保险产品,截至2011年,共有12家公司推出100余款长期护理保险产品。从产品形态上来看,无论是主险形式还是附加险形式,长期护理保险产品数量都在逐步增加,但由于长期护理保险需要比传统保险产品更高的风险控制和管理能力,同时考虑到长期护理保险产品本身保费就已经比较高,若要加入其他保障,过高的保费也不利于业务的开展,各家公司在推出初期都是以附加险或者纯粹长期护理保障为主。从业务覆盖范围来看,目前市场上的长期护理保险以区域性、地区性销售为主,除个别公司外,各家保险公司主要针对某一个地区进行销售,原因主要在于长期护理保险刚刚起步,缺乏全国范围的风险数据,保险公司为了控制风险、积累经验,将销售范围控制得比较小。

从保费收入看,长期护理保险既往三年(2009~2011年)的保费收入分别为

27.4亿元、66.2亿元、53.9亿元，占同期健康险保费收入的比例不超过10%。长期护理保险的保费收入有两大特点：一是在保险行业长期护理保险的保费收入中，人保健康占有绝大多数份额，某些年份占比甚至超过了95%，整个市场主体发展非常不均衡；二是绝大多数保费收入来自于万能险产品，说明长期护理保障型保险产品的接受度不高。

尽管产品名称都是长期护理保险，但是现有各家保险公司提供的长期护理保险责任存在一定差异。从国际经验看，典型的长期护理保险责任保障的是以下两种护理依赖状况：其一是自主生活能力完全丧失，在无他人扶助的情况下，即使使用特殊辅助工具也无法独立完成基本日常生活活动中的三项或三项以上的。基本日常生活活动是指：穿衣，自己能够穿衣及脱衣；移动，自己从一个房间到另一个房间；行动，自己上下床或上下轮椅；如厕，自己控制进行大小便；进食，自己从已准备好的碗或碟中取食物放入口中；洗澡，自己进行淋浴或盆浴。其二是因患阿尔茨海默病性痴呆、血管性痴呆、帕金森病性痴呆或非由酒精和其他精神活性物质所致的器质性遗忘综合征导致器质性认知功能障碍且在意识清醒的情形下有分辨上的障碍，达到中度或中度以上痴呆状态，其日常生活必须持续受到他人监护的。意识清醒的情形下有分辨上的障碍是指对时间的分辨障碍、场所的分辨障碍和人物的分辨障碍三项分辨障碍中的二项或二项以上存在分辨障碍。不过，由于国内目前对于长期护理保险没有明确的监管规定，某些公司的长期护理保险只保障由于意外原因引起的长期护理状态，还有一些保险公司从理赔便利的角度出发仅承保基本日常生活活动丧失引起的长期护理状态。特别需要指出的是，由于目前我国护理行业整体发展不够规范，造成几乎所有在售的长期护理保险都只是提供资金支持，即以津贴形式补偿给客户，而不提供护理费用补偿的保障（如表9.9所示）。

表9.9　　　　　　　　　我国长期护理商业保险主要险种比较

名称	投保范围	缴费方式	保险期间	保险责任
长期护理保险	18~55周岁	年缴/半年/季/月缴	终身	①疾病身故或第一级残疾保险金 ②长期看护复健保险金 ③长期看护保险金 ④满期保险金
长期看护终身寿险	15~75周岁	年缴/半年/季/月缴	15年/20年期	①身故或丧葬费用第一级残废保险金 ②退还未到期保费 ③长期看护复健保险金 ④长期看护保险金 ⑤豁免保费
附加定期看护收入保障	60~65周岁	交费日期与主合同一致	附加合同期满日24时终止	住院津贴保险金

续表

名称	投保范围	缴费方式	保险期间	保险责任
个人护理保险	0~55周岁	趸缴/10年/15年/20年缴	0~69周岁	①长期护理保险金 ②老年护理保险金 ③老年关爱保险金 ④重大疾病保险金 ⑤身故保险金
长期护理个人健康保障计划	6~59周岁	趸缴/5年/10年/20年缴	至100周岁	①长期护理保险金 ②老年关爱保险金 ③身故保险金 ④保费豁免
个人护理保险附加重大疾病保险	0~55周岁	年缴	70周岁	①长期护理金 ②老年护理保险金 ③老年关爱保险金 ④重大疾病保险金 ⑤身故保障金
日常看护个人护理保险	0~59周岁	年缴	1年	全残护理保险金
长期护理险（万能型）	0~59周岁	趸缴/年缴/自行调整	投保时间到70周岁	①长期护理金 ②身故保险金 ③老年关爱金
个人护理保险（万能型）	0~59周岁	年缴	至70周岁	①护理保险金 ②老年关爱金 ③意外身故保险金 ④水陆交通意外身故保险金 ⑤航空意外身故保险金
护理增值计划（万能型）	出生28天~55周岁	趸交/年缴	至被保险人70周岁	①护理保险金 ②疾病身故保险金 ③老年关爱保险金 ④意外身故保险金 ⑤水陆交通意外身故保险金 ⑥航空意外身故保险金
附加老年护理费保险	主险合同被保险人	趸缴/5年/10年/20年缴	终身	①护理费 ②身故保障

(二) 我国长期护理商业保险的未来市场定位

1. 长期护理保险市场的分析

对保险市场的定位和保险需求的分类其实就是对保险市场进行细分,保险企业应根据客户需求的差异性,把市场划分成若干个由具有相似需求的客户组成的群体,而不同细分市场之间的需求具有较多的差异性。通过细分,保险企业可以了解不同细分市场的主要特征,可以发现客户未得到满足的需求,还可以掌握消费需求的发展趋势,正确选择营销的目标市场,以此来设计出符合市场需求的产品和服务,从而使保险企业取得更好的经济效益。

长期护理保险的市场细分是根据影响消费者需求特点的明显标志,细分为多个小市场,然后针对这些不同的细分市场,从护理保险产品设计、价格政策直到推销宣传,采取相应的整套市场营销策略,使保险公司经营的护理保险商品更符合各个不同消费者阶层的需要,从而在各个细分的小市场中提高竞争能力,增加销售,占有较大的市场比重。由于长期护理保险是一种相对昂贵的商品,个人收入的高低直接决定能否形成有效需求,按照我国居民消费能力的差异将长期护理保险市场细分为三个小市场:

(1) 超级富裕阶层市场——长期护理保险需求不高。我国超级富裕阶层主要由成功的私有企业或中外合资企业的企业主组成。1999 年,胡润首次推出中国内地富豪排行榜,个人财富达到 600 万美元就可以上榜,当时只有 50 人上榜。在 2007 年的一个富豪榜上,上榜门槛为 1 亿美元,却有 500 人上榜。然而,更引人注目的是亿万富豪人数大幅增加。根据胡润富豪榜,中国内地拥有数十亿美元资产的富豪人数已从 2004 年的 7 人上升到 2007 年的 106 人,而在《福布斯》公布的富豪榜上,中国共有 66 名亿万富豪。除了超级富豪之外,百万富豪阶层也在迅速壮大。根据美林公司和凯捷咨询公司公布的 2008 年世界财富报告,中国拥有 100 万美元可支配资产的富豪多达 41.5 万人。据麦肯锡公司对我国家庭年收入超过 25 万元人民币富裕家庭的研究数据显示,截至 2008 年,中国的富裕家庭数量为 160 万家,且未来 5~7 年将以每年 15.9% 的速度递增,到 2015 年将达到 440 万家。对于这一阶层所构成的市场,他们对于长期护理保险的资产保护功效并不看重,由于他们有足够的资产,当年老需要照料时他们可直接雇用护工或者入住高档护理院,再加上长期护理保险可能存在道德风险及对保险公司的不信任,长期护理保险商品对他们没有太大吸引力,因而在超级富裕阶层组成的市场中,长期护理保险发展可能受阻,不会占有太多的市场份额。

(2) 中等收入阶层市场——长期护理社会保险为基础,长期护理商业保险为补充。党的十六大以来,增加居民收入,扩大中等收入阶层,不仅成为多数人的共识,而且成为社会分配政策的指引。中等收入者是指一定时期收入及生活水平稳定保持在中等或相对平均水平的居民群体。中等收入阶层是仅就收入水平来划分人群的,与中产阶级或中产阶层的概念不一样。理论上可将其分为两部分:一部分是专业人士,即具有一定水平和教育背景(例如大专以上),从事专业性或管理性工作的人,包括企业管理者、教师、律师、会计师、工程技术人员、艺术工作者、科研人员、公务员等。另一部分是通过工资性收入、经营收入和财产性收入而致富的人群，如中小企业主、个体工商户、经营专业户、包工头、经纪人等，这些人理论上被归为"旧中产阶级"范畴。中等收入阶层的收入主要指工资、薪金等所从事的合法职业的合法报酬和经合法手续获得的私人财富，包括以合法方式拥有的收入、报酬，如股票、利息、私人馈赠、遗产等，其收入及财富水平处于社会中等水平者。

2004年经济和社会发展研究所课题组按照中等收入者不同的划分标准，估测出现阶段（2003~2020年）我国中等收入者的具体收入水平：①以目前城乡居民收入水平为基础，通过外推法，结合城市化进展水平，加权计算城乡居民收入水平（全面小康社会，中等收入者比重应在50%以上），以此作为中等收入者的收入标准。根据这个思路，我们设定现阶段我国中等收入者的收入标准是人均年收入16 380元左右。②以党的十六大提出的全面建设小康社会的基本要求，结合城市化进展水平，通过加权计算城乡居民收入水平，以此作为中等收入者的收入标准。根据此思路，我们设定现阶段我国中等收入者的收入标准是人均年收入14 000元左右。③世界银行相关报告。世界银行的一项研究表明，全球中等收入阶层的人均收入起点标准为3 470美元，经购买力平价调整后大约相当于14 500元人民币。综合以上分析结果，并考虑到多种综合因素，现阶段我国城乡居民中等收入者的收入标准是人均年收入15 000元左右以上。根据汇丰银行和上海复旦大学最近公布的一项调查，10年之内我国年收入达到7 500美元至2.5万美元的中产阶层将会进一步激增至逾1亿人。

对于中等收入阶层，他们有足够的收入，但又有使自己的资产保值增值，利用适当金融工具防范自己面临财务风险的渴望，且大多中等收入阶层分布在城镇，家庭结构相对较小，甚至可能有着数量不菲的"丁克"家族，他们对将来的老年护理风险倍加重视，且有着较高层次的护理需求，因此长期护理社会保险可能难以满足其多样化的需求，而长期护理商业保险产品就是要定位于满足中等收入阶层的多种护理需求，有效补充长期护理社会保险，达到保护中等收入阶层资产，减轻国家公共财政支出及公共护理机构过度使用的压力的目的。

（3）低收入阶层市场——以长期护理社会保险为主。在我国，低收入阶层主要包括温饱阶层（主要指企业工薪族）和贫困阶层。温饱阶层的共同特征是以体力劳动为生，典型的如一般企业的产业工人、服务行业中的普通服务员、建筑业的民工、自给自足的农民、小个体户、普通营业员等。因地区分布的不同，他们的收入也有所不同。在发达地区，如广州，他们的年收入为1万~1.5万元。之所以将他们划分为温饱型，是说他们的生活刚刚脱离了绝对贫困线，他们的衣、食有了一定的保证，但他们依然很脆弱，面对本人及家庭成员的疾病、失业、子女上大学、养老等问题，他们依然是束手无策，且随时有可能落入贫困阶层。贫困阶层主要指贫困山区的农民、年老体弱和无技能的城市下岗职工、失业和半失业人员等。这部分人的生活极为贫困，是绝对生活贫困者。他们的年收入在 3 000~4 000 元甚至更低，生存的基本物质需要——衣、食、住、行对他们来说都显得尤为重要，他们为如何生存而苦恼，一旦发生较大的疾病、子女上大学、意外事故等，对他们来说都是无法承受的灾难性打击。

对于低收入阶层，国家应建立起长期护理社会保险制度，帮助他们应对最基本的老年失能风险，如重疾护理、临终关怀等。对于他们更高层次的护理需求，在今后很长一段时间内，仍需要借助于长期护理商业保险来实现，但这类长期护理保险商品要以"低保障、低保费"或者以单一护理保障为前提，以此降低其商品价格，使得低收入阶层有能力购买该险种。

2. 长期护理商业保险市场定位及其补充功能

长期护理商业保险的市场定位必须遵循发挥长期护理商业保险对长期护理社会保险的补充作用原则，做到长期护理商业保险与长期护理社会保险护理程度的层次衔接，长期护理社会保险覆盖符合其标准的绝大部分人群，保障最基本、较重要的失能护理需求，长期护理商业保险针对多元化、多层次保险需求中长期护理社会保险未能完全覆盖的领域进行有效补充，由二者共同构筑我国完整的长期护理保险制度。

长期护理商业保险对长期护理社会保险的补充可分为"范围上"的补充和"程度上"的补充两大方面，即从广度和深度两个层次对长期护理社会保险进行补充。"范围上"的补充，指的是长期护理商业保险承担长期护理社会保险所没有能力覆盖到的社会成员的老年长期护理保险责任，主要目的在于满足我国中等收入阶层的较高层次的老年照料护理需求。"程度上"的补充是指可分为费用上的补充（用以解决长期护理社会保险封顶线之上的护理费用）、护理项目上的补充（主要针对长期护理社会保险不保的项目）及服务程度上的补充（为已经参加长期护理社会保险的社会成员需要护理时提供长期护理社会保险以外的额外津贴，使其有足够的经济能力享受高档次的长期护理服务）。

现阶段，我国还没有构建起长期护理社会保险制度，故无法实现长期护理商业保险和长期护理社会保险的完美搭配，目前市场上的长期护理商业保险在一定程度上缓解了我国老年长期护理风险的压力。鉴于目前我国经济发展水平低、人均可支配收入差异大的现状，对于低收入者而言，他们对护理保险商品有一定需求，但受到支付能力的限制而难以形成有效需求，因而需要经营长期护理商业保险的公司设计出低保障、低保费的老年护理保险商品来满足低收入阶层利用保险机制应对失能风险的要求。对于中等收入阶层，则是长期护理商业保险的主要目标市场，该保险商品当前能否成功运营，关键看能否足够吸引中等收入阶层的关注。为增强产品的吸引力，保险公司有必要对市场进行细分，根据中等收入者的职业、文化程度、兴趣爱好、风险偏好、家庭背景、理财状况等方面划分出更细的市场，然后设计出符合他们各自多方保障需要的老年长期护理保险商品。例如：对于喜爱理财性产品的顾客，我们可以把长期护理保险商品设计成理财型产品，给予购买者适当的分红；对于喜好多重保障的顾客，保险公司可设计具备多重保障的长期护理保险商品，同时提供长期护理保险金、疾病身故保险金、老年关爱保险金、意外身故保险金、水陆交通意外身故保险金、航空意外身故保险金等多种保险利益。

第三节 长期护理商业保险发展的政策建议

我国长期护理保险要得到顺利发展，在做好长期护理需求的预测后，政府应加快出台相应的法律法规，明确长期护理保险的服务内容、运行机制和监管体制，严格规范长期护理服务市场。在立法中，既可借鉴国外立法经验将护理保险范围单独立法，也可补充修改《社会保险法》或制定单行条例，将长期护理商业保险纳入社会护理保障体系之中。相关法律应当明确规定长期护理保险的范围、缴纳及给付标准、支付办法、资金管理使用、规范管理机构与服务机构的关系、护理保险法律关系参加人的权利义务关系及有关法律责任等。

一、长期护理商业保险发展的监管体系

长期护理商业保险未来必将成为我国护理保险体系的重要组成部分，因此在监管上，保险监管机构可充分考虑长期护理商业保险在保障体系中的重要战略地位和需要承担的责任，依照我国的政治经济环境，制定与当前商业保险发展阶段相适应的监管体系。一方面，进一步放宽长期护理商业保险的经营限制；另一方面，进一步细化和完善相关的监管制度，尽力在规范、监管和支持发展间寻求平衡点，从国家的高度对长期护理商业保险市场的相关情况进行监管校正。通过监管体系的完善，积极推进和引导长期护理商业保险走上快速、规范的专业化发展之路。

（一）循序渐进地放宽长期护理保险经营主体资质考核

理论上，任何一家有权经营健康保险的商业保险公司均可开展长期护理保险业务，但长期护理保险在费率厘定、核保核赔上对技术要求较高，又存在逆向选择和道德风险因素，为避免重蹈商业医疗保险的覆辙[①]，长期护理保险作为一个新险种，一开始就实行专业化经营，尽量委托具有长期护理保险产品开发能力和相关经验的保险

---

① 目前，我国商业健康保险业务基本上采取附加于人寿保险业务由寿险公司统一经营的模式，缺乏专业性，完全用寿险、财产险的经营理念和组织来经营医疗险，造成产品开发、流程设计、风险评估、风险监控、专业培训和市场营销的系统偏差。所带来的必然结果是：产品不能满足市场的需要，保费偏高，保障偏低，该保的保险公司不敢保，该赔的保险公司不给赔，保户、医院都不满意，保险公司还要亏本，保险公司是以利润为核心的，亏本的结果必然是提高保费或降低保障，带来更为严重的逆选择，规模做不大，客户质量更差，而规模小和质量差的结果必然使赔付率失控，越是赔付率失控，保险公司越是亏本，则越是要提高保费或降低保障。如此恶性循环的商业健康保险业务不可能做大做强。目前，商业健康保险实行专业化经营在业界和理论界已达成共识，随着多家专业性健康保险公司的建立，这种现象有望改变。

机构进行长期护理保险业务，有利于促进长期护理保险的稳健发展，在发展过程中随着外部和内部条件的成熟，经营主体可以进一步开放，比如达到一定技术指标、内部成立商业健康保险部门的保险公司可以经营长期护理保险业务。

（二）规范长期护理保险交易程序

长期护理保险对于购买者来说很可能是高成本的产品，特别是对于想在生命的晚期再购买保障或者已经购买了广泛性保单的人。过分担忧自己未来的消费者可能会购买超过自己未来支付能力的保单，而这时，他们就可能发现自己已经无力继续支付保费，因此保险监管机构应制定一定的合理程序来规范长期护理保险市场交易。保险人必须通过履行一定的程序，以使长期护理保险的投保人能够明确了解这一保单是否适合，包括能否支付或达到其预期保障目标。比如，规定一个最低年收入标准或者一个保费占收入比例的上限，如果投保人在其个人信息表格上填写的内容所反映的财务信息或其他信息使其被认为不适合购买此项保险，保险人或者代理人必须对其进行告知。

长期护理保险被各种不同的公司出售，每家保险公司都有自己的保障水平和定价方式，因此消费者往往面临着大量的长期护理保险保单以供挑选，即便在同一个保险公司选择，每一份保单也都有不同的价格。消费者可能并不能确定哪一份保单更适合自己。在实践中，往往由代理人来设计保单，从而使其可以满足顾客的需求，在这个过程中不可避免地会出现代理人对保险产品信息披露不完全而损害消费者利益的现象，这就要求保险监管机构制定严格的保单标准，将保险产品价格和相应的保障范围清楚地列于保单上供消费者选择。

随着长期护理保险的发展，出现更多类型的保险产品，相应的会出现一系列的保单替换问题，在这一过程中极易出现代理人为获取由增加新保单而获得较高业务收入而促成的不合理替换现象。对此，保险监管机构应积极制定相应监管措施，要求现有保单的替换应当进行记录和报告，对不合规定的替换予以禁止。保险人被要求在投保单中明确询问投保人，并告知保险替换前后保障范围的变化。

（三）明确长期护理保险理赔标准

提供长期护理保险的重要一点是对护理依赖状况做出准确的判断，而非常现实的问题是这些判断依据往往带有明显的主观性，不仅是对基本日常生活活动的判断，特别是对具有分辨障碍的痴呆判断更为困难，这也是目前国内众多保险公司规避提供保险责任的一个重要原因，因此如何通过客观的手段进行判断就显得非常重要。国外与国内的医疗体制不同，在国外主要由医生进行护理依赖状况的判断，在日本由护理机构的专业护理人员根据政府提供的问卷进行判断。目前，国内的现实情况是医生基本不出具护理诊断证明，只是负责提供医疗诊断证明，同时由于国内欠缺规范的护理标准，养老护理机构出具的证明认可度不高，类似于国外的业务实践在国内短期内无法实施，如何建立适应国内现实情况的护理判断标准就显得尤为重要。目前销售长期护理保险产品的保险公司，往往依靠自己的理赔人员进行判断，一旦有纠纷出现或者遇到比较困难的情况，会选择司法鉴定机构协助进行，尚缺乏成熟稳定的系统支持。参考国外的经验，以及国内其他行业特别是司法鉴定行业的成熟经验，在中国保监会的指导下，中国保险行业应该尽快制定不同护理依赖状态等级的判断标准，增加客观判定依据和操作性强的指标。这套标准的制定，一方面有利于消除保险公司的顾虑，大力拓展长期护理保险的保障范围，同时可以有效保护保险产品消费者的合法权益；另一方面可以成为未来长期护理社会保险开展的重要依据。同时，监管机构可以协助建立护理管理和咨询机构，当突然面临着需要组织长期护理时，家庭在寻找信息组织有效地护理安排方面存在困难时可以诉诸信息中心，由专业护理顾问帮助其进行系统地分析护理需求，提供关于法律索赔长期护理保险产品和其他社会安全系统的信息，并告知可能得到的服务，以便拟定出个人长期护理服务需求计划。

在对长期护理商业保险的监管措施方面，美国在建立长期护理保险体系的过程中已积累了丰富的经验，可以供我国保险监管机构参考借鉴。

二、长期护理商业保险发展的优惠政策

（一）制定税收优惠政策，鼓励长期护理商业保险的快速发展

长期护理保险是一种具备社会保障功能的保险产品，对解决好老年人的"老有所养，病有所医，老有所乐"问题，切实提高老年人的生活质量，使老年人安度晚年具有深远意义。因此，政府应在法制框架下，通过落实诸如税收优惠等政策措施，鼓励商业保险公司积极探索参与建立长期护理保险制度的实施途径。只有如此，才能使老年人获得更全面的护理服务，刺激护理保险市场的有效供求。

财税政策尤其是针对保险行业的财税政策对于保险业的影响既广泛又深远。对所有险种实行统一的税率，难以体现国家的政策导向，使保险业的发展难以配合国家经济发展计划，适应国家经济发展方向的需要，同时也不利于保险业的发展。落实和完善相关的税收优惠政策，如对保险公司经营长期护理保险业务、提供健康管理服务和护理康复服务等给予所得税、营业税和印花税的减免，也可借鉴美国经验，将长期护理商业保险划分为税收优惠资格（Tax-qualified）保单和普通保单，使具备税收优惠资格的保单享有多方面的税收优惠。例如，个人购买长期护理保险可享有纳税抵扣，即企业为员工购买护理保险的保险费可作为经营费用税前列支，同时在被保险人获得保险金时可享有免税或较低的税率，或仅对保险金超出所支付保费的部分征税，这些政策都能有效刺激对长期护理保险的需求。

总的来说，要充分利用财税政策发展我国的长期护理商业保险。从国外的经验中我们可以看到，灵活有效的税收制度对于长期护理商业保险的发展有着巨大的推动作用。因此，保险公司应配合税法以及税收制度的实施或变动，及时调整产品营销策略，通过税务部门以及保险公司的共同努力，促进护理保险的更快发展。同样，在对长期护理商业保险的税收政策优惠方面，美国也已颇具经验，我们可以借鉴其经验及

做法。

（二）拓宽保险资金产业投资领域，吸引保险公司参与长期护理保险业务

国家应给予长期护理保险资金宽松的投资政策环境。长期护理保险与其他人身保险相比，其投保期更长，保险资金的积累时间更长，因此必须得到更通畅、宽松的运用，否则巨额的成本支出难以得到补偿，而我国保险资金面临的很大问题是投资政策过紧，投资渠道不畅，因此我国应在有效监管的条件下，允许保险资金进入投资回报较高的行业，例如进入房地产、股票市场、电力等垄断行业的建设项目等。

三、长期护理商业保险发展与相关产业联动

（一）引导长期护理保险相关领域合作，实现信息共享

长期护理保险涉及保险人、被保险人、护理提供机构等多方主体，开展过程中极易产生道德风险和逆向选择。投保人会利用自己掌握的私有健康信息，以低于精算得出的合理保费价格来取得长期护理服务；医疗护理机构会追求利益最大化，利用其专业知识优势，诱导被保险人进行不必要的护理消费；保险公司会意识到这些道德风险的存在，进而提高费率，费率的提高会导致部分身体素质好的投保人不愿或无力购买该产品而退出该市场，结果导致逆向选择的发生。因而，必须加强保险公司、医疗护理机构、社会保障部门等有关方面的合作，将保险人和护理提供者的功能紧密结合起来，严格控制道德风险和逆向选择。国家应提倡医疗护理机构、社会保障机构及其他所有可能掌握被保险人护理资料的机构与保险公司采取积极合作的态度，协助保险公司获取被保险人的有关信息，彼此之间建立起数据交换、资源共享体系，能够让保险公司准确全面地了解被保险人的风险，为长期护理保险的定价、核保等提供重要参考信息。

（二）政策支持长期护理商业保险资金为民营护理产业融资

保险资金是指保险公司通过各种渠道筹集的资金总和，包括自有资本金、责任准备金、总准备金及公司盈余等组成。保险资金不仅包括保险企业根据预定的费率通过向投保人收取保险费的形式而建立起来的用于承担未来保险责任的保险基金，而且还包括保险企业通过其他渠道筹集的所有资金，当这些资金不为保险业务经营所需而处于闲置状态时，保险企业都可以对其加以运用。从保险资金运用形式上看，保险资金运用有直接投资和间接投资两大类。直接投资是将资金投入再生产过程，参与企业的生产经营活动，其主要形式是项目投资、不动产投资和股权投资。间接投资是保险公司入驻资本市场，使用货币资产购买各种有价证券，以期从持有和转让中获取投资收益和转让增值。

长期以来，我国保险资金的运用局限于银行存款和债券类产品，我国于1995年制定的《中华人民共和国保险法》第一〇五条规定保险公司的资金运用必须稳健，遵循安全性原则，并保证资产的保值增值；保险公司的资金运用，限于在银行存款、买卖政府债券、金融债券和国务院规定的其他资金运用形式；保险公司的资金不得用于设立证券经营机构，不得用于设立保险业以外的企业；保险公司运用的资金和具体

项目的资金占其资金总额的具体比例，由保险监督管理机构规定。2004年国务院《关于投资体制改革的决定》曾明确要求，鼓励和促进保险资金间接投资基础设施和重点建设工程项目。2006年3月，中国保监会正式颁布《保险资金间接投资基础设施项目试点管理办法》，允许保险资金投资交通、通讯、能源、市政、环境保护等国家级重点基础设施项目。

2006年6月25日，《国务院关于保险业改革发展的若干意见》出台，其中对保险业资金运用给予新的政策支持，特别是在资金运用的渠道方面出现重大突破，投资领域涵盖了从金融投资到实业投资，从债权投资到股权投资，从境内投资到境外投资，为保险资金运用创造了前所未有的宽松环境。2009年2月28日，第十一届全国人民代表大会常务委员会第七次会议修订了《中华人民共和国保险法》，规定保险公司的资金可用于投资不动产及国务院规定的其他资金运用形式。

不动产投资是指保险公司将资金直接投向房地产、土地等并从其经营中赚取收益的投资活动。目前，保险不动产投资主要有直接购买、使用销售和租回两种方法。例如房地产公司将建成的大楼出售给保险公司，再立即租回，保险公司只收租金，而维修、管理、税金、保费均由承租人承担。不动产投资的保值程度高，随着土地价格的上涨，不动产价值一路上升，它成了抵御通货膨胀的一种好方法。由此可见，经营长期护理商业保险业务的保险公司按照政策规定，可以投资于医院、老年护理院或者老年公寓等高档次的养老服务设施，以弥补我国公共财政能力不足，促进我国护理产业的快速发展。

长期护理商业保险作为新兴的险种，其资金融通功能最为显著，即资金积聚和资金运用功能。护理保险不同于一般的健康保险，突出表现在长期性、昂贵性，其缴费方式可以选择趸缴，也可以选择分期缴清，比如10年、15年或者缴至65岁退休，缴费次数越少可能到领取保险利益时的时间越长。同时，长期护理保险的给付期限为1年到终身，也就是说，长期护理保险从投保人购买保险到被保险人享受保险利益的终止时间，其间隔较长，通过长期护理保险吸引、积聚的保险资金，较长时间内将处于闲置状态。因此，国家应借鉴美国管理式医疗的成功经验，引导保险公司投资于医疗护理领域，加速保险公司和医疗护理机构的一体化进程，使得保险公司能有效控制医疗护理机构所存在的道德风险，最大限度地降低长期护理成本，进而推进长期护理保险的发展。保险公司可将此资金投向医院、老年护理院、老年活动中心等不动产或者经营老龄事业项目（如培训护理人员、购置老年康复训练用具等）。这样，一方面可以避免出现有保险而无护理的尴尬局面，满足被保险人更高档次的护理需求。因为长期护理商业保险的加入，有利于构建布局合理、结构优化、功能完善、有序高效、分工协作的多元化长期护理机构；另一方面能有效实现老年护理产业发展的多渠道筹资，克服社会资本投资老龄事业不足的困境，并缓解养老保障支出在未来很长时间内对国家财政造成的压力。

具体而言，长期护理商业保险经营的目的主要在于满足中等收入阶层更高档次多样化的护理需求，经营长期护理保险业务的保险公司可将保险资金直接投资于建筑水准高、环境优雅、设备完善及提供高质量护理服务的护理院及老年公寓,并派遣专人进行经营管理,或者以控股形式联合其他企业,比如与大型医院合作,共同投资护理院及老年公寓。通过这种对护理产业的直接或间接投资,一方面使得保险经营者和护理提供者合二为一,克服保险公司与护理机构之间的道德风险,即避免护理机构利用自己的专业知识诱导被保险人过度使用护理资源;另一方面,如果经营长期护理保险的保险公司与护理机构不存在合作关系,且保单中存有实物护理给付利益的情况下,可能会出现保险提供的保险利益与护理机构供给的护理服务不相对应,保险商品承诺的护理利益无法找到合适的护理机构提供。如果经营护理保险的保险公司直接投资或者控股护理机构,则可以按照自己销售长期护理保险产品的保险利益在护理机构中设置相应的护理服务项目。同时,由于保险公司在护理保险给付利益设计和护理机构供给的护理服务项目上都有自主权,可以在销售的长期护理保险保单中设立与其他护理保险产品不同的、有特色的护理项目,以提高保单的市场吸引力,一旦被保险人产生护理需求即可以入住保险公司直接经营的护理机构。

(三) 长期护理商业保险可促进规范护理服务业,提高护理服务就业

长期护理商业保险市场的发展将促进护理服务行业的规范化,提高长期服务机构的管理水平,此外还要融入现代化的管理理念和知识,包括长期护理服务的专业理念、服务标准规范的理念、风险管理和控制等理念,同时要逐步规范包括居家、社区和机构的护理服务专业水平,加强对提供服务人员的实操性培训,以提高服务的专业技能,建立健全服务的培训体系。长期护理服务理念的宣传和教育会吸引更多的人才投入到这一极具发展潜力的行业。

本章小结

本章主要阐述长期护理商业保险在长期护理保险制度中能够发挥的补充作用,具体包含三部分内容:首先从护理费用造成政府财政压力、居民对护理服务的多元化需求等方面阐述了长期护理商业保险作为补充机制的必要性;其次介绍了国内外长期护理商业保险产品的保险责任及特色;最后为了发挥其补充作用,阐述了促进长期护理商业保险发展的政策建议。

思考题

1. 现有的长期护理保险产品具有哪些保障功能?
2. 长期护理商业保险如何更好地发挥其补充功能?
3. 我国长期护理保险产品如何更好地规范发展?

第十章

长期护理保险制度建设——完善护理机构与护理模式

第一节 养老机构发展分析

随着我国老龄化程度的不断加深和空巢老人数量的日趋增加，失能老人的长期护理问题已经成为制约我国老龄事业发展的一大瓶颈。养老机构是实现机构护理的重要载体，要促进长期护理保险制度的建立，必须加强养老机构的建设，尤其是服务于失能老人的长期护理机构与养老机构中专门服务于失能老人的长期护理床位的建设，从而促进长期护理事业的发展。

养老机构是指为老年人提供饮食起居、清洁卫生、生活护理、健康管理和文体娱乐活动等综合性服务的机构，入住养老机构的老人平均年龄多在75岁以上，多为生活不便利或不能自理、无子女或子女无法实施照顾的老龄人口。通常根据养老机构的收养老人所需帮助和照料程度对养老机构进行分类。例如在美国，养老机构被分成三类：第一类为技术照顾型养老机构，主要收养需要24小时医疗照顾但又不需要医院所提供的经常性医疗服务的老人；第二类为中级护理照顾型养老机构，主要收养没有严重疾病，需要24小时监控和护理但又不需要技术护理的老人；第三类为一般照顾型养老机构，主要收养需要提供膳食和个人帮助但不需要医疗服务及24小时生活护理服务的老人。从我国目前养老机构的功能来看，除属于卫生部门主管的老年护理医院（也称老年护理院）与民政部门主管的老年公寓在收养的老人需照料程度上有明显差别外，一般的社会福利院、敬老院均未进行功能定位，其收养的老人涵盖从基本生活能自理的一直到长期卧床不起，甚至需要临终关怀的老人。这些养老机构只是在机构内部按收养老人需照料程度的不同，分为专门护理、一级护理、二级护理、三级护理等几类，实行分部或分区管理。

目前，各地区已经开始加快发展老年人长期护理保险体系，比如天津市将建立失能老年人长期护理保险制度，到2015年，全市养老机构六成床位专供失能老人。虽然近年来我国养老机构及长期护理事业有了很明显的进步，但相比较我国老龄人口及需要护理的失能人口的需求增长还是远远不够的。

一、养老床位缺口测算

我国60岁以上空巢老人数量及比例逐年增加，第六次全国人口普查数据显示，我国60岁及以上人口为1.78亿人，占总人口的13.26%，比2000年上升2.93个百分点；65岁以上人口也占到总人口的8.87%。我国老龄化趋势明显。与此同时，60岁以上空巢老人的数量也在不断增加。《中国城乡老年人口状况追踪调查》显示，2006年城市"空巢家庭"占家庭总数的49.7%，农村占38.3%，涉及65岁以上老年人2 340万人。在最早进入老龄化的一些城市中，我们以上海和杭州为例，截至2010年底，上海市60周岁及以上老年人口为331.02万人，占总人口的23.4%，人口预期寿命达82.13岁；杭州市60周岁及以上人口占13.4%，较2000年人口普查上升1.14个百分点，其中65周岁及以上人口占9.02%。

随着老龄化速度加快，我国失能老人的数量也在不断上升。根据前文测算，到2030年，我国需要老年长期护理服务的老年人总数为6 668万人，2030年老年长期护理服务需求总量是2011年的2倍多。如此巨大的老年人口护理需求基数和增长速度应当引起我国对护理产业发展的足够重视。面对如此庞大的长期护理需求，传统的家庭式赡养模式无论从精力上还是从专业化程度上都难以胜任。因此，急需大量的养老机构提供专业的长期护理服务。但是，我国养老产业尚处于起步阶段，相关政策和制度很不完善，养老体系普遍存在投入不足、设施较少、服务不够多样、运营效益低、专业人员匮乏的问题。这些问题使得我国目前大量老年群体的长期护理需求得不到满足。

统计数据显示，截至2010年底，我国有各类养老机构39 904个，拥有床位314.9万张，收养各类人员242.6万人。全国养老床位总数仅占老年人口总数的1.59%，不仅低于发达国家5%~7%的比例，也低于一些发展中国家2%~3%的水平（如表10.1所示）。截至2011年底，我国平均1 000名老人仅拥有17张床位，养老资源供需极不平衡。

要想清楚未来我国老年长期护理床位缺口，必须有对未来长期护理床位数的预测数据。根据我国现有养老机构的床位数及其历史数据，假设床位数仍旧按该时间序列的规律发展，利用布朗单一参数线性指数平滑法，对未来几十年养老机构床位数进行预测①（如表10.2所示）。

---

① 由此无法准确测算养老机构中专门为失能老人提供的床位比重，这里用养老机构全部床位数代替，即便如此仍测算出巨大缺口，如果有准确长期护理床位比重的话，缺口会更大。

第十章
长期护理保险制度建设——完善护理机构与护理模式

表 10.1　　　　　　　　　　我国近几年养老机构基本情况

年份	养老机构（个）	床位数（万张）	收养人数（万人）	享受高龄津贴老人数（万人）	老年学校（个）	老年学生（万人）	老年活动室（万个）
2001 年	37 311	115.8	83.8	81.22	24 158	242.6	23.6
2002 年	36 752	115.8	86.6	100.32	26 333	265.9	25.1
2003 年	35 859	122.3	91.4	123.92	28 704	291.3	26.5
2004 年	37 147	138.6	105.3	153.06	31 288	319.3	28.2
2005 年	39 921	155.8	117.9	189.05	34 105	349.9	29.9
2006 年	40 456	179	141.1	233.5	37 176	383.4	31.7
2007 年	45 057	241.2	193.2	247.1	50 811	442.2	37.7
2008 年	39 677	279.4	221.9	349.3	39 797	504.1	32.4
2009 年	38 060	293.5	210.9	430.9	59 543	541.5	32.9
2010 年	39 904	316.1	242.6	534.3	49 289	586.9	36.8
2011 年	40 868	353.1	260.3	662.6	48 116	603.2	41.3

资料来源：历年《中国民政统计年鉴》。

表 10.2　　　　　　　　　布朗单一参数线性指数平滑计算结果

年份	养老机构床位数（万张）	一次指数平滑	二次指数平滑	a_t	l
2001 年	115.8	115.8000	115.8000		
2002 年	115.8	115.8000	115.8000	115.8000	0
2003 年	122.3	121.0000	119.9600	122.0400	4.16000
2004 年	138.6	135.0800	132.0560	138.1040	12.09600
2005 年	155.8	151.6560	147.7360	155.5760	15.68000
2006 年	179.0	173.5312	168.3722	178.6902	20.63616
2007 年	241.2	227.6662	215.8074	239.5251	47.43526
2008 年	279.4	269.0532	258.4041	279.7024	42.59666
2009 年	293.5	288.6106	282.5693	294.652	24.16525
2010 年	316.1	310.6021	304.9956	316.2087	22.42623
2011 年	353.1	344.6004	336.6795	352.5214	31.68388

根据 2011 年的预测模型，我们可以估算未来几十年养老机构床位数的变化情况，同时参考前文对未来需要长期护理的老年人数量的估计，如果按照经验的 35% 的比例需要入住护理院进行护理，我们可以对养老机构床位数需求量进行估算，进而与预测床位数供给比较可以得出床位缺口（如表 10.3 所示）。

表 10.3　　　　　　　　　　未来养老机构床位数缺口

年份	养老机构床位数（万张）	需入院护理的老年人口（万人）	长期护理床位缺口（万张）
2015 年	479.26	1 354.15	874.89
2020 年	637.68	1 597.40	959.72
2025 年	796.10	1 923.25	1 127.15
2030 年	954.52	2 333.80	1 379.28
2035 年	1 112.93	2 797.20	1 684.27
2040 年	1 271.35	3 124.45	1 853.10
2045 年	1 429.77	3 432.10	2 002.33
2050 年	1 588.19	3 761.45	2 173.26

可见，我国长期护理床位缺口巨大，并且随着老龄化趋势的不断深化有增大趋势，从 2015 年的 874.89 万张上升到 2050 年 2 173.26 万张的规模。这个巨大的缺口足以引起我国老年护理行业的重视，应该在国家关注老年长期护理的引导支持政策下积极应对。在未来长期护理保险制度不断建立完善的过程中，养老机构的发展，包括床位的扩充等一系列硬件设施的引致投资将会给经济发展带来一股新的拉动力量。

二、护理人员缺口测算

长期护理保险制度涉及医疗保障、医疗卫生、养老社区建设等诸多方面，其中长期护理人员的从业数量和护理质量作为长期护理保险制度建立的重要部分，也是目前亟待解决的问题。

护理作为提供专业助人服务的一门学科，不仅对老年人的日常生活照顾提供专业性的指导，更重要的是在老年长期慢性疾病带病生存、机体功能逐步退化期间，可以提供持续专业化的医疗护理服务，提升老人自我照顾能力，提供专业化的养老服务规划与健康管理。

建立和发展我国长期护理保险体系，对护理人员数量和质量上的要求是一个不可忽视的问题。就目前的情况来看，能够满足我国长期护理服务的专业人员严重短缺，能够专为失能人员尤其是失能老人提供专业护理服务的社会机构和设施严重不足，如北京仅有 30% 左右的养老机构能提供专业护理服务，且经过长期护理专业培训人员的比例较低，大多数养老服务机构没有配备具有长期护理专业及其相关领域专业知识的服务人员。这些都不能满足老年人，特别是带病期的老年人长期护理服务的需要。与此同时，机构中的管理人员也缺乏长期护理方面的专业知识和科学先进的管理手段，在护理人才的培养方面缺乏对护理人员的实操性培训。目前，仍没有建立一套与长期护理保险体系相对应的长期护理人员培训体系，多数高等院校也没能提供培养长期护理专业医生与护士的专业教材与课程。同样没有被重视的还有对家庭照顾者、居家服务人员的专业技能培训。这些方面都严重制约着我国长期护理保险制度的建立与我国老龄事业的发展。

由于我国尚未建立完善的长期护理保险制度，专业护理人员的相关统计数据很难得到，这里用我国老年人与残疾人服务机构职工人数代表长期护理人员水平（如表10.4 所示），根据其发展规律利用布朗单一参数指数平滑法预测未来几十年我国长期护理人员水平，并与前面预测出的我国未来老年长期护理人员需求数量进行比较，可得出老年长期护理人员的缺口（如表10.5 所示）。

表10.4　　　　　　　　我国2005~2011年老年长期护理人员情况

年份	老年人与残疾人服务机构职工人数（万人）	一次指数平滑	二次指数平滑	/	/
2005 年	20.55	20.55238	20.55238		
2006 年	21.58	21.06619	20.70652	21.42586	0.359667
2007 年	22.08	21.57310	20.96650	22.17970	0.60660
2008 年	24.30	22.93655	21.55751	24.31558	1.379037
2009 年	25.80	24.36827	22.40074	26.33581	1.967534
2010 年	27.40	25.88414	23.44576	28.32251	2.438378
2011 年	29.20	27.54207	24.67465	30.40949	2.867417

注：数据来源于2006~2012年各期《中国民政统计年鉴》，此处经实验根据预测误差最小原理选用 $\alpha=0.5$ 对数据进行平滑处理。

表10.5　　　　　　　　我国老年长期护理人员缺口

年份	老年长期护理从业人员（万人）	老年长期护理人员需求（万人）	老年长期护理人员缺口（万人）
2015 年	41.88	822	780.12
2020 年	56.22	970	913.78
2025 年	70.55	1 168	1 097.45
2030 年	84.89	1 419	1 334.11
2035 年	99.23	1 707	1 607.77
2040 年	113.56	1 912	1 798.44
2045 年	127.90	2 106	1 978.1
2050 年	142.24	2 318	2 175.76

注：表中第一列"老年长期护理从业人员"根据2011年的预测模型计算而得。

可见，长期护理人员的缺口将是巨大的，而且随着老龄化社会的逐步加深，这个缺口也越来越严重，预计到2050年，缺口规模将达到2 175.76万人，长期护理从业人员的供给远远达不到日渐快速增长的需求规模，这势必将造成老年人护理需求不足并引发一系列社会问题。在长期护理保险制度得到有效发展的情况下，这一缺口的缓解将会带来巨大的引致就业，对经济发展都会产生一系列深远的影响。

三、养老机构的发展分析

（一）养老机构存在的问题

1. 养老机构经营普遍亏损，民营养老机构发展受限

一直以来，我国养老机构都是微利经营，甚至可以说经常处于亏损状态，特别是民营养老服务事业，由于先期投入较多，利润较低，周转较慢，周期较长，因此整体的运营状况不容乐观。根据老龄办调查情况统计，现在建成运营的民办养老机构，能够自负盈亏略有盈余的占9%，基本持平的占51%，亏损的占40%。如果算上建筑及其他硬件折旧费，亏损就更大。多数城区街道办养老机构由于受规模较小，收费受限制以及设施、环境等因素影响，虽然入住率较高，却并不盈利。在入住率较低的情况下，亏损就成为必然。究其根源还是体制问题，虽然目前扶持优惠、鼓励民办的政策已经有了一些，但是在养老服务事业的管理体制、运行机制上还没有大的改革动作，依然是公办、民营两条线并行。政府的公共资源大量向公办养老机构投资，而民办养老机构却很少得到或根本得不到政府资源的支持，使两者不在公平的环境下竞争，如此状况，势必对吸引社会资金兴办养老机构的积极性产生一定的影响。

2. 养老护理人员数量少，工资低，人员流动大，队伍不稳定

养老护理人员缺乏管理规范，且并没有按照2005年颁布的《养老护理员国家职业标注》进行分级管理（即实施初级、中级、高级和技师等级）。由于工作辛苦但待遇不高，养老护理人员流失严重，更不用说持证上岗。因此，行业规范的缺失与过低的工资待遇是制约护理人员积极性，影响护理质量的一个重要因素。

3. 养老机构管理队伍建设需要加强，护理人员专业技能有待提高

目前养老机构管理者的年龄结构普遍偏大，学历相对较低。这些管理者普遍缺乏专业的机构管理知识，在实际工作中多以原始的情感管理方式为主，缺乏科学的管理实践。养老机构的护理人员较少，现有的护理人员同样存在年龄较大，学历较低，同时又没有受过全面的专业护理培训等问题。因此，在养老机构管理人员队伍的建设上，引进科学的管理经验，建立专业的养老机构管理者与护理人员队伍将是当务之急，具体可利用集中培训、外出交流、与国内外先进规范的养老机构进行人员联合培养等多种方式进行。

4. 养老机构功能定位模糊，服务质量有待提高

目前，养老机构经营效率低下的一个重要原因是养老机构缺乏明确的功能定位，养老机构中很少明确规定要收住哪一类老人，比如专门收住完全不能自理老人为主的、老年痴呆为主的、临终关怀为主的等状况的明确分类，缺少根据自身护理人员及设施、设备等条件而进行的特色经营。绝大多数街道敬老院不仅收养公费寄养的优抚

老人和三无老人，同时也接受社会自费寄养的老人，但这些老年人身体条件、经济状况相异，且支付费用的主体也不一样，对设施、护理的要求并不一致。规模小的养老机构难以做到较细的专业分工，人员及其他配套设施难以满足老年人不同层次的需要，服务对象属性过度差异之间的矛盾不仅导致管理混乱，也使老年人很难得到高质量的服务。

5. 养老机构收费缺乏相应标准，行业管理规范有待建立

目前养老机构分级护理的标准不同，分级护理的内容也不尽相同。缺乏统一的分级护理标准和评价标准，对各级别护理的老年人护理细则及护理服务要求缺乏明确而详细的规定。缺乏统一的护理标准使得收费标准更是混乱不堪。对于不同等级收费需要提供相应等级护理服务和设施，缺乏具体细则和行业管理规范。

6. 养老机构行业指导和行业管理缺位

目前养老服务行业普遍存在专业管理的缺位，在服务过程中缺乏专业的指导体系，在接受监督和行业自律上存在明显缺陷。这一问题也开始引起各地养老机构的重视，民政管理部门积极探索有效的管理方案，在对机构的审批、监督方面设立严格管理制度的基础上，实现护理质量管理、护理风险管理、护理员分级管理等统一的行业管理规范，并逐步对老年人实现护理分级管理。

7. 老年人入住养老机构的资格评审制度不健全

因为老年人自身身体状况不同，对服务的需求也存在差异性，所以对老年人入住养老机构应该建立清晰的资格评审制度。当前我国养老机构并没有一个合理的、适合不同层次老年人的护理体系，不能实现老年人在其间的正常流动和相互衔接，对于诸如老年人什么状态下应入住护理院、老年病房、老年康复病房、养老机构；在养老机构床位有限的情况下，目前谁更应该入住而谁应该暂时离开养老机构而实行居家养老；评价标准是什么，由谁评估运作；当老人身体状况不断发生变化时，应如何进行再评估等一系列问题没有清晰的规章制度。入住老人不能及时转到合适场所导致原有机构被动根据老人情况转型的现象时有发生。

随着人口老龄化及高龄化趋势日渐严重，老年人对各种机构的床位需求日益增长，要确保有限的老年人护理床位高效、公平地使用，各种老年人护理机构亟待建立、完善，服务范围亟待明确界定，努力建立包括老年病房、老年康复病房、老年护理院、养老机构、家庭病床、居家养老、日托服务中心、临终关怀等不同层次的老年人护理体系。在对老年人入住养老机构的资格评审制度的建立方面可以借鉴一些地区的经验，例如中国香港于2000年11月实施了安老服务统一评估机制，对申请的老年人进行评估，根据评估结果将老人安排在安老院、护理安老院、护养院、长者日间护理中心、改善日居及社区照顾服务或综合家居照顾服务等合适之处，此外，对入住医院老年专科、日间医院、宁养服务病房等也有相应成熟的评估体系。

（二）养老机构发展对策

（1）公办民营，加快机构硬件建设，鼓励社会资金进入老龄产业，兴办养老机

构。国家、各省、各地方等财政给予一定的财政补贴,同时在税收政策上给予一定的优惠,在用地上提供一定的保障。

> **延伸阅读 10.1**
>
> ## 我国养老机构的发展现状
>
> 2015年,我国老龄科学研究中心发布《中国养老机构发展研究报告》,将养老机构基于服务对象分为三类:自理型养老机构、助养型养老机构、养护型养老机构。自理型养老机构以健康状况较好、能够自理的老年人为服务对象,主要提供辅助性生活照料、精神慰藉和文化娱乐等服务。助养型养老机构以健康状况较差的半失能老年人为服务对象,主要提供生活照料、康复护理、精神慰藉和文化娱乐等服务。同自理型养老机构相比,助养型养老机构中生活照料服务的比重更高,且增加了康复护理服务。养护型养老机构以健康状况差的失能老年人为服务对象,主要提供生活照料、康复护理、精神慰藉、文化娱乐和临终关怀等服务。同助养型养老机构相比,二者均提供较为全面的生活照料服务,但养护型养老机构中康复护理服务的级别和比重更高,且增加了临终关怀服务。
>
> 截至2014年底,全国各类养老服务机构床位数已达到551.4万张,每千名老人拥有养老床位26张。目前养老机构空置率较高,全国平均达到48%,养老机构结构性问题比较突出,大部分有养老需求的老年人成了"夹心层",市场上处于两端的豪华型养老机构和设施简陋的养老机构较多,真正符合大多数老年人的中档养老机构所占份额较低,呈现两头大、中间小的"哑铃形",直接导致大量老年人的需求得不到满足。
>
> 报告课题组在天津、哈尔滨、重庆等12个城市进行了养老机构专题问卷调查与座谈,共获得有效问卷样本257份。报告指出,当前部分公办养老机构除了收住三无老人、五保老人等政府托底对象外,还收住部分社会老年人。由于对收住社会老年人没有明确的身体状况、经济状况的界定,导致一些低龄、健康、经济条件较好的社会老年人入住公办养老机构。公办养老机构的核心职能是保基本、托底线,服务对象应该是政府托底保障对象和部分特殊困难老年人,主要是三无、五保、高龄、失能、经济困难的特殊老年群体。因此,部分公办养老机构在服务对象的定位上出现了偏差,一些不应得到公办养老机构服务的社会老年人入住公办养老机构,而部分具有刚性需求的失能老年人、经济困难老年人却被排除在外,导致服务对象错位。
>
> 此外,养老机构自身也存在诸多问题:
>
> 一、基础设施配备不足,适老性设计滞后。一是设计创新不足,"一张图纸打天下",没有考虑到建筑设计的本土化;二是设计时过于注重外在形象,而忽

续延伸阅读 10.1

视了老年人的实际需求;三是内部设施设计不合理,不符合实际需求;四是设施设备配置不足,特别是部分民办养老机构设施简陋,存在很大的消防与安全隐患。

二、服务理念滞后,供需错位。一是服务理念滞后,缺乏需方思维。多数养老机构仅对老年人提供生活照料服务,而对于满足老年人的心理慰藉、休闲养生、文化娱乐、社会参与等更高层次需求的服务则鲜有提供;二是缺乏市场调研和细分意识,将老年人的需求同质化,供需错位现象严重;三是重管理轻服务,养老机构宾馆化、医院化现象突出。

三、人才队伍建设滞后,专业人才缺乏。一是养老护理员队伍问题重重,存在数量不足、结构不合理、专业化程度低、流动性大等突出问题;二是管理人才严重短缺;三是专业人才匮乏,特别是医疗、护理、心理、营养、社会工作等方面的专业人才匮乏。

资料来源:中国老龄科学研究中心:《中国养老机构发展研究报告》,2015 年 7 月 16 日。

(2) 适当放开收费限制,收费较低的养老机构在保持服务质量的基础上可以适当调整价格,摆脱亏损经营的现状。政府应资助养老机构加强硬件设施建设,从而在提升养老机构服务水平的同时减轻养老机构经营的负担。

(3) 加强养老机构之间的合作交流,引导合理的功能定位。政府部门应加强养老服务业协会的扶持,联合护理研究机构,培育老年护理组织,加强对行业规范的研究,促进行业协会的规范建设,逐步完善行业监督、自律和行业规范的实施。以行业协会为平台,定期交流、培训、相互了解、有序竞争、优势互补。同时,开展老年护理学术交流,提升老年护理质量。

在明确功能定位方面,一些大型的养老机构可以根据不同的护理要求将养老机构分为功能区块。例如,可以分为"疗养区""康复区""长期护理区"等。一些中小型的养老机构可以根据自己的优势,明确收住老人的类型。与此同时,在对护理人员的培训上加强对主要护理类型老人的业务训练,从而提升服务质量。

(4) 以城区机构养老为平台,居家养老和机构养老相结合。由于目前我国养老机构床位还非常有限,未来也不可能完全依靠养老机构来解决所有老人的护理问题。因此,可以建立以城区养老机构为平台的社区老年服务中心,储备一支养老护理队伍,根据需求提供居家护理服务,同时也有利于老年人入住机构和居家长期护理服务之间的衔接。

(5) 建立、完善养老护理服务的范围,制定老年人分级护理评定标准。鉴于目前养老机构内老年人分级护理层次不一、标准不一、收费不一的实际情况,应参考我国台湾地区及国外老年人护理标准,制定养老机构内老年人分级护理的标准以及服务规范。考虑到居家护理的特殊情况，也应制定统一的分级护理标准和规范。

在护理人员各项护理操作方面，如个人卫生、饮食护理、体位移动等都应有相应操作规范、注意事项以及评价细则，按照各项操作标准对护理人员进行定期培训以及考核。养老护理是一种服务性职业，必须有行业统一的服务规范。民政部门要从管理角度出台相应的政策，建立、完善统一的养老护理服务规范，逐步推进行业的统一标准管理。

（6）加强队伍建设，逐步建立养老机构护理人员职称评审系统。长期护理服务具有很强的专业性，需要有专业的知识和管理经验，这些都对护理人员与管理者的素质提出了一定的要求。行业管理部门应有意识地对管理队伍进行培训，提高护理人员和管理者的工资待遇，引入竞争机制，有计划地培养一批年轻的专业化管理团队。与此同时，应该逐步规范养老护理人员准入和分级管理制度，对养老护理人员从生活照料、技术护理、康复护理、心理护理等方面的工作内容以及相关知识、技能均提出具体标准。同时，对养老护理人员的培训时间及内容、考试申报条件、鉴定方式做出具体规定，实行护理人员的职业等级与工资挂钩管理办法。在提高待遇的同时，为护理人员与管理人员提供专业发展机会，以稳定养老护理队伍。

（7）加强养老护理的风险管理，规范服务，减少纠纷。一是养老机构的硬件建设必须符合有关要求，比如走廊、卫生间安装扶手，在特定区域的地面上安装防滑垫等。二是要加强入院评估，对老年抑郁症、老年痴呆、心脑血管疾病等可能引发意外风险的情况进行一定的评估和筛查，对这些问题与其家属做好沟通，尽量减少纠纷。三是可以通过长期或养老护理意外伤害保险来为老年人与护理机构提供保障，可以由政府、护理机构、护理人员和被护理老年人共同承担保险费用。四是应在护理人员日常护理、培训、老年人健康教育等方面强化风险防范意识，尽量避免意外发生。

第二节　建立以居家为基础的社区长期护理模式

一、以居家为基础的社区长期护理的需求分析

目前，相对机构护理而言，以居家为基础的社区长期护理面临着巨大需求。这不仅仅由于长期护理机构不足，正式护理费用较高，家庭经济条件有限等原因，更重要的是，实地调查表明以居家为基础的社区长期护理能更大程度地满足老年人护理意向，提高护理的满意度。下面以上海实地调查数据分析我国老年人居家、社区长期护理需求[①]。

2007 年上海市政协教科文卫体委员会组织开展了"上海市老年护理医院服务现

---

① 施永兴：《上海市老年护理医院服务现状与政策研究》，复旦大学出版社 2008 年 3 月版。

状与政策研究"的调查,对上海市19个区(县)1 895名60岁以上老年人进行问卷调查,了解社区老年人对护理服务的需求。

(一)老年居民护理服务场所需求意愿——以居家护理为主

在生活不能自理的老年人中,选择在家中的老年人占到大多数,达到47.56%;其次是养老院(占19.26%)和老年护理医院(占19.16%),家庭病床也占到了13.91%。这样的比例在各个区(县)的选择也是一致的(如表10.6所示)。可见,近一半的老年人倾向于家庭护理。其原因可能是多方面的,比如老年人收入较低、没有医疗保险、不愿离开家人等。

表10.6　　　　上海市老年长期护理服务场所需求意愿

区域	老年护理医院		家庭病床		养老院		在家中		其他	
	人数(人)	占比(%)	人数(人)	占比(%)	人数(人)	占比(%)	人数(人)	占比(%)	人数(人)	占比(%)
中心城区	142	19.19	128	17.30	166	22.43	304	41.08	0	0.00
浦东新区	72	28.80	31	12.40	10	4.00	137	54.80	0	0.00
郊区	149	16.67	105	11.74	186	20.81	485	54.25	0	0.00
崇明县	0	0.00	0	0.00	3	27.27	7	63.63	1	9.10
合计	363	19.16	264	13.91	365	19.26	901	47.56	1	0.11

(二)老年居民护理人员需求意愿——家庭成员的非正式护理

在生活不能自理的老年人中,由子女照顾的占被调查者的50.13%;其次是配偶,占34.40%;保姆和其他人员仅占14.77%(如表10.7所示)。显而易见,家庭成员,特别是子女和配偶构成了老年人长期护理的主要承担者。

表10.7　　　　上海市老年长期护理人员需求意愿

区域	配偶		子女		孙辈		保姆		其他	
	人数(人)	占比(%)	人数(人)	占比(%)	人数(人)	占比(%)	人数(人)	占比(%)	人数(人)	占比(%)
中心城区	231	31.22	327	44.19	4	0.54	123	16.62	55	7.43
浦东新区	88	35.20	128	51.20	2	0.80	19	7.60	12	4.80
郊区	333	37.25	490	54.81	7	0.78	49	5.48	15	1.68
崇明县	0	0.00	5	45.45	0	0.00	0	0.00	6	54.55
合计	652	34.40	950	50.13	13	0.69	191	10.08	89	4.69

中国老龄科学研究中心2003年的调查数据与这一结论也是一致的。2003年对于需要护理的老年人,主要由配偶、子女或孙子女护理的比例在城市为90.8%,农村的这一比例达到97.3%。在城市,主要由保姆护理的老年人只占6.0%,主要由居委

会或养老机构护理的仅占0.3%。目前,由于经济条件的限制,农村老年人在家庭雇保姆的非常少,几乎为零(0.3%)。

(三) 老年居民护理服务方式需求意愿——以就近或上门护理为主

在被调查居民中,迫切希望社区医疗服务意向依次为:第一位为就近医疗,有1 234人,占被调查人口的65.11%;第二位为上门出诊,有364人,占19.19%;第三位为上门护理,有154人,占8.17%;第四位为家庭病床,占7.53%(如表10.8所示)。可见,老年人最迫切希望社区医疗服务的是就近医疗,其次是上门护理,最后是机构等的家庭病床。这表明老年人希望在自己熟悉且护理便利的场所得到护理。

表10.8　　　　　　　　上海市老年长期护理服务方式需求意愿

区域	上门护理		上门出诊		就近医疗		家庭病床	
	人数(人)	占比(%)	人数(人)	占比(%)	人数(人)	占比(%)	人数(人)	占比(%)
中心城区	40	5.41	90	12.16	533	72.03	77	11.08
浦东新区	18	7.20	61	24.40	143	57.20	28	11.20
郊区	96	10.73	213	23.83	547	61.19	38	4.37
崇明县	0	0.00	0	0.00	11	100.00	0	0.00
合计	154	8.17	364	19.19	1234	65.11	143	7.53

从上海市老年居民的长期护理需求分析来看,以子女和配偶为主要护理人员的居家护理是绝大多数老人的护理首选。老年人在自己熟悉的环境里得到照顾,子女或配偶的及时、贴心照顾,可以最大限度地满足老年人身体和心理等长期护理需求,提高护理的满意度。

发达国家的经验表明,在老年长期护理服务中,非正式长期护理占80%[1]。特别在我国传统家庭养老观念的影响下,家庭更是长期护理的宝贵来源,家庭给予老年人温暖、自然的照料环境也是机构护理所不能替代的。因此,在很长一段时期内,家庭成员将是老年人长期护理的主要提供者。在整个长期护理服务体系中,非正式的长期护理服务将会起到基础作用。

虽然计划生育政策的实施有效地控制了我国人口的增长速度,但是随之产生"4+2+1"倒金字塔形家庭结构,独生子女增多,生育率持续下降,家庭护理的人力资源迅速缩小,且随着生活节奏加快和工作压力增加,子女很少有精力来照顾老人。这些因素都将导致家庭护理负担沉重,给居家长期护理带来挑战。

---

[1] 陈卫民:"发达国家老年护理服务供给体制改革及其借鉴意义",《南开学报》(哲学社会科学版),2002年第3期,第58~64页。

第十章
长期护理保险制度建设——完善护理机构与护理模式

二、以居家为基础的社区长期护理面临的挑战

（一）家庭的非正式护理负担沉重

1. 家庭非正式照料者供给不足

以杭州市相关课题组 2007 年对杭州市 5 个社区 454 位 80 岁以上老人、127 位照料者及社区助老员、社区护士的调查为例，数据显示，在过去一年中表示不需要别人护理的仅占 47.1%，整年需要护理的占 26.2%。在回答需要护理的老年人中，有 63 人（13.9%）回答不能及时得到照顾，其主要原因有子女工作忙（52.4%）、老伴身体不好（34.9%）、请不到保姆（4.8%）和其他（7.9%）（如图 10.1 所示）①，其中极少提到家庭以外的护理资源，而家庭非正式照料者不足是由多种原因造成的。这再次验证了老年人的护理需求首先考虑到的还是子女、老伴，而非养老护理、医疗护理等正式的机构护理，老年人的护理需求还是以家庭非正式护理为主。

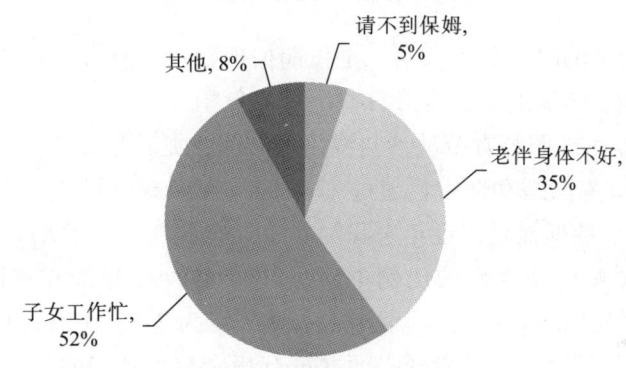

图 10.1　老年人不能及时得到照顾的原因

2. 家庭非正式照顾负担沉重

在对上海市 176 位 60 岁以上的退休老人进行的调查表明，在居家长期护理负担方面，37.88% 的家庭认为在护理时遇到的最大困难是饮食、排泄、洗浴方面的照顾负担重；30.30% 的家庭认为困难在于专业护理知识缺乏；16.67% 的家庭认为护理费用高、经济负担重；27.27% 的家庭认为护理时间负担重，即护理者没有自己的时间，严重缺乏睡眠；10.58% 的家庭认为咨询信息不畅，即为获得相关护理服务信息而需要的咨询无法及时、便利地获得（如图 10.2 所示）②。

可见，居家护理面临三大困难，第一是涉及难度较大的护理行为及比较专业的护理知识、方法时给护理者带来的负担和困扰；第二是因工作、休息或娱乐等时间得不

---

① 陈雪萍：《以社区为基础的老年人长期照护体系构建——基于杭州市的实证分析》，浙江大学出版社 2011 年 5 月版。
② 武学慧、唐幼纯、王维："上海市老年长期护理（LTC）需求实证分析"，《劳动保障世界》，2010 年第 10 期，第 12~16 页。

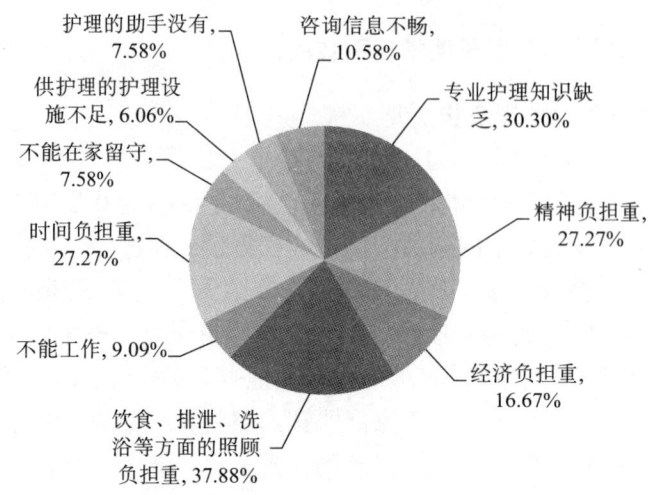

图 10.2　家庭非正式照顾负担分析

到保证给护理者带来的时间负担；第三是长期护理费用高昂所致的经济负担沉重。因此，居家长期护理将给家庭成员带来日益沉重的负担。

3. 影响家庭非正式照料者劳动参与或闲暇时间，尤其是女性

在我国 35～52 岁已婚女性中，超过 12% 的人在照料父母或公婆[1]。中国营养与健康调查（CHNS）数据显示，近年来我国老年人口照料需求呈增长趋势，照料父母或公婆的女性占适龄劳动女性的比例不断上升，从 1991 年的 6% 上升至 2009 年的 14%，而且每周平均照料时间也大幅增加，2009 年为 21 个小时，比 1991 年翻了一番[2]。如果女性承担照料父母的责任，而并没有相应减少她们的工作时间，这意味着女性可支配的闲暇时间减少。同时，平衡工作、家庭和老年照料的需求将会给她们带来心理和生理的紧张感，并且会减少她们对社会活动、个人发展和政治活动的参与。

4. 缺乏家庭非正式照料者的社会支持体系

从以上论述可以发现，照料老人会给照料者的健康、经济、心理、工作、家庭关系等多方面造成负面影响，这也必然影响到居家长期护理质量的提高。然而，通常家庭成员等非正式照料被视作是个人或家庭的责任，在很大程度上，他们对照料的贡献很少得到相应的认可，并且社会政策设计通常会忽视他们对支持的需要[3]。我国对于家庭照料者相应的关注和支持却始终没有被提上日程，相关的社会支持政策和服务也缺乏家庭照料者参与。

（二）居家养老服务与社区卫生服务的医疗护理缺乏有效沟通渠道

目前社区老年人的护理服务，有以助老员为核心的居家养老护理服务和以社区合作

---

[1] Liu L, Dong X, Zheng X. Parental care and married women's labor supply in urban China [J]. Feminist Economics, 2010, 16: pp. 169–192.

[2] 黄枫："人口老龄化视角下家庭照料与城镇女性就业关系研究"，《财经研究》，2012 年第 9 期。

[3] Elson Diane, 1991, Ma le Bias in the Development Process, Manchester: Manchester University Press.

开展的以家庭护理为主的医疗护理服务，两者没有很好整合，相互之间缺乏有效沟通。社区养老服务中助老员的培训和老年人服务管理缺乏指导，托老服务难以展开。社区卫生服务中心护士对老年人家访、建立健康档案、慢性病管理有一定的政策倾斜，如有些社区对高龄老人有每月一次的免费家访服务，有些社区卫生服务中心还有一定的病床，但还没有很好地向"护理院"的机制转换，出院评估没有与居家养老服务衔接。

（三）正式护理与非正式护理缺乏沟通和对接的平台

一方面，正式护理的评估体系没有建立，养老机构、老年康复病房、老年护理院、社区日托、居家护理等没有相应的评估、转介制度，相应的机构、队伍尚未建立，更谈不上对非正式护理人员的指导、支持，而非正式护理又以女性为主，缺少利用有关社会资源的意识和途径。家庭非正式护理与正式护理之间缺少对接平台。另一方面，目前居家养老服务的老年人大多不是完全生活不能自理者，当其进入这一状态后就非常需要进入相应的养老机构或护理院，而目前大多数养老机构不接收生活完全不能自理的老年人，即使接受，也因床位周转率低，床位有限，造成入住非常困难。因此，需要建立一定的衔接机制，建立养老护理评估体系，明确机构护理功能，开展入住资格审核，实现居家护理和机构护理的双向转介。

（四）社区居家护理服务提供有限

以杭州市相关课题组2007年对杭州市5个社区454位80岁以上老人、127位照料者及社区助老员、社区护士的调查为例，数据显示，家庭照顾者多为女性，且年龄多为60多岁的老人（如表10.9所示）。在专职照顾者中，最小18岁，最大84岁，平均年龄（61.2±12.9）岁[①]。

表10.9 高龄老人护理者情况

年龄	男		女		合计		平均年龄（岁）
	人数（人）	比例（%）	人数（人）	比例（%）	人数（人）	比例（%）	
<40岁	2	5.2	2	2.2	4	3.1	61.2±12.9 男：57.0±13.5 女：63.0±12.2
40~49岁	9	23.6	15	16.9	24	18.9	
50~59岁	12	31.6	23	25.8	35	27.6	
60~69岁	9	23.6	14	15.7	23	18.1	
70岁以上	6	15.8	35	39.3	41	32.3	
合计	38	29.9	89	70.1	127	100	

127位社区护理者回答其主要护理工作依次是：家庭卫生（117人次）、买菜做饭（112人次）、洗衣服（98人次）、个人卫生（42人次）、协助外出活动（39人次）、清理大小便（21人次）、喂饭（16人次）、康复训练（8人次）、定时翻身（4人次）。可见社区专职护理人员的护理工作主要是以协助老人日常生活、活动为主，

---

① 陈雪萍：《以社区为基础的老年人长期护理体系构建——基于杭州市的实证分析》，浙江大学出版社2011年版。

而医疗护理服务很少。

（五）社区居家护理服务人才缺乏

以杭州市为例，2007年杭州市五城区社区卫生服务中心（站）的护士总数、老年人总数及比例数据显示，每名护士平均要护理超过406名老人（如表10.10所示）。与此同时，社区护士学历结构较低，以中专学历为主（56.1%），职称结构较低，以初级为主（80.1%）。从教育体制上看，我国的社区护理教育可以说还是一项空白，护理人员多数对老年护理内容了解不多，所掌握的基本属于常规性的知识，而且部分护理人员的观念仍停留在以疾病为中心的院内服务。因此，要重视老年护理人员的专业化培训及护理观念的转变。

表 10.10　　　杭州市五城区社区护士数量及与老年人口数量比

城区	社区护士总数（人）	老年人口≧60岁（人）	老年人/护士（%）
上城区	110	66 927	608.7
下城区	207	66 721	623.6
江干区	175	52 199	298.3
西湖区	267	69 545	415.9
拱墅区	201	52 637	266.9
合计	760	309 029	406.6

三、发展以居家为基础的社区长期护理的相应对策

（一）构筑家庭非正式照料者的社会支持体系，减轻家庭的非正式护理负担

无论哪一个国家，家庭非正式护理都是不可替代的。面对家庭照料者创造的巨大社会价值以及伴随的生活压力，为了充分发挥非正式护理的作用，发达国家对此制定了许多新政策。这些政策包括向非正式护理的接受方或提供方支付补贴或津贴、对提供非正式护理的人员开展培训和咨询服务及其他形式的帮助（如临时性、应急性护理等）、实行弹性工作时间制度和老年护理休假制度等。例如，澳大利亚政府自1992年以来为非正式护理制定的一系列鼓励政策，就几乎囊括了上述的所有措施，并且把享受护理津贴的对象扩大到与被护理者没有亲属关系的人。目前，要立足我国经济社会发展水平，依托现有养老服务资源，以家庭照料者的突出需求为切入点，构筑家庭非正式照料者的政策支持体系和服务支持体系。

1. 提供家庭照料者的基本生活保障支持项目

因照料老人而造成的直接经济开支和隐性成本会对家庭照料者带来基本生活保障方面的困难。尤其对于当前正处于社会经济结构转型期的中国来说，在各种社会福利和保障制度不完善的情况下，照料老人的家庭更加容易陷入经济困境。同时，从家庭照料者的贡献和价值来看，他们为国家和社会节省了大量长期护理经费，使得家庭照料工作蕴含着极高的社会价值和经济价值。如果因照料老人而减少的收入不能得到相应的补偿，即否认了家庭照料者的社会贡献和社会价值，不仅增加了家庭照料者面临的经济压力，也不利于保障家庭照料者的积极性和家庭照料关系的稳定。因此，保障

家庭照料者的基本生活需求应作为家庭照料者社会支持体系的一个基本政策。

2. 提供家庭照料者的发展性需求保障支持项目

家庭照料者的基本生活保障政策仅仅是针对家庭照料者的生理、安全需求层面开展的低层次保障政策，而家庭照料者的工作、学习、社会参与等发展性需求同样需要得到有力的保障，这也是宪法赋予每个公民的基本权利。因此，在强调家庭照料责任的同时，也应重视家庭照料者的个人发展性需求，尽可能地保障他们的工作、学习和休闲等权利不因照料老人而受到较大程度的影响。针对家庭照料者经常面临的工作与照料的冲突，可以考虑建立家庭照料者弹性工作制度，保障家庭照料者兼顾照料和工作的权利。

3. 提供信息服务支持项目

在家庭照料的过程中掌握各种信息和知识对于解决照料中的困难和应对照料压力有着重要的作用。对于家庭照料者来说，掌握一些基本照料技能如肌肉注射、按摩、饮食常识都是十分必要的。因此，为家庭照料者及时提供各种照料技能和知识对于减轻照料负担有着重要的帮助。除了照料技能和知识之外，为家庭照料者提供各种社会服务信息对于减轻照料负担也有着积极的作用，它将家庭照料者与社会服务有效地联系起来，帮助照料者寻找并获得适合的服务。

4. 提供心理服务支持项目

家庭照料者在照料中出现的消极情绪和心理不仅对于照料者个人健康有负面影响，还会引发家庭关系危机、虐待老人等极端现象，而健康积极的心态能够帮助家庭照料者更加积极地看待和评价照料角色，并有助于发展良好的人际关系互动。因此，针对家庭照料者的心理服务至少要包括两大部分：第一是针对家庭照料者的消极心理状态提供修复性服务，帮助家庭照料者正确认识自身照料角色并提供相应心理和社会性支持以扭转不良心理倾向和降低消极心理体验；第二是鼓励和培育照料者树立积极的照料价值观和生活态度，从而帮助照料者获得积极的照料角色经历。

（二）建立以"喘息护理服务"为中介的居家护理与社区护理服务衔接平台

喘息护理服务是为减轻家庭照料者长期照料老人的负担而提供的短暂照料服务，以使家庭照料者获得休息的机会，同时也是为家庭照料者因紧急情况而不能照料老人所提供的替代性服务。当前中国"星光计划"中的日间照料室就是一种喘息照料服务，但仅仅依靠日间照料室难以满足老年人及其家庭的需求。例如，夜间照料需求和因照料者出差而产生的短期照料需求就不能依靠日间照料室来解决。因此，喘息护理服务应该是集日间服务、夜间服务和短期服务于一体的照料服务，在满足老年人及其家庭照料者的各种临时替代服务需求的同时，应加强医疗和保健等方面的护理功能，不要只停留在托老所的性质上，而应考虑到老年人的各种需求从而为接受喘息服务的老人提供全方位服务。

（三）建立正式护理与非正式护理之间的融合机制

第一，积极探索建立以社区为平台引进社会力量兴办社区托老服务机构。在社区提供场所，管理经营者负责托老服务的同时，与社区目前的高龄老人津贴和服务券等相结合，协调管理社区助老员队伍、社区志愿者、老年家政服务人员，同时向居家养老服务延伸，向家庭非正式护理人员提供技术支持。第二，积极探索以养老机构为平台拓展居家养老护理服务，改善、提升乡镇（街道）敬老院的基础设施和服务功能，实现敬老院向区域社会养老服务中心转型，建立入院评审制度，扩大服务范围，提供日间托养、短期寄养、配送餐等服务，拓展居家护理服务。

（四）加快社区老年护理院建设，拓展社区护理服务

老年护理院是指在一定范围内，为长期卧床的老年患者、残疾人、临终患者、绝症晚期和其他需要长期护理服务的患者提供基础护理、专科护理、根据医嘱进行支持和姑息治疗、临终关怀护理、消毒隔离技术指导、社区老年保健、营养指导、心理咨询、卫生宣教和其他老年医疗护理服务的机构。它是以老年疾病护理、治疗性护理为主的医疗机构，区别于以养老为主的老年福利机构和以医疗为主的老年医院。由老年护理专家进行专业的护理管理，发展对社区养老护理队伍的培训和技术支持。探索社区卫生服务中心向"老年护理院"的职能转变，向失能老人提供入住后的医疗护理服务的同时，与社区日托服务相结合，提供托老服务，同时在老年护理转介服务方面发挥作用，并在老年护理建设的基础上扶持家庭护理。

（五）加快社区护理人才的培养

随着老年人护理需求不断增加，应尽快建立老年护理专门化人才培养体系，加快培养老年护理人才。根据目前社区护士低学历、低职称的现状，应建立一套完整的老年护理人员在职培养目标和激励机制，鼓励在职学历提升，同时研究老年护理人员继续教育问题，开展"家庭护理、康复护理、中医护理"等上岗培训，实行持证上岗。同时，与综合性医院建立良好的双向合作关系，定期到老年病房或康复病房进修学习。现阶段迫切需要加强对社区卫生服务机构现有技术队伍业务能力的系统培训，下大力气培养老年护理骨干，以带动老年护理队伍的整体素质提高。

本章小结

本章分为两部分：第一部分主要从养老床位缺口、护理人员缺口等方面分析当前我国养老机构的发展问题及对策；第二部分通过分析社区居家长期护理的需求状况及其面临的挑战、对策来阐述如何发展以居家为基础的社区长期护理模式。

思考题

1. 与长期护理保险制度构建相关的护理产业发展问题。
2. 护理专业人员的教育培训问题。

附录 1

上海市《老年护理等级评估要求》

2013 年，上海市发布我国首份老年护理等级评估地方标准《老年护理等级评估要求》，并于 2013 年 5 月 1 日实施。

《老年护理等级评估要求》

1. 范围

本标准规定了老年护理等级评估的总则、评估机构和人员、主要评估参数项目评判、背景参数项目调查、评估报告、评估质量的监督和改进等方面的要求。

本标准适用于上海市行政区域内 60 周岁及以上申请本市老年护理服务的老年人的护理等级评估。

2. 术语和定义

下列术语和定义适用于本文件。

2.1 老年护理服务（elderly care）

由养老服务机构为老年人提供的以日常生活照料为主的综合性服务。

2.2 老年护理等级评估（assessment for elderly care）

通过对生活自理能力、认知能力、情绪行为、视觉等影响老年人日常生活的项目进行评判，得出其日常生活的能力状况，确定其需要护理的程度及服务内容的活动。

2.3 首次评估（initial assessment）

对初次申请老年护理服务的老年人进行的老年护理等级评估。

2.4 持续评估（ongoing assessment）

已经接受护理服务的老年人身体状况发生重大变化时进行的老年护理等级评估。

2.5 复核评估（reassessment）

对首次评估或持续评估的结论有异议时，经申请开展的老年护理等级评估。

3. 总则

3.1 独立性
评估人员应遵照标准规定的评估参数和事项进行评判。给出单项结论时不应相互作为参考因素。

3.2 公正性
评估工作不应受非相关因素的影响。评估人员与评估对象无利益关系，管理服务或提供服务的人员不得兼任评估人员。

3.3 保密性
保护评估对象的个人隐私，未经评估对象或其法定监护人书面许可，不得对外披露评估对象个人及评估的相关信息。

4. 评估机构和评估人员

4.1 评估机构
4.1.1 评估机构应具备独立法人资格。
4.1.2 评估机构负责管理评估人员，把握评估质量。

4.2 评估人员
4.2.1 评估人员应符合以下条件：
——诚信记录良好；
——具备医疗、护理、康复、社工等专业背景；
——有5年及以上相关工作经历；
——符合其他相关要求。
4.2.2 上岗前应参加专业培训，经考试合格后持证上岗。
4.2.3 应按照评估工作流程（见附录A）开展评估工作。
4.2.4 应使用《上海市老年护理等级评估表》（见附录B）开展评估工作。

5. 主要参数项目评判

5.1 生活自理能力

5.1.1 进食

5.1.1.1 使用餐具将饭菜送入口、咀嚼、吞咽等步骤能独立完成的，程度等级评判为正常。

5.1.1.2 使用餐具，在切碎、搅拌等协助下能完成进食的，程度等级评判为轻度依赖。

5.1.1.3 使用餐具有困难，将饭菜送入口、咀嚼、吞咽等步骤需要帮助的，程度等级评判为中度依赖。

5.1.1.4 不能自主进食，或伴有吞咽困难，使用餐具将饭菜送入口、咀嚼、吞咽等步骤完全需要帮助的，程度等级评判为重度依赖。

5.1.2 修饰及洗浴

5.1.2.1 修饰、洗浴能独立完成的，程度等级评判为正常。

5.1.2.2 修饰能独立完成，洗浴需要协助的，程度等级评判为轻度依赖。

5.1.2.3 在他人协助下能完成部分修饰，洗浴需要帮助的，程度等级评判为中度依赖。

5.1.2.4 修饰、洗浴完全需要帮助的，程度等级评判为重度依赖。

5.1.3 穿（脱）衣

5.1.3.1 穿（脱）衣能独立完成的，程度等级评判为正常。

5.1.3.2 穿（脱）衣需要他人协助，在适当的时间内完成部分穿（脱）衣的，程度等级评判为轻度依赖。

5.1.3.3 在他人协助下，仍需要在较长时间内完成部分穿（脱）衣的，程度等级评判为中度依赖。

5.1.3.4 穿（脱）衣完全需要帮助的，程度等级评判为重度依赖。

5.1.4 排泄及如厕

5.1.4.1 排泄正常，如厕不需协助的，程度等级评判为正常。

5.1.4.2 排泄偶尔失禁，不需协助能如厕或使用便盆的，程度等级评判为轻度依赖。

5.1.4.3 排泄经常失禁，在很多提示和协助下尚能如厕或使用便盆的，程度等级评判为中度依赖。

5.1.4.4 排泄完全失禁，如厕完全需要帮助的，程度等级评判为重度依赖。

5.1.5 移动

5.1.5.1 站立、转移、行走、上下楼梯等能独立完成的，程度等级评判为正常。

5.1.5.2 借助较小外力或辅助装置能完成站立、转移、行走、上下楼梯等，程度等级评判为轻度依赖。

5.1.5.3 动则气急喘息，借助较大外力才能完成站立、转移、行走等，不能上下楼梯的，程度等级评判为中度依赖。

5.1.5.4 有下列情形之一的，程度等级评判为重度依赖：

——卧床不起；

——休息状态下时有气急喘息，难以站立；

——站立、转移、行走、上下楼梯等完全需要帮助。

5.2 认知能力

5.2.1 近期记忆

5.2.1.1 对近期发生的事情记忆清晰的，程度等级评判为正常。

5.2.1.2 对近期发生的事情记忆模糊的，程度等级评判为轻度缺失。

5.2.1.3 对近期发生的事情遗忘，在提示下能记起部分的，程度等级评判为中度缺失。

5.2.1.4 对近期发生的事情经提示也不能记起的，程度等级评判为重度缺失。

5.2.2 程序记忆

5.2.2.1 习得的生活技能能正确记忆的，程度等级评判为正常。

5.2.2.2 习得的生活技能在提示下能正确记忆的，程度等级评判为中度缺失。

5.2.2.3 习得的生活技能经提示也不能正确记忆的，程度等级评判为重度缺失。

5.2.3 定向力

5.2.3.1 对人物、地点、时间、空间等识别和判断能力正常的，程度等级评判为正常。

5.2.3.2 在提示下能正确说出人物、地点、时间、空间等，程度等级评判为中度缺失。

5.2.3.3 经提示也不能正确说出人物、地点、时间、空间等，程度等级评判为重度缺失。

5.2.4 判断力

5.2.4.1 对日常生活的内容、时间等能正确作出判断的，程度等级评判为正常。

5.2.4.2 对日常生活的内容、时间等在提示下能作出判断，表现为判断迟缓、不决的，程度等级评判为中度缺失。

5.2.4.3 对日常生活的内容、时间等在提示下不能作出判断，或判断错误的，程度等级评判为重度缺失。

5.3 情绪行为

5.3.1 情绪

5.3.1.1 情绪稳定，对客观事物的主观态度体验与实际相符，能被常人理解的，程度等级评判为正常。

5.3.1.2 情绪欠稳定，但对客观事物的主观态度体验尚能被常人理解的，程度等级评判为轻度异常。

5.3.1.3 无诱因，情绪变化较大，对客观事物的主观态度体验与实际不相符，不能被常人理解的，程度等级评判为中度异常。

5.3.1.4 情绪喜怒无常或毫无反应，对客观事物的主观态度体验与实际不相符，不能被常人理解的，程度等级评判为重度异常。

5.3.2 行为

5.3.2.1 动作举止等行为表现正常的，程度等级评判为正常。

5.3.2.2 动作举止等行为表现偶尔有异常，但不影响正常生活，程度等级评判为轻度异常。

5.3.2.3 动作举止等行为表现经常有异常，影响正常生活，需要一定监护的，程度等级评判为中度异常。

5.3.2.4 动作举止等行为表现异常,严重影响正常生活,完全需要监护的,程度等级评判为重度异常。

5.3.3 沟通力

5.3.3.1 在交流中能理解准确,表达清晰的,程度等级评判为正常。

5.3.3.2 在交流中提示后能理解,简单表达的,程度等级评判为中度异常。

5.3.3.3 交流困难,不能表达和理解的,程度等级评判为重度异常。

5.4 视觉

5.4.1 无视力障碍或虽有视力障碍,在正常环境下能安全照顾自己的,程度等级评判为正常。

5.4.2 低视力(矫正后),在正常环境下生活需要照顾的,程度等级评判为中度障碍。

5.4.3 视力丧失,无法适应生活环境而需要照顾的,程度等级评判为重度障碍。

6. 背景参数项目调查

6.1 社会生活环境

6.1.1 居住状况

应对评估对象居住状况做出评判。选项包括:

——与配偶或子女同住;

——与亲戚朋友等同住;

——独自居住;

——入住养老机构。

6.1.2 家庭支持

应对评估对象家庭支持状况做出评判。选项包括:

——提供足够的物质和情感支持;

——仅提供物质支持;

——仅提供情感支持;

——缺乏物质和情感支持。

6.1.3 社会参与

应对评估对象参加社区或集体活动情况做出评判。选项包括:

——经常参加;

——较少参加;

——偶尔参加;

——不参加。

6.1.4 居住环境

应对评估对象居住环境、卫生设施等情况做出评判。选项包括：
——有无厕所，独用还是合用；
——有无洗浴设备，独用还是合用。

7. 评估报告

7.1 分值设定和护理等级划分

7.1.1 主要参数项目分值设定

7.1.1.1 生活自理能力：
——正常分值设定为 0 分；
——轻度依赖分值设定为 7 分；
——中度依赖分值设定为 21 分；
——重度依赖分值设定为 35 分。

7.1.1.2 认知能力：
——正常分值设定为 0 分；
——轻度缺失分值设定为 6 分；
——中度缺失分值设定为 18 分；
——重度缺失分值设定为 30 分。

7.1.1.3 情绪行为：
——正常分值设定为 0 分；
——轻度异常分值设定为 1 分；
——中度异常分值设定为 3 分；
——重度异常分值设定为 5 分。

7.1.1.4 视觉：
——正常分值设定为 0 分；
——中度障碍分值设定为 18 分；
——重度障碍分值设定为 30 分。

7.1.2 护理等级划分

单项分值加权处理后：
——总分为 0－7 分的，护理等级为正常；
——总分为 8－21 分的，护理等级为轻度；
——总分为 22－35 分的，护理等级为中度；
——总分为 36 分及以上的，护理等级为重度。

7.2 评估参数项目总结

7.2.1 评估人员应对评估对象的生活自理能力、认知能力、情绪行为、视觉等主要参数项目的护理等级进行评判，并对每个参数项目给予评语。

7.2.2 评估人员应对评估对象的社会生活环境背景参数项目（包括居住状况、家庭支持、社会参与、居住环境）进行描述。

7.3 养老服务建议

7.3.1 评估人员应根据首次评估结论，对首次评估对象提供的服务内容及服务形式（社区居家养老或机构养老）提出建议，并描述原因。

7.3.2 当老年人身体状况发生重大变化时，可申请持续评估。评估人员应根据持续评估结论，对持续评估对象是否需要更改现有服务形式及服务内容提出建议，并描述原因。

7.4 评估报告的确认

7.4.1 评估人员应在完成评估后，填写附录 B 所示的评估表基本信息。

7.4.2 评估人员应在完成评估后，再次确认完成该次评估的种类（首次评估、持续评估或复核评估），并由评估员本人签名或盖章。

8. 评估质量的监督和改进

8.1 评估质量的监督

8.1.1 评估机构应对评估的有效性进行监督，包括（不限于）：
——评估过程的独立性；
——评估流程的规范性；
——评估方法的科学性、公正性；
——评估结论的准确性。

8.1.2 评估机构应组织人员，定期对评估质量进行抽查，包括（不限于）：
——参数项目评判的合标性；
——分值计算的准确性；
——评价和描述与护理等级的一致性；
——评估建议与评估结论的匹配性。

8.1.3 抽查人员应留下本人信息（姓名、联络电话、所属单位等），并由本人签名盖章，以确认抽查结果。

8.1.4 评估争议的处理

8.1.4.1 评估对象及其法定监护人对首次评估或持续评估的结论有异议时，应在收到评估结论告知单之日起 10 个工作日内申请复核评估。

8.1.4.2 复核评估由养老服务行政主管部门指定的评估机构实施。

8.1.4.3 复核评估结论为本次评估的最终结论。

8.2 评估质量的改进

针对监督抽查和调查发现的问题，分析原因，采取纠正措施或预防措施，持续改进评估质量。

附录 A （规范性附录） 上海市老年护理等级评估流程图

图 1 给出了老年护理等级评估的流程。

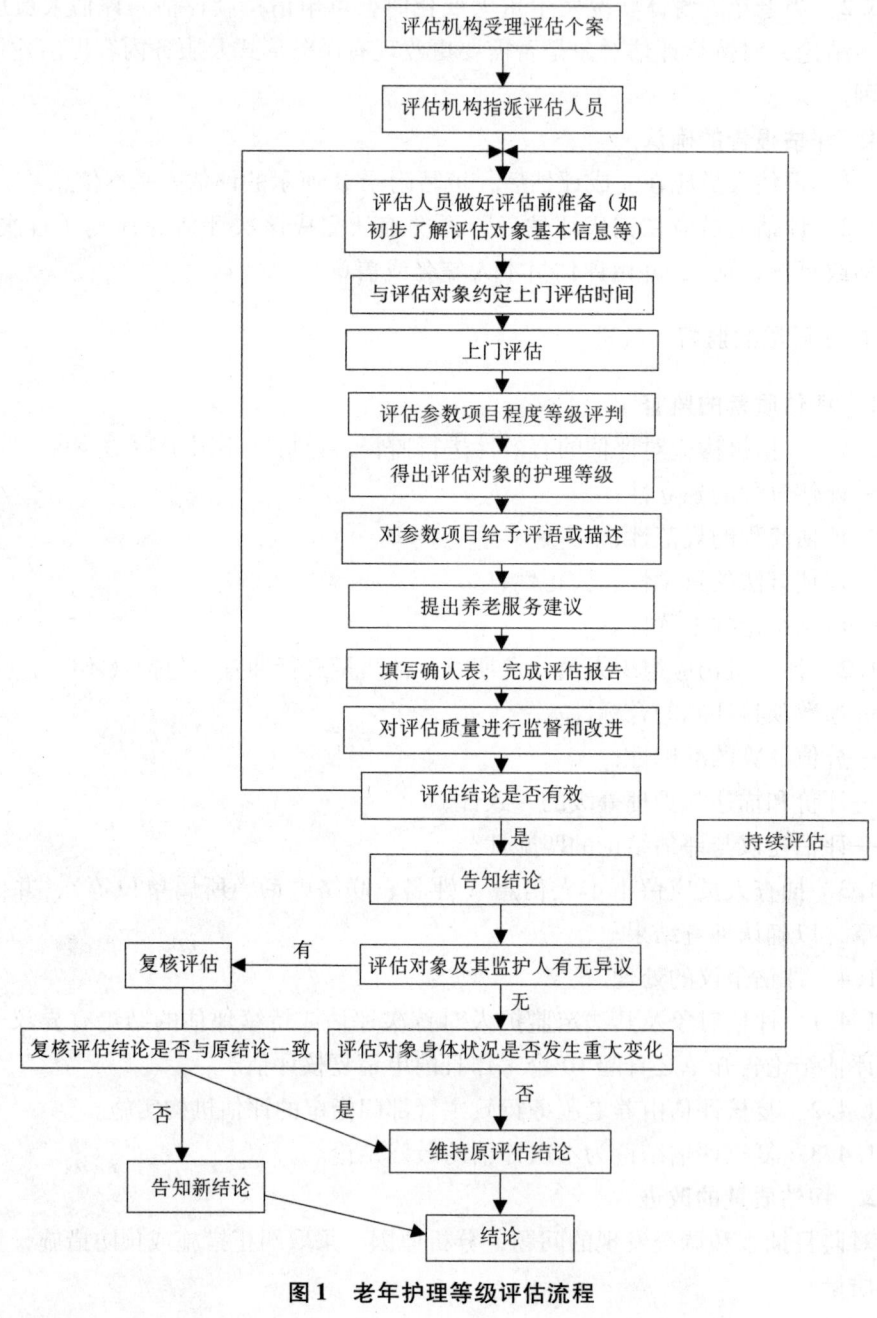

图 1 老年护理等级评估流程

附录B 规范性附录上海市老年护理等级评估表

申 请 人 姓 名：_____
区 县 / 街 道：_____
评 估 表 编 号：(区县号) – (街镇号 –)_____

评 估 类 别：1. 首次评估　□　2. 复核评估　□
　　　　　　　3. 持续评估　□
评 估 次 数：第　　　次
上次评估日期：_____年_____月_____日
本次评估日期：_____年_____月_____日
评 估 员 姓 名：

《服务申请表资料》

一、个人资料

姓名		身份证号码	
性别		社保卡号	
民族		文化程度	□文盲　□小学　□初中 □高中　□大专　□本科及以上
出生年月		曾从事职业	
籍贯		婚姻状况	□未婚　□已婚　□丧偶　□离婚
户籍所在地	区（县）　　街（镇）　　路　　居（村）委　　弄　　号　　室		
居住地址	区（县）　　街（镇）　　路　　居（村）委　　弄　　号　　室		
邮编		住宅电话	
		移动电话	
代理人姓名		与申请人关系	
代理人地址	区（县）　　街（镇）　　路　　居（村）委　　弄　　号　　室		
邮编		住宅电话	
		移动电话	

二、目前生活状况

经济状况	□退休金　　□子女补贴　　□亲友资助　　□其他补贴
居住状况	□与配偶或子女同住　　□与亲戚朋友等同住　　□独自居住　　□入住养老机构
住房性质	□产权房　　□租赁房　　□廉租房　　□私房
帮助照料	您有需要帮助时（包括患病时）是否得到照料： □是　　　　　　　　□否 如是，谁帮助照料： □子女　□配偶　□亲友　□其他：_____
就医方式	□家庭病房　　　　□社区医院 □外出就诊　　　　□习惯就诊的医院：_____

附录 1
上海市《老年护理等级评估要求》

目 录

评估表参数项目
    一、生活自理能力（主要参数）
    二、认知能力（主要参数）
    三、情绪行为（主要参数）
    四、视觉（主要参数）
    五、社会生活环境（背景参数）

评估报告
    一、分值设定和照护等级划分
    二、评估参数项目总结
    三、养老服务建议
    四、评估报告的确认

《评估表参数项目》

参数项目一：生活自理能力（主要参数）

评估事项		程度等级				判断评分	
		正常	轻度依赖	中度依赖	重度依赖		
(1)进食	使用餐具将饭菜送入口、咀嚼、吞咽等步骤	独立完成	使用餐具，在切碎、搅拌等协助下能完成	使用餐具有困难，进食需要帮助	不能自主进食，或伴有吞咽困难，完全需要帮助（如喂食、鼻饲等）	正常 轻度依赖 中度依赖 重度依赖	0分 □ 1分 □ 5分 □ 10分 □
(2)修饰及洗浴	修饰[a]、洗浴[b]	独立完成	修饰能独立完成，洗浴需要协助	在他人协助下能完成部分修饰；洗浴需要帮助	完全需要帮助	正常 轻度依赖 中度依赖 重度依赖	0分 □ 1分 □ 5分 □ 10分 □
(3)穿(脱)衣	穿（脱）衣服	独立完成	需要他人协助，在适当时间内完成部分穿衣	在他人协助下，仍需在较长时间内完成部分穿衣	完全需要帮助	正常 轻度依赖 中度依赖 重度依赖	0分 □ 1分 □ 5分 □ 10分 □
(4)排泄及如厕	小便、大便、如厕等	排泄正常，如厕不需协助	偶尔失禁，不需协助能如厕或使用便盆	经常失禁，在很多提示和协助下尚能如厕或使用便盆	完全失禁，如厕完全需要帮助	正常 轻度依赖 中度依赖 重度依赖	0分 □ 1分 □ 5分 □ 10分 □

续表

评估事项		程度等级				判断评分	
		正常	轻度依赖	中度依赖	重度依赖		
(5)移动	站立、转移、行走、上下楼梯等	独立完成	借助较小外力或辅助装置能完成站立、转移、行走、上下楼梯等	动则气急喘息，借助较大外力才能完成站立、转移、行走，不能上下楼梯	卧床不起；休息状态下时有气急喘息，难以站立；移动完全需要帮助	正常 轻度依赖 中度依赖 重度依赖	0分 □ 1分 □ 5分 □ 10分 □

判断评分参考值：	参数项目一评估结论：	
0~2 分　生活自理能力正常	1. 评分总和	
3~14 分　生活自理能力轻度依赖 15~30 分　生活自理能力中度依赖 31 分或以上　生活自理能力重度依赖	2. 判断等级	正常 □ 轻度依赖 □ 中度依赖 □ 重度依赖 □
	3. 结论备注	

a. 包括漱口、刷牙、洗脸、洗手、义齿清洁、口腔护理、梳头、洗脚、清洁会阴部、洗头、剃须、修剪指甲等

b. 包括擦浴、淋浴等

《评估表参数项目》

参数项目二：认知能力（主要参数）

评估事项		程度等级				判断评分	
		正常	轻度依赖	中度依赖	重度依赖		
(1)近期记忆	回想近期发生的事情	对近期发生的事情记忆清晰	对近期发生的事情记忆模糊	对近期发生的事情遗忘，在提示下能记起部分	对近期发生的事情经提示也不能记起	正常 轻度缺失 中度缺失 重度缺失	0分 □ 1分 □ 5分 □ 10分 □
(2)程序记忆	完成习得的生活技能（如穿衣、烧水、泡茶等程序）	正确记忆	—	在提示下能正确记忆	经提示也不能正确记忆	正常 —— 中度缺失 重度缺失	0分 □ —— □ 5分 □ 10分 □
(3)定向力	现实导向能力，对人物、地点、时间、空间等识别和判断能力	定向力正常	—	在提示下能正确说出人物、地点、时间、空间等	经提示也不能说出人物、地点、时间、空间等	正常 —— 中度缺失 重度缺失	0分 □ —— □ 5分 □ 10分 □
(4)判断力	对日常生活的内容、时间等作出判断	能正确作出判断	—	在提示下能作出判断，表现为判断迟缓、不决	在提示下不能作出判断，或判断错误	正常 —— 中度缺失 重度缺失	0分 □ —— □ 5分 □ 10分 □

附录 1
上海市《老年护理等级评估要求》

续表

《评估表参数项目》

判断评分参考值：	参数项目二评估结论：	
	1. 评分总和	
0~4 分　认知能力正常 5~14 分　认知能力轻度缺失 15~29 分　认知能力中度缺失 30 分或以上　认知能力重度缺失	2. 判断等级	正常　□ 轻度缺失　□ 中度缺失　□ 重度缺失　□
	3. 结论备注	

《评估表参数项目》

参数项目三：情绪行为（主要参数）

评估事项		程度等级				判断评分	
		正常	轻度异常	中度异常	重度异常		
(1) 情绪	对客观事物的主观态度体验是否与实际相符，能否被常人理解	情绪稳定，对客观事物的主观态度体验与实际相符，能被常人理解	情绪欠稳定，但对客观事物的主观态度体验尚能被常人理解	无诱因，情绪变化较大，对客观事物的主观态度体验与实际不相符，不能被常人理解	喜怒无常或毫无反应，对客观事物的主观态度体验与实际不相符，不能被常人理解	正常 轻度异常 中度异常 重度异常	0 分 □ 1 分 □ 5 分 □ 10 分 □
(2) 行为	动作举止等行为表现有否异常	行为表现正常	行为表现偶尔有异常，但不影响正常生活	行为表现经常有异常，影响正常生活，需要一定监护	行为表现异常，严重影响正常生活，完全需要监护	正常 轻度异常 中度异常 重度异常	0 分 □ 1 分 □ 5 分 □ 10 分 □
(3) 沟通力	在交流中能否互相理解	理解准确，表达清晰	—	需提示能理解、简单表达	交流困难，不能表达和理解	正常 —— 中度异常 重度异常	0 分 □ —— 5 分 □ 10 分 □

判断评分参考值：	参数项目三评估结论：	
	1. 评分总和	
0~1 分　情绪行为正常 2~5 分　情绪行为轻度异常 6~15 分　情绪行为中度异常 16 分或以上　情绪行为重度异常	2. 判断等级	正常 □ 轻度异常 □ 中度异常 □ 重度异常 □
	3. 结论备注	

《评估表参数项目》

参数项目四：视觉（主要参数）

评估事项		程度等级				判断评分	
		正常	轻度障碍	中度障碍	重度障碍		
视觉	是否有视力障碍，能否安全照顾自己	无视力障碍或虽有视力障碍，但在正常环境下能安全照顾自己	-	低视力（矫正后），在正常环境下生活需要照顾	视力丧失，无法适应生活环境而需要照顾	正常 — 中度障碍 重度障碍	0 分 □ 5 分 □ 10 分 □

判断评分参考值：	参数项目四评估结论：	
0 分　视觉正常 - - 5 分　视觉中度障碍 10 分　视觉重度障碍	1. 评分总和	
	2. 判断等级	正常 □ 中度障碍 □ 重度障碍 □
	3. 结论备注	

《评估表参数项目》

参数项目五：社会生活环境（背景参数）

(1) 居住状况	居住状况	□ 1.1　与配偶或子女同住	□ 1.2　与亲戚朋友等同住	□ 1.3　独自居住	□ 1.4　入住养老机构
(2) 家庭支持	家庭支持状况	□ 2.1　提供足够的物质和情感支持	□ 2.2　仅提供物质支持	□ 2.3　仅提供情感支持	□ 2.4　缺乏物质和情感支持
(3) 社会参与	参加社区或集体活动情况	□ 3.1　经常参加	□ 3.2　较少参加	□ 3.3　偶尔参加	□ 3.4　不参加
(4) 居住环境	居住环境、卫生设施等情况	4.1 厕所 □独用 □合用 □无	4.2 洗浴设备 □独用 □合用 □无		

附录1
上海市《老年护理等级评估要求》

《评估报告》

评估报告一：分值设定和照护等级划分

参数项目	生活自理能力	认知能力	情绪行为	视觉
评估分值	正常 □ 0分 轻度依赖 □ 7分 中度依赖 □ 21分 重度依赖 □ 35分	正常 □ 0分 轻度缺失 □ 6分 中度缺失 □ 18分 重度缺失 □ 30分	正常 □ 0分 轻度异常 □ 1分 中度异常 □ 3分 重度异常 □ 5分	正常 □ 0分 — — 中度障碍 □ 18分 重度障碍 □ 30分

照护等级评分参考值		评估分数总结	
0~7分	正常	1. 评估总分	
8~21分	轻度日常生活自理能力欠佳，需要提供一些帮助	2. 照护等级	正常 □ 轻度 □ 中度 □ 重度 □
22~35分	中度日常生活自理能力较差，需要提供较大帮助		
36分或以上	重度日常生活自理能力很差，需要提供很大帮助		
结论备注			

《评估报告》

评估报告二：评估参数项目总结

	程度等级	□正常　□轻度　□中度　□重度
（1）生活自理能力	评语	
（2）认知能力	程度等级	□正常　□轻度　□中度　□重度
	评语	
（3）情绪行为	程度等级	□正常　□轻度　□中度　□重度
	评语	

续表

《评估报告》

评估报告二：评估参数项目总结

(4) 视觉	程度等级	□正常 —— □中度 □重度
	评　语	

(5) 社会生活与环境	居住状况	
	家庭支持	
	社会参与	
	居住环境	

《评估报告》

评估报告三：养老服务建议

	服务项目	需要提供	服务程度及频次
养老服务建议	送餐	□是 □否	每日（　）次
	进食	□是 □否	喂食□ 饮水□ 切碎及搅拌□
	修饰及洗浴	□是 □否	部分帮助□ 完全帮助□
	穿（脱）衣	□是 □否	部分帮助□ 完全帮助□
	如厕及排泄	□是 □否	提醒□ 扶助□ 协助使用便器□ 更换尿布□
	移动	□是 □否	协助：站立□ 行走□ 上下楼□ 使用步行器□
	压疮护理	□是 □否	定时翻身□ 清洁皮肤□
	用药	□是 □否	保管药品□ 发放药品□ 帮助服药□
	物品整理	□是 □否	每月（　）次
	物品清洁消毒	□是 □否	
	洗涤	□是 □否	衣物□ 被褥□每月　次 尿布□
	打扫房间	□是 □否	每周（　）次
	陪诊	□是 □否	陪同就诊□ 帮助配药□
	购物	□是 □否	每周（　）次
	康复保健	□是 □否	每周（　）次
	其他服务		
建议服务形式	□ 社区居家养老　□ 机构养老		原因：

附录1
上海市《老年护理等级评估要求》

《评估报告》

评估报告三：养老服务建议（持续评估时填写）

照料等级	□正常　　□轻度　　□中度　　□重度	
服务内容	是否继续提供	服务程度及频次
送餐	□是　□否	每日（　　）次
进食	□是　□否	喂食□　饮水□　切碎及搅拌□
修饰及洗浴	□是　□否	部分帮助□　　　完全帮助□
穿（脱）衣	□是　□否	部分帮助□　　　完全帮助□
如厕及排泄	□是　□否	提醒□　扶助□　协助使用便器□　更换尿布□
移动	□是　□否	协助：站立□　行走□　上下楼□　使用步行器□
压疮护理	□是　□否	定时翻身□　　　清洁皮肤□
用药	□是　□否	保管药品□　发放药品□　帮助服药□
物品整理	□是　□否	每月（　　）次
物品清洁消毒	□是　□否	
洗涤	□是　□否	衣物□　　被褥□每月　　次　　尿布□
打扫房间	□是　□否	每周（　　）次
陪诊	□是　□否	陪同就诊□　帮助配药□
购物	□是　□否	每周（　　）次
康复保健	□是　□否	每周（　　）次
其他服务		
建议更改服务形式	□社区居家养老 □机构养老	原因：

		《评估报告》			
전체	评估报告四：评估报告的确认				
전체	评估表基本信息				
评估表号码	（　）-（　）-区县号 街镇号		完成日期	年　月　日	
区县/街镇	区县：	编号：	街镇：	编号：	
(1) 评估员确认完成	评估员姓名		确认完成	首次评估 □　复核评估 □ 持续评估 □	
	联络电话				
	所属单位				
	评估员签名＿＿＿＿＿＿（盖章）　　　　日期＿＿年＿＿月＿＿日				
(2) 督导员抽查	督导员姓名		抽查结论	符合评估标准 □ 建议再次评估 □	
	联络电话				
	所属单位				
	督导员签名＿＿＿＿＿＿（盖章）　　　　日期＿＿年＿＿月＿＿日				
(3) 街镇管理部门确认	负责人姓名		确认评估报告	确认评估结果 □ 要求再次评估 □	
	联络电话				
	所属单位				
	负责人签名＿＿＿＿＿＿（盖章）　　日期＿＿年＿＿月＿＿日				

附录2

我国长期护理商业保险产品条款示例

中国人民健康保险股份有限公司
福泽一生个人护理保险（万能型）条款

1 被保险人范围

1.1 被保险人范围 凡投保时出生满28天至60周岁，身体健康的个人均可作为被保险人参加本保险。

2. 保险责任及责任免除

2.1 基本保险金额 本合同的基本保险金额由投保人与本公司约定，经被保险人同意并在保险单上载明，投保时的基本保险金额须符合本公司当时的投保规定。若该金额发生变更，则以变更生效后的金额为基本保险金额。

2.2 基本保险金额的变更 本合同有效期内，经本公司同意，投保人可变更基本保险金额。

基本保险金额增加

本合同生效一年后，投保人可随时向本公司申请增加基本保险金额，但每个保单年度最多申请一次。投保人申请增加基本保险金额时必须同时满足以下条件：

（1）在被保险人60周岁对应的保单周年日之前申请；

（2）以前各期和当期应交期交保险费均已交纳。

在申请增加基本保险金额时，投保人须提供被保险人的健康声明书、体检报告及其他相关证明文件。

经本公司同意后，增加的基本保险金额自下一个结算日零时起生效。

基本保险金额减少

本合同生效一年后，投保人可随时向本公司申请减少基本保险金额，但每个保单年度最多申请一次。

经本公司同意后，减少的基本保险金额自下一个结算日零时起效力终止。

2.3 保险责任 本合同有效期内，本公司承担下列保险责任：

护理保险金

自本合同生效之日起因意外伤害原因，或自本合同生效之日起180天后因意外伤害之外的其他原因，被保险人在75周岁对应的保单周年日之前丧失日常生活能力且持续至观察期结束（观察期结束时被保险人未满6周岁的，则须持续至被保险人年满6周岁之日），本公司按下列方式给付护理保险金：

（1）若观察期结束日在75周岁对应的保单周年日之前，在观察期结束后，本公司将按观察期结束日次日的账户价值与基本保险金额之和给付护理保险金，同时本合同效力终止；

（2）若观察期结束日在75周岁对应的保单周年日之后（含当天），在观察期结束后，本公司按被保险人75周岁对应的保单周年日账户价值与基本保险金额之和给付护理保险金，但须扣除已领取的老年关爱保险金。

疾病身故保险金 自本合同生效之日起180天后因意外伤害之外的其他原因，被保险人身故，本公司将按身故日的账户价值与基本保险金额之和给付疾病身故保险金，同时本合同效力终止。

老年关爱保险金 若被保险人生存至75周岁对应的保单周年日且本合同仍然有效，本公司按被保险人75周岁对应的保单周年日账户价值给付老年关爱保险金，同时本合同效力终止。

自本合同生效之日起180天内因意外伤害之外的其他原因，被保险人丧失日常生活能力或身故，本公司将无息退还投保人所交纳的全部保险费，但须扣除累计已领取的"部分领取"金额，同时本合同效力终止。

2.4 责任免除

因下列情形之一引起的保险事故，本公司不承担给付保险金的责任：

（1）投保人对被保险人的故意杀害、故意伤害；

（2）被保险人故意自伤、故意犯罪或者抗拒依法采取的刑事强制措施；

（3）被保险人自本合同成立或者合同效力恢复之日起2年内自杀，但被保险人自杀时为无民事行为能力人的除外；

（4）被保险人患有遗传性疾病，先天性畸形、变形或染色体异常；

（5）被保险人从事潜水、滑水、漂流、跳伞、攀岩、蹦极、驾驶滑翔机、探险、摔跤比赛、拳击比赛、武术比赛、特技表演、赛马、赛车等高风险活动；

（6）战争、军事冲突、暴乱或武装叛乱；

（7）核爆炸、核辐射或核污染。

被保险人在下列期间内发生的保险事故，本公司不承担给付保险金的责任：

（1）醉酒、主动吸食或注射毒品；

（2）酒后驾驶、无合法有效驾驶证驾驶，或驾驶无有效行驶证的机动车；

（3）感染艾滋病病毒或患艾滋病。

因上述情况导致被保险人丧失日常生活能力或身故的，本合同效力终止，本公司向投保人退还本合同的现金价值（见本条款第4.7条）。但因投保人对被保险人的故意杀害、故意伤害导致被保险人丧失日常生活能力或身故的，本公司向受益人退还本合同的现金价值。

若投保人申请增加基本保险金额，且自新增基本保险金额生效之日起2年内被保险人自杀身故的，本公司对增加的基本保险金额不承担给付保险金责任。

3. 保险费

3.1 保险费 本合同的保险费分为期交保险费和追加保险费。在支付期交保险费的同时还可以支付追加保险费，用于增加个人账户价值。

期交保险费

期交保险费分为基本保险费和额外保险费。基本保险费不得高于保单签发时的基本保险金额除以20，并不得高于人民币6 000元。期交保险费高于基本保险费的部分为额外保险费。

本合同期交保险费以年交方式交付，交费期间与保险期间一致，保险期间内投保人可以在每年的期交保险费交纳日交纳期交保险费，期交保险费交纳日为当年的保单周年日，并在保险单上载明。

期交保险费的金额由投保人与本公司在投保时共同约定，并在保险单上载明，但须符合本公司当时的投保规定。

追加保险费

在本合同有效期内，如果下列条件均符合，投保人可以随时交纳追加保险费：

（1）以前各期和当期应交期交保险费均已交纳；

（2）每次交纳的追加保险费不低于1 000元，且为100元的整数倍。

3.2 期交保险费缓交

投保人可选择暂缓交纳期交保险费。若投保人选择暂缓交纳期交保险费，本公司按下列规则处理：

（1）投保人未交满前5年应交期交保险费。

在第2个至第5个保单年度，若投保人在本合同的期交保险费交纳日及其后的60日内，均未交纳该期期交保险费，本公司不再按照基本保险金额承担保险责任，并将停止收取风险保险费（包括本合同及其附加险合同的风险保险费），同时个人账户按照最低保证利率（见本条款第4.2条）结算利息。如发生保险事故，本公司按个人账户价值给付护理保险金或疾病身故保险金，本合同效力终止。

在本合同的期交保险费交纳日之后第60日的次日零时起2年内，投保人可申请补交欠交的期交保险费。经本公司审核同意后，投保人应按顺序依次补交以前各期欠交的归属第2个至第5个保单年度的期交保险费。本公司对所补交的期交保险费，根据其归属的保单年度，按照本条款第3.4条约定的比例扣除初始费用。自本公司收到补交的各期及当期期交保险费后的次日零时起，本公司恢复按基本保险金额承担保险责任并恢复收取风险保险费，同时个人账户恢复按账户结算利率（见本条款第4.5条）结算利息。

如投保人未在上述规定期间内补交欠交的期交保险费，本公司有权不再受理期交保险费的补交，个人账户将继续按最低保证利率结算利息，如发生保险事故，本公司按个人账户价值给付护理保险金或疾病身故保险金，本合同效力终止。

（2）投保人已经累计交满前5年应交期交保险费。

若第2个至第5个保单年度的期交保险费均已交清，自第6个保单年度开始，如果账户价值足以支付风险保险费（包括本合同及其附加险合同的风险保险费），投保人可以选择暂缓交纳期交保险费，本合同及其附加险合同继续有效。本公司仍按基本保险金额承担保险责任并收取风险保险费，个人账户仍按账户结算利率结算利息。

投保人第6个保单年度及以后各保单年度内暂缓交纳期交保险费的，以后每次交纳期交保险费时，须按顺序依次补交以前各期缓交的期交保险费，最后交纳当期的期交保险费。本公司对所补交的期交保险费，根据其归属的保单年度，按照本条款第3.4条约定的比例扣除初始费用。

3.3　期交保险费变更

投保人在交纳以前各期和当期应交期交保险费后，可向本公司申请变更每一保单年度约定交纳的期交保险费金额，但每个保单年度最多只能申请一次。经本公司审核同意后，投保人应当按照本合同约定的交费日期和变更后的期交保险费金额交纳以后各期的期交保险费。

若投保人增加期交保险费，则在增加期交保险费后的首个保单年度，应交期交保险费中该次增加部分归属于第一保单年度，此后的各保单年度应交期交保险费中该次增加部分依次归属于第二及以后各保单年度，并根据相应归属保单年度按本条款第3.4条约定比例扣除初始费用。

3.4　初始费用　投保人交纳的期交保险费和追加保险费在扣除初始费用后，计入个人账户。

期交保险费的初始费用

期交保险费按照下列比例扣除初始费用：

年交期交保险费期数	第1期	第2期	第3期	第4-5期	第6-10期	第11期及以后
基本保险费	50%	25%	15%	10%	5%	0%
额外保险费	5%	5%	5%	5%	3%	0%

附录2
我国长期护理商业保险产品条款示例

追加保险费的初始费用追加保险费按照5%的比例扣除初始费用。

3.5 风险保险费

指为被保险人提供护理和身故保障利益而收取的保险费。风险保险费根据被保险人的年龄、性别、基本保险金额和风险状况进行确定，收费标准参见附表《每千元基本保险金额的月风险保险费表》。若根据被保险人的风险状况需要增加风险保险费的，本公司将会在保险单上载明或批注。

本公司将在合同生效后的每个结算日从个人账户中扣除上月的风险保险费；在合同效力终止日从个人账户中扣除当月的风险保险费，不满整月的风险保险费按照该月整月风险保险费×当月实际经过天数/当月天数收取。

本公司有权根据制定本合同风险保险费收费标准所依据的护理发生率与实际情况的偏差程度决定是否调整本合同风险保险费的收费标准，但应向保险监督管理机构备案，并提前30日通知投保人。本合同风险保险费收费标准的调整针对所有被保险人或同一类别的所有被保险人。

3.6 保单管理费 本合同不收取保单管理费。

3.7 持续奖金

在本合同有效期内且本合同生效满四年后，若同时满足以下条件：

1）被保险人仍然生存；

2）以前各期期交保险费均已交清；

3）累计部分领取的个人账户价值不超过累计追加保险费与累计已给予的持续奖金二项之和。

自第五个保单年度开始，投保人在交纳每期期交保险费时，本公司将按当期期交保险费的2%作为持续奖金计入个人账户。若补交以往各期应交期交保险费，本公司将仅给予当期应交期交保险费的2%作为持续奖金计入个人账户。

4. 个人账户

4.1 个人账户 本公司将于本合同生效日的零时起为本合同建立个人账户。个人账户的初始账户价值等于已交纳的保险费减去初始费用后的余额。

4.2 最低保证利率 本合同的最低保证利率为2.5%（该利率为年利率）。本合同的最低保证利率是本合同项下个人账户价值的最低年结算利率，本公司对个人账户每月的结算利率不作最低保证。

4.3 保证账户价值 本合同的保证账户价值在每个保单周年日后的首个结算日零时、被保险人75周岁对应的保单周年日零时、因被保险人身故导致本合同终止时或因被保险人丧失日常生活能力导致本合同终止时计算。如果账户价值小于根据最低保证利率计算的保证账户价值，本公司将账户价值调升至保证账户价值。

4.4 结算日 每月1日为账户的结算日。

4.5 账户结算利率 本公司每月根据保险监督管理机构的有关规定，结合万能账户的实际投资情况，确定上个月的结算利率（该利率为年利率），并自结算日起 6 个工作日内公布。本公司将根据公布的结算利率和计息天数以复利的方式进行账户价值的结算。

4.6 账户价值

在本合同有效期内，账户价值按照下列方法结算：

（1）投保人交纳首期保险费后，初始账户价值等于投保人所交纳的保险费扣除初始费用后的余额。此后交纳保险费，账户价值按所交纳的保险费扣除初始费用后等额增加；

（2）投保人申请部分领取后，账户价值按照投保人部分领取的金额及部分领取费用等额减少；

（3）本公司每月结算保单利息后，账户价值按照结算后的保单利息等额增加；

（4）本公司每月扣除风险保险费后，账户价值按照扣除的风险保险费等额减少；

（5）本公司发放持续奖金后，账户价值按照持续奖金等额增加。

本公司每年至少向投保人提供一份保单状态报告，说明报告期内本合同账户价值变动情况及其他相关信息。

4.7 现金价值

指保险单所具有的价值，通常体现为解除合同时，根据精算原理计算的，由本公司退还的那部分金额。

本合同的现金价值等于本合同效力终止时的个人账户价值扣除相应的退保费用后的余额。

退保费用

指在犹豫期满后解除合同时本公司收取的费用。

退保费用 = 合同效力终止时的账户价值 × 退保费用扣除比例

合同效力终止时的账户价值将根据最低保证利率和上一结算日至合同效力终止日的实际天数计算。

退保费用扣除比例因合同效力终止时的保单年度而异，具体比例见下表：

保单年度	1	2	3	4 年及以后
退保费用扣除比例	5%	3%	2%	0%

5. 合同效力

5.1 合同成立与生效

投保人提出保险申请，本公司同意承保，本合同成立，合同成立日期于保险单上载明。

除另有约定外,自本合同成立,本公司收取保险费并签发保险单的次日零时起本合同生效,本公司自载明于保险单上的生效日开始承担本合同约定的保险责任。

5.2 犹豫期

自投保人签收保险单之日起有10天的犹豫期。如果投保人在此期间内向本公司书面申请撤销合同,本合同不产生效力,本公司将不承担任何保险责任。

投保人犹豫期内撤销合同,本公司将无息退还投保人所交纳的全部保险费。

5.3 保险期间

本合同的保险期间自合同生效之日起至被保险人年满75周岁对应的保单周年日止。

5.4 宽限期

在本合同有效期内,若每月结算日零时个人账户价值不足以支付风险保险费(包括本合同及其附加险合同的风险保险费)的,自该结算日当日起60日为宽限期。

宽限期内发生保险事故的,本公司仍承担本合同及其附加险合同的保险责任,但在给付保险金时,须扣除欠交的风险保险费(包括本合同及其附加险合同的风险保险费)。

如果宽限期结束时投保人仍未交纳保险费,自宽限期结束日的次日零时起本合同效力中止。

5.5 合同效力的中止及恢复

本合同效力中止期间本公司不承担保险责任,被保险人的个人账户将予冻结,不计算利息。

自本合同效力中止之日起2年内,投保人可向本公司申请恢复合同效力。

经本公司与投保人协商并达成协议,自投保人补交所欠的保险费和费用的次日零时起,本合同效力恢复。但是,自本合同效力中止之日起满2年双方未达成协议的,本公司有权解除本合同。本公司解除合同的,向投保人退还本合同的现金价值。

5.6 部分领取

在本合同有效期内且在犹豫期满之后,因医疗保健等方面的原因,投保人可以向本公司书面申请部分领取,但每次领取的金额不得低于500元,领取后的账户价值不得低于1 000元。

部分领取费用

指投保人部分领取时本公司收取的服务费用。

当一个保单年度内累计部分领取金额低于该保单年度初个人账户价值的30%(含)时,本公司不收取部分领取费用;当一个保单年度内累计部分领取金额超过该保单年度初个人账户价值的30%时,超出的部分本公司将按照部分领取费用扣除比例收取部分领取费用。

部分领取费用扣除比例因部分领取时的保单年度而异,具体比例见下表:

保单年度	1	2	3	4年及以后
部分领取费用扣除比例	5%	3%	2%	0%

部分领取申请资料

投保人应递交部分领取申请书,并提供投保人的有效身份证件,本公司有权保留申请资料的原件或复印件。

自接到上述证明和资料之日起 10 天内本公司将给付申请领取的金额,并从申请日的账户价值中扣减部分领取的金额及相应的部分领取费用。

5.7 解除合同的手续及风险

如投保人在犹豫期后申请解除本合同,应填写解除合同申请书并向本公司提供下列资料:

(1)保险合同;

(2)投保人的有效身份证件。

自本公司收到解除合同申请书时起,本合同效力终止。本公司自收到解除合同申请书之日起 30 日内向投保人退还本合同的现金价值。

投保人犹豫期后解除合同会遭受一定损失。

6. 保险金的申请及给付

6.1 保险事故通知

投保人、被保险人或受益人知道保险事故发生后应当在 10 日内通知本公司。

如果投保人、被保险人或受益人故意或者因重大过失未及时通知,致使保险事故的性质、原因、损失程度等难以确定的,本公司对无法确定的部分,不承担给付保险金的责任,但本公司通过其他途径已经及时知道或者应当及时知道保险事故发生或者虽未及时通知但不影响本公司确定保险事故的性质、原因、损失程度的除外。

6.2 受益人

投保人或者被保险人可以指定一人或多人为身故保险金受益人。

身故保险金受益人为多人时,投保人或者被保险人可以确定受益顺序和受益份额;同一受益顺序如果没有确定受益份额,各受益人按照相等份额享有受益权;没有确定受益顺序的,各受益人按同一顺序享有受益权。

被保险人为无民事行为能力人或限制民事行为能力人的,可以由其监护人指定受益人。

投保人或者被保险人可以变更身故保险金受益人并书面通知本公司。本公司收到变更受益人的书面通知后,在保险单或其他保险凭证上批注或附贴批单。

投保人在指定和变更身故保险金受益人时,必须经过被保险人书面同意。

被保险人身故后,有下列情形之一的,保险金作为被保险人的遗产,由本公司依照《中华人民共和国继承法》的规定履行给付保险金的义务:

1)没有指定受益人,或者受益人指定不明无法确定的;

2)受益人先于被保险人身故,没有其他受益人的;

3）受益人依法丧失受益权或者放弃受益权，没有其他受益人的。

受益人与被保险人在同一事件中身故，且不能确定身故先后顺序的，推定受益人身故在先。

受益人故意造成被保险人身故、伤残、疾病的，或者故意杀害被保险人未遂的，该受益人丧失受益权。

除合同另有约定外，护理保险金和老年关爱保险金的受益人为被保险人本人。

6.3　保险金申请资料　申请人应提供下列资料，本公司有权保留申请资料的原件或复印件：

护理保险金

（1）被保险人的有效身份证件；

（2）医院相应科室主任医师出具的诊断证明书；

（3）所能提供的与确认保险事故的性质、原因等相关的其他证明和资料。

疾病身故保险金

（1）申请人和受益人的有效身份证件；

（2）被保险人户籍注销证明；

（3）国家卫生行政部门认定的医疗机构、公安部门或其他相关机构出具的被保险人的死亡证明；

（4）所能提供的与确认保险事故的性质、原因等相关的其他证明和资料。

保险金作为被保险人遗产时，必须提供可证明合法继承权的相关权利文件。

老年关爱保险金　被保险人的有效身份证件。

以上证明和资料不完整的，本公司将及时一次性通知申请人补充提供有关证明和资料。

6.4　保险金的给付

本公司在收到保险金给付申请书及合同约定的证明和资料后，将在5日内做出核定；情形复杂的，在30日内做出核定。对属于保险责任的，本公司在与受益人达成给付保险金的协议后10日内，履行给付保险金义务。

本公司未及时履行前款规定义务的，除支付保险金外，应当赔偿受益人因此受到的损失。

对不属于保险责任的，本公司自做出核定之日起3日内向受益人发出拒绝给付保险金通知书并说明理由。

本公司在收到保险金给付申请书及有关证明和资料之日起60日内，对给付保险金的数额不能确定的，根据已有证明和资料可以确定的数额先予支付；本公司最终确定给付保险金的数额后，将支付相应的差额。

6.5　诉讼时效　受益人向本公司请求给付保险金的诉讼时效期间为2年，自其知道或者应当知道保险事故发生之日起计算。

7. 其他事项

7.1 明确说明与如实告知

订立本合同时,本公司应向投保人说明本合同的内容。

本公司就投保人和被保险人的有关情况提出询问,投保人应当如实告知。

如果投保人故意或者因重大过失未履行前款规定的如实告知义务,足以影响本公司决定是否同意承保或者提高保险费率的,本公司有权解除本合同。

如果投保人故意不履行如实告知义务,对于本合同解除前发生的保险事故,本公司不承担给付保险金的责任,并不退还保险费。

如果投保人因重大过失未履行如实告知义务,对保险事故的发生有严重影响的,对于本合同解除前发生的保险事故,本公司不承担给付保险金的责任,但应当退还保险费,同时扣除累计已领取的"部分领取"金额。

本公司在合同订立时已经知道投保人未如实告知的情况的,本公司不得解除合同;发生保险事故的,本公司承担给付保险金的责任。

7.2 本公司合同解除权的限制 前条规定的合同解除权,自本公司知道有解除事由之日起,超过30日不行使而消灭。自本合同成立之日起超过2年的,本公司不得解除合同;发生保险事故的,本公司承担给付保险金的责任。

7.3 合同内容变更 投保人和本公司可以协商变更合同内容。变更本合同的,由本公司在保险单或者其他保险凭证上批注或者附贴批单,或者由投保人和本公司订立变更的书面协议。

7.4 地址变更

在本合同有效期内,投保人的住址或通讯地址发生变更时,应及时通知本公司。

如果未通知本公司,本公司将按本合同注明的最后住址或通讯地址发送有关通知,并视为已送达投保人。

7.5 年龄确定与错误处理

被保险人的年龄按周岁计算,其中投保年龄以本合同生效日时的周岁为准。在投保本保险时,投保人应将被保险人的真实年龄在投保单上填明,如果发生错误,本公司将按照下列规则处理:

(1)投保人申报的被保险人年龄不真实,并且其真实年龄不符合本合同约定投保年龄限制的,本公司有权解除合同,并对合同解除前发生的保险事故不承担给付保险金的责任。解除本合同的,本公司向投保人退还本合同的现金价值。本公司行使合同解除权适用本条款第7.2条"本公司合同解除权的限制"的规定。

(2)投保人申报的被保险人年龄不真实,致使实交风险保险费少于应交风险保险费的,本公司将重新审核并在个人账户中扣除少交的风险保险费。

(3)投保人申报的被保险人年龄不真实,致使实交风险保险费多于应交风险保险费的，本公司会将多收的风险保险费无息退还至被保险人的个人账户中。

7.6 争议处理

合同争议解决方式由当事人在合同约定从下列两种方式中选择一种：

（1）因履行本合同发生的争议，由当事人协商解决，协商不成的，提交_____仲裁委员会仲裁；

（2）因履行本合同发生的争议，由当事人协商解决，协商不成的，依法向人民法院起诉。

7.7 特别提示

如本合同附加险中的《中国人民健康保险股份有限公司附加福泽一生个人意外伤害保险》（以下简称《附加意外伤害保险》）合同效力终止，本合同效力即行终止。如因《附加意外伤害保险》合同发生保险事故导致合同效力终止的，本公司不退还本合同的账户价值或现金价值。

名词释义

1. 周岁　以法定身份证明文件中记载的出生日期为基础计算。

2. 保单年度　指在保险合同有效期内，保险合同生效日起一年期间或保单周年日起至下一个保单周年日的期间。

3. 保单周年日　指在本合同有效期间内，合同生效日在以后每年的对应日。若当月无对应的同一日，则以该月最后一日作为对应日。

4. 意外伤害　指因遭受外来的、突发的、非本意的、非疾病的客观事件而使身体受到伤害。

5. 丧失日常生活能力　指被保险人经医院诊断确定丧失独立完成六项"日常生活活动"中的三项或三项以上的活动能力。

6. 观察期　指被保险人经诊断确定丧失日常生活能力之日起连续180天的期间。

7. 日常生活活动

指下列六项活动：

（1）穿衣：自己能够穿衣及脱衣；

（2）移动：自己从一个房间到另一个房间；

（3）行动：自己上下床或上下轮椅；

（4）如厕：自己控制进行大小便；

（5）进食：自己从已准备好的碗或碟中取食物放入口中；

（6）洗澡：自己进行淋浴或盆浴。

8. 遗传性疾病　指生殖细胞或受精卵的遗传物质（染色体和基因）发生突变或畸变所引起的疾病，通常具有由亲代传至后代的垂直传递的特征。

9. 先天性畸形、变形或染色体异常　指本合同的被保险人出生时就具有的畸形、变形或染色体异常。先天性畸形、变形和染色体异常依照世界卫生组织《疾病和有关健康问题的国际统计分类》（ICD-10）确定。

10. 毒品　指《中华人民共和国刑法》规定的鸦片、海洛因、甲基苯丙胺（冰毒）、吗啡、大麻、可卡因以及国家规定管制的其他能够使人形成瘾癖的麻醉药品和精神药品，但不包括由医生开具并遵医嘱使用的用于治疗疾病但含有毒品成分的处方药品。

11. 酒后驾驶　指经检测或鉴定，发生事故时车辆驾驶人员每百毫升血液中的酒精含量达到或超过一定的标准，公安机关交通管理部门依据《道路交通安全法》的规定认定为饮酒后驾驶或醉酒后驾驶。

12. 无合法有效驾驶证驾驶

指下列情形之一：

（1）未依法取得驾驶证驾驶；

（2）驾驶证被依法扣留期间驾驶；

（3）驾驶与驾驶证准驾车型不相符合的车辆；

（4）持未经审验或者超过有效期限的驾驶证驾驶；

（5）持学习驾驶证学习驾车时，无教练员随车指导，或不按指定时间、路线学习驾车；

（6）公安交通管理部门认定的其他无有效驾驶证驾驶的情况。

13. 无有效行驶证

指下列情形之一：

（1）机动车被依法注销登记的；

（2）未依法按时进行或通过机动车安全技术检验。

14. 感染艾滋病病毒或患艾滋病

艾滋病病毒指人类免疫缺陷病毒，英文缩写为HIV。艾滋病指人类免疫缺陷病毒引起的获得性免疫缺陷综合征，英文缩写为AIDS。

在人体血液或其它样本中检测到艾滋病病毒或其抗体呈阳性，没有出现临床症状或体征的，为感染艾滋病病毒；如果同时出现了明显临床症状或体征的，为患艾滋病。

15. 万能账户　为履行万能保险产品的保险责任，本公司根据保险监督管理机构的有关规定，为万能保险产品设立万能账户，万能账户中的资产为本公司所有，账户资产的投资组合及运作方式由本公司决定。

16. 医院　指依法设立的国家卫生部医院等级分类中的二级甲等或二级甲等以上医疗机构，但不包括疗养院、护理院、康复中心、戒酒或戒毒中心、精神心理治疗中心以及无相应医护人员或设备的二级或三级医院的联合医院或联合病房。

附录 2
我国长期护理商业保险产品条款示例

附表　　每千元基本保险金额的月风险保险费表　　　　（单位：元）

年龄	男性	女性	年龄	男性	女性
0	0.229	0.227	38	0.293	0.246
1	0.219	0.216	39	0.302	0.252
2	0.211	0.207	40	0.314	0.259
3	0.204	0.199	41	0.325	0.266
4	0.199	0.194	42	0.338	0.274
5	0.196	0.190	43	0.351	0.281
6	0.195	0.188	44	0.365	0.289
7	0.195	0.187	45	0.381	0.297
8	0.195	0.187	46	0.400	0.306
9	0.195	0.186	47	0.422	0.317
10	0.195	0.186	48	0.448	0.331
11	0.195	0.185	49	0.476	0.346
12	0.195	0.185	50	0.508	0.363
13	0.196	0.186	51	0.541	0.381
14	0.197	0.187	52	0.579	0.402
15	0.200	0.188	53	0.620	0.426
16	0.203	0.189	54	0.667	0.453
17	0.207	0.191	55	0.725	0.486
18	0.212	0.192	56	0.796	0.525
19	0.217	0.194	57	0.883	0.571
20	0.221	0.195	58	0.987	0.626
21	0.224	0.198	59	1.106	0.690
22	0.227	0.200	60	1.239	0.766
23	0.229	0.202	61	1.387	0.853
24	0.231	0.203	62	1.545	0.955
25	0.232	0.205	63	1.717	1.076
26	0.233	0.206	64	1.904	1.219
27	0.235	0.208	65	2.110	1.387
28	0.236	0.209	66	2.339	1.584
29	0.239	0.211	67	2.595	1.813
30	0.242	0.213	68	2.880	2.077
31	0.246	0.216	69	3.198	2.380
32	0.251	0.220	70	3.552	2.723
33	0.256	0.223	71	3.944	3.110
34	0.262	0.227	72	4.378	3.543
35	0.268	0.231	73	4.857	4.023
36	0.275	0.235	74	5.383	4.553
37	0.283	0.240	75	5.963	5.132

参 考 文 献

[1] 中国保险学会：全国保险理论研讨会论文集，1986 年。

[2] 熊必俊、郑亚丽：《老年学与老龄问题》，科学技术文献出版社 1989 年 10 月版。

[3] 孙祁祥、贲奔："中国保险产业发展的供需规模分析"，《经济研究》，1997 年第 3 期，第 55～61 页。

[4] 李翊骏："家务助理：香港的经验"，台湾地区老人服务输送体系及网络的建立学术研讨会论文，1998 年。

[5] 尹豪："新型社会保障制度——日本的护理保险制度"，《人口学刊》，2000 年第 2 期，第 25～29 页。

[6] 甘雨粒："日本的长期护理保险"，《保险研究》，2001 年第 10 期，第 46～48 页。

[7] 刘子操、陶阳：《健康保险》，中国金融出版社 2001 年 10 月版。

[8] 崔慕洁："日本看护护理保险制度评析及展望"，《现代日本经济》，2002 年第 6 期，第 40～42 页。

[9] 熊必俊：《人口老龄化与可持续发展》，中国大百科全书出版社 2002 年 6 月版。

[10] 陈杰："日本的护理保险及其启示"，《市场与人口分析》，2002 年第 2 期，第 69～73 页。

[11] 沈磊："探讨 LTCI 在中国发展的可能性"，中国健康保险发展论坛，2002 年。

[12] 陈卫民："发达国家老年护理服务供给体制改革及其借鉴意义"，《南开学报》（哲学社会科学版），2002 年第 3 期，第 58～64 页。

[13] 付丽新、张军："关于建立养老护理保险制度的几点思考"，《经济工作导刊》，2003 年第 15 期，第 66～68 页。

[14] 曾卓、李良军："商业健康保险的定义及分类研究"，《保险研究》，2003 年第 4 期，第 20～22 页。

[15] 吴江鸣、林宝清："我国保险需求模型的实证分析"，《学术评论》，2003 年第 10 期，第 26～30 页。

[16] 林宝清："论保险功能说研究的若干逻辑起点问题"，《金融研究》，2004 年第 9 期，第 19～24 页。

[17] 丁盛清、张妙方："江苏养老护理业现状及其对策研究"，《江南论坛》，2004 年第 4 期，第 27～28 页。

［18］顾大男、曾毅："高龄老人个人社会经济特征与生活自理能力动态变化研究"，《中国人口科学》，2004年增刊。

［19］荆涛："论长期护理保险在我国的发展"，《上海保险》，2004年第10期，第34~36页。

［20］荆涛："长期护理保险研究"，对外经贸大学博士学位论文，2005年。

［21］耿蕾："论老年长期护理保险的开发"，《保险职业学院学报》，2005年第1期，第29~31页。

［22］万晓梅、朱铭来：《健康保险原理及经营运作》，广州信平市场策划顾问有限公司2005年版。

［23］林志鸿："长期护理给付结构共构下现金给付之探讨——以德国长期护理保险制度为例"，台湾地区"女性照顾：国、社区、家庭"国际研讨会，2005年。

［24］蒋虹："论发展我国长期护理保险"，《保险研究》，2006年第10期，第38~40页。

［25］李辉："长春市城乡人口老龄化与老年社会保障问题研究"，《人口学刊》，2006年第4期，第9~13页。

［26］尹成远、田伶、李浩然："日本长期护理保险对我国的借鉴与启示"，《日本问题研究》，2006年第2期，第14~17页。

［27］张洪烨、张梦琳："国外长期护理保险对我国健康保险市场的启示"，《辽宁经济》，2006年第5期，第56~57页。

［28］袁新立、孙勇、李宏等："美国长期照料服务体系考察报告"，http://www.shrca.org.cn/2681.html。

［29］苏永莉："影响我国长期护理保险发展的供求因素分析"，《中国保险》，2007年第9期，第15~20页。

［30］戴卫东："解析德国、日本长期护理保险制度的差异"，《东北亚论坛》，2007年第1期，第39~44页。

［31］周琛："德日两国的长期护理保险制度比较及我国LTCI建立构想"，《法制与社会》，2007年第2期，第359~360页。

［32］蒋虹："我国长期护理保险的发展模式选择"，《西南金融》，2007年第1期，第61~62页。

［33］施永兴：《上海市老年护理医院服务现状与政策研究》，复旦大学出版社2008年3月版。

［34］仝利民："日本护理保险制度及其对上海的启示"，华东师范大学博士学位论文，2008年。

［35］丁纯、瞿黔超："德国护理保险体制综述：历史成因、运作特点以及改革方案"，《德国研究》，2008年第3期，第42~47页。

［36］陈卓颐、陈伟然："我国养老护理员队伍建设现状与对策",《长沙民政职业技术学院学报》,2009年第4期,第72~74页。

［37］陈雪萍、倪荣等："杭州市老年人生存现状与社区服务需求调查",《中华健康管理学杂志》,2009年第2期,第78~80页。

［38］陈雪萍、倪荣等："杭州市社区老年护理院建设与发展的研究",《中华现代护理杂志》,2009年第20期,第1901~1905页。

［39］陶建国："韩国老人长期看护保险法评介",《保险研究》,2009年第2期,第100~104页。

［40］朱铭来、贾清显："我国老年长期护理需求测算及保障模式选择",《中国卫生政策研究》,2009年第7期,第32~38页。

［41］住居广士著,张天民等译:《日本介护保险》,中国劳动社会保障出版社2009年8月版。

［42］刘云娥、吕伟波、王志红："国外家庭护理服务内容的现状与启示",《中华护理杂志》,2009年第7期,第645~646页。

［43］张恺悌、郭平:《中国人口老龄化与老年人状况蓝皮书》,中国社会出版社2010年1月版。

［44］陈晓安："公私合作构建我国的长期护理保险制度:国外的借鉴",《保险研究》,2010年第11期,第55~60页。

［45］裴晓梅、房莉杰:《老年长期照护导论》,社会科学文献出版社2010年5月版。

［46］荆涛："建立适合中国国情的长期护理保险制度模式",《保险研究》,2010年第4期,第77~82页。

［47］武学慧、唐幼纯、王维："上海市老年长期护理（LTC）需求实证分析",《劳动保障世界》,2010年第10期,第12~16页。

［48］曾毅:《老年人口家庭、健康与照料需求成本研究》,科学出版社2010年5月版。

［49］杨娅婕："我国发展长期护理保险的障碍与对策",《经济问题探索》,2011年第5期,第171~174页。

［50］朱铭来、宋占军："未来'老护'之路的设计走向",《中国社会保障》,2011年第2期,第80~81页。

［51］谢红、王敏、尚少梅等："北京市护理院收费方案和标准的探索性研究",《中国护理管理》,2011年第6期,第12~15页。

［52］陈雪萍:《以社区为基础的老年人长期照护体系构建——基于杭州市的实证分析》,浙江大学出版社2011年5月版。

［53］金晓彤、王天新："中国老龄人口消费:现状与趋势",《西北人口》,2012

年第 3 期，第 23~26 页。

[54] 魏下海、董志强、张建武："人口年龄分布与中国居民劳动收入变动研究"，《中国人口科学》，2012 年第 3 期，第 44~54 页。

[55] 黄枫："人口老龄化视角下家庭照料与城镇女性就业关系研究"，《财经研究》，2012 年第 9 期，第 16~26 页。

[56] 曹艳春、王建云、汪婷等："基于社会交换理论的中国农村老年人长期照护选择安排实证研究"，《科学经济社会》，2013 年第 2 期，第 17~22 页。

[57] 熊先军："德国社会照护保险的保障对象及认定"，《中国劳动保障报》，2016 年 5 月 14 日。

[58] 世界卫生组织：《关于老龄化与健康的全球报告》，2016 年。

[59] Friedman M., 1957a, A Theory of the Consumption Function, New Jersey: Princeton University Press.

[60] Friedman M., 1957b, A Theory of the Consumption, Princeton: Princeton university press.

[61] Arrow K. J. Uncertainty and the welfare economics of medical care. American Economic Review, 1963, 53 (5): pp. 941 – 973.

[62] Emerson R M. Power – Dependence Relations: Two Experiments. Sociometry, 1964, 27 (3): pp. 282 – 298.

[63] Blau P M., 1964, Exchange and power in social life, London: John Wiley & Sons INC.

[64] Yaari M. Uncertain Lifetime, Life Insurance, and the Theory of the Consumer. Review of Economic Studies, 1965, 32 (2): pp. 137 – 150.

[65] Mossin J. Aspects of Rational Insurance Purchasing. Journal of Political Economy, 1968, 76 (4): pp. 553 – 568.

[66] Leland H. E. Saving and Uncertainty: The Precautionary Demand for Saving. Uncertainty in Economics, 1968, 82 (3): pp. 465 – 473.

[67] Drèze J. H. and Modigliani F. Consumption decisions under uncertainty. Journal of Economic Theory, 1972, 5 (3): pp. 308 – 335.

[68] Moffet D. Optimal deductible and consumption theory. Journal of Risk & Insurance, 1977, 44 (4): pp. 669 – 683.

[69] Johnson C. L. and Catalano D. J. A longitudinal study of family supports to impaired elderly. Gerontologist, 1983, 23 (6): pp. 612 – 618.

[70] Turnbull S. Additional aspects of rational insurance purchasing. Journal of Business, 1983, 56 (2): pp. 217 – 229.

[71] Doherty N. and Schlesinger H. Optimal insurance in incomplete markets. Jour-

nal of Political Economy, 1983, 91 (6): pp. 1045 – 1054.

[72] Bengtson V. L. and Kuypers J. 12 – the family support cycle: psychosocial issues in the aging family. Life – Span and Change in a Gerontological Perspective, 1985, 532 (1): pp. 257 – 273.

[73] Briys E. Insurance and Consumption: The Continuous Time Case. Journal of Risk & Insurance, 1986, 53 (53): pp. 718 – 723.

[74] Hubbard R. G. and Judd K. L. Social Security and Individual Welfare: Precautionary Saving, Borrowing Constraints, and the Payroll Tax. American Economic Review, 1987, 77 (4): pp. 630 – 646.

[75] Stone R., Cafferata G. L. and Sangl J. Caregivers of the frail elderly: A national profile. The Gerontologist, 1987, 27 (5): pp. 616 – 626.

[76] Kane R. A., Kane R. L., Reinardy J. R. and Arnold S., 1987, Long – term care: principles, programs, and policies. New York: Springer Publishing Company.

[77] Arber S., Gilbert G. N. and Evandrou M. Gender, Household Composition and Receipt of Domiciliary Services by Elderly Disabled People. Journal of Social Policy, 1988, 17 (2): pp. 153 – 175.

[78] Pauly M. V. The Rational Non purchase of Long – Term – Care Insurance. Journal of Political Economy, 1990, 98 (1): pp. 153 – 168.

[79] Connidis I. A. and Davies L. Confidants and Companions in Later Life: The Place of Family and Friends. Journal of Gerontology, 1990, 45 (4): pp. 141 – 149.

[80] Murtaugh C. M., Kemper P. and Spillman B. C. The risk of nursing home use in later life. Medical Care, 1990, 28 (10): pp. 952 – 962.

[81] Davies A. R., Allen H., Manning W., et al. A Summary of the Effects of the DRG – based Prospective Payment System on Quality of Care for Hospitalized Medicare Patients. Biometrical Journal, 1990, 27 (2): pp. 217 – 223.

[82] Elson Diane, 1991, Male Bias in the Development Process, Manchester: Manchester University Press.

[83] Dooghe G. Informal Caregivers of elderly people: An European review. Ageing & Society, 1992, 12 (3): pp. 369 – 380.

[84] Headen A. E. Time Costs and Informal Social Support as Determinants of Differences Between Black and White Families in the Provision of Long – Term Care. Inquiry, 1992, 29: pp. 440 – 450.

[85] Feenberg D. and Skinner J. The Risk and Duration of Catastrophic Health Care Expenditures. Review of Economics & Statistics, 1992, 76 (4): pp. 633 – 647.

[86] Messeri P., Silverstein M. and Litwak E. Choosing optimal support groups: a re-

view and reformulation. Journal of Health & Social Behavior, 1993, 34 (2): pp. 122 – 137.

[87] Garber A. and Macurdy T. Nursing Home Discharges and Exhaustion of Medicare Benefits. Publications of the American Statistical Association, 1993, 88 (423): pp. 727 – 736.

[88] Browne M. J. and Kim K. An international analysis of life insurance demand. Journal of Risk & Insurance, 1993, 60 (4): pp. 616 – 634.

[89] Gollier C. Insurance and precautionary capital accumulation in a continuous – time model. Journal of Risk & Insurance, 1994, 61 (1): pp. 78 – 95.

[90] Herrman H. Care for dementia. World Health, 1994, 47 (2): pp. 12 – 14.

[91] Doress – Worters P. B. Adding elder care to women's multiple roles: A critical review of the caregiver stress and multiple roles literatures. Sex Roles, 1994, 31 (9 – 10): pp. 597 – 616.

[92] Floro M. S. Economic restructuring, gender and the allocation of time. World Development, 1995, 23 (11): pp. 1913 – 1929.

[93] Binstock R., Cluff L. and Von Mering O., 1996, The future of long – term care: social and policy issues, Baltimore: The Johns Hopkins University Press.

[94] Pauly M. V. Almost optimal social insurance for long – term care. Developments in Health Economics & Public Policy, 1996, 5: p. 307.

[95] Sloan F. A., Hoerger T. J. and Picone G. Effects of Strategic Behavior and Public Subsidies on Families' Savings and Long – Term Care Decisions, 1996, /Long – Term Care: Economic Issues and Policy Solutions, Boston: Springer.

[96] Whitlatch Carol J. and Noelker Linda S., 1996, Caregiving and caring. San Diego: Academic Press.

[97] Zweifel P. and Strüwe W. Long – term care insurance and bequests as instruments for shaping intergenerational relationships. Journal of Risk & Uncertainty, 1996, 12 (1): pp. 65 – 76.

[98] Sloan F. A. and Norton E. C. Adverse Selection, Bequests, Crowding Out, and Private Demand for Insurance: Evidence from the Long – term Care Insurance Market. Journal of Risk & Uncertainty, 1997, 15 (3): pp. 201 – 219.

[99] Angel Ronald L., et al. Who Will Care for Us? Aging and Long – Term Care in Multicultural America. Nurse Practitioner, 1997, 22 (5): pp. 1578 – 1579.

[100] Murtaugh C. M., Kemper P. and Spillman B. C., et al. The amount, distribution, and timing of lifetime nursing home use. Medical Care, 1997, 35 (3): pp. 204 – 218.

[101] Zwifel P. and Struwe W. Long – term Care Insurance in a Two – generation Model. Journal of Risk and Insurance, 1998, 65 (1): pp. 13 – 32.

[102] Moroney R. M. and Gates J. J, 1998, Caring and competent caregivers, Georgia: the University of Georgia Press.

[103] Howard M. Fillit and Gloria Picariello, 1998, Practical Geriatric Assessment, London: Oxford University Press.

[104] Fast J. E. , Williamson D. L. and Keating N. C. The Hidden Costs of Informal Elder Care. Journal of Family & Economic Issues, 1999, 20 (3): pp. 301 – 326.

[105] Ambromovitz L. , 1999, Long term care insurance made simple, Los Angeles: CA, Health Information Press.

[106] Palumbo M. G. Uncertain Medical Expenses and Precautionary Saving Near the End of the Life Cycle. Review of Economic Studies, 1999, 66 (2): pp. 395 – 421.

[107] Geraedts M. , Heller G. V. and Harrington C A. Germany's Long – Term – Care Insurance: Putting a Social Insurance Model into Practice. Milbank Quarterly, 2000, 78 (3): pp. 375 – 401.

[108] Ioannides Y. M. and Kan K. The Nature of Two – directional Intergenerational Transfers of Money and Time: An Empirical Analysis. Working Paper, The Economics of Reciprocity, Giving and Altruism, 2000.

[109] Turner J. H. , 2001, Handbook of Sociological Theory, New York: Kluwer Academic Plenum Publishers.

[110] Jennifer M. Mellor. Long – term care and nursing home coverage: are adult children substitutes for insurance policies? Journal of Health Economics, 2001, 20 (4): pp. 527 – 547.

[111] Zissimopoulos J. Resource Transfers to the Elderly: Do Adult Children Substitute Financial Transfers for Time Transfers? Working Papers, 2001.

[112] Sloan F. A. , Zhang H. H. and Wang J. Upstream Intergenerational Transfers. Southern Economic Journal, 2002, 69 (2): pp. 363 – 380.

[113] Feldstein M. S. and Liebman J. B. The Distributional Effects of an Investment – Based Social Security System. Nber Chapters, 2002.

[114] Lakdawalla D. and Philipson T. The Rise in Old – Age Longevity and the Market for Long – Term Care. American Economic Review, 2002, 92 (1): pp. 295 – 306.

[115] Doerpinghaus H. I. and Gustavson S. G. Long-Term Care Insurance Purchase Patterns. Risk Management & Insurance Review, 2002, 5 (1): pp. 31 – 43.

[116] Riedel H. Private Compulsory Long – term Care Insurance in Germany. Geneva Papers on Risk & Insurance Issues & Practice, 2003, 28 (2): pp. 275 – 293.

[117] Beck T. and Webb I. Economic, Demographic, and Institutional Determinants of Life Insurance Consumption across Countries. World Bank Economic Review, 2003, 17

(1): pp. 51 – 88.

[118] Schulz E., Leidl R. and König H. H. The impact of ageing on hospital care and long – term care – the example of Germany. Health Policy, 2004, 67 (1): pp. 57 – 74.

[119] Paul E. McNamara and Nayoung Lee. Long – term Care Insurance Policy Dropping in the U. S. from 1996 to 2000: Evidence and Implications for Long – term Care Financing. The Geneva Papers on Risk and Insurance. Issues and Practice, 2004, 29 (4): pp. 640 – 651.

[120] National Academy of Social Insurance, 2005, Developing a Better Long – Term Care Policy.

[121] Sato E. Long – term care insurance in Germany: analyzing its progress from the perspective of economic indicators. Journal of Public Health, 2006, 14 (1): pp. 7 – 14.

[122] Finkelstein A. and McGarry K. Multiple dimensions of private information: evidence from the long – term care insurance market. American Economic Review, 2006, 96 (4): pp. 938 – 958.

[123] Blanchette K. and Brown S. L. The assessment and treatment of women offenders: An integrative perspective. Kardiologiia, 2006, 52 (5): pp. 77 – 87.

[124] Brown J. R. and Finkelstein A. Why is the market for long – term care insurance so small? Journal of Public Economics, 2007, 91 (10): pp. 1967 – 1991.

[125] Brown J. R, Coe N. B. and Finkelstein A. Medicaid Crowd – Out of Private Long – Term Care Insurance Demand: Evidence from the Health and Retirement Survey. Tax Policy & the Economy, 2007, 21 (21): pp. 1 – 34.

[126] Brown J. R. and Finkelstein A. The Interaction of Public and Private Insurance: Medicaid and the Long – Term Care Insurance Market. American Economic Review, 2008, 98 (3): pp. 1083 – 1102.

[127] Rinaldo Inaldo Brau and Matteo Lippi Bruni. Eliciting the demand for long – term care coverage: a discrete choice modelling analysis. Health Economics, 2008, 17 (3): pp. 411 – 433.

[128] Pestieau P., Ponthiere G. and Sato M. Longevity, Health Spending, and Pay – as – you – Go Pensions. Finanzarchiv Public Finance Analysis, 2008, 64 (1): pp. 1 – 18.

[129] Courtemanche C. and He D. Tax incentives and the decision to purchase long – term care insurance. Journal of Public Economics, 2009, 93 (1 – 2): pp. 296 – 310.

[130] Stevenson D. G., Frank R. G. and Tau J. Private Long – Term Care Insurance and State Tax Incentives. Inquiry, 2009, 46 (3): pp. 305 – 321.

[131] Brown J. R. and Finkelstein A. The Private Market for Long – Term Care Insurance in the U. S.: A Review of the Evidence. Journal of Risk & Insurance, 2009, 76

(1): pp. 5 – 29.

[132] Baer D. and O'Brien E., 2010, Federal and State Income Tax Incentives for Private Long – Term Care Insurance, Aarp Public Policy Institute.

[133] Lan Liu, Xiaoyuan Dong and Xiaoying Zheng. Parental Care and Married Women's Labor Supply in Urban China. Feminist Economics, 2010, 16 (3): pp. 169 – 192.

[134] Schneider U. Germany's Social Long – term Care Insurance: Design, Implementation and Evaluation. International Social Security Review, 2010, 52 (2): pp. 31 – 74.

[135] Pestieau P. and Sato M. Long – Term Care: the State, the Market and the Family. Economic Theory, 2010, 75 (299): pp. 435 – 454.

[136] Davidoff T. Home equity commitment and long – term care insurance demand. Journal of Public Economics, 2010, 94 (1): pp. 44 – 49.

[137] Goda G. S. The impact of state tax subsidies for private long – term care insurance on coverage and Medicaid expenditures. Journal of Public Economics, 2011, 95 (7 – 8): pp. 744 – 757.

[138] Stein, Judith A., et al. Impact of hepatitis B and C infection on health services utilization in homeless adults: A test of the Gelberg – Andersen behavioral model for vulnerable populations. Health Psychology, 2012, 31 (1): pp. 20 – 30.

后 记

本书完成之际，凝视一叠叠文稿，感慨油然而生。本人对长期护理保险的关注已经十年有余。2009年和我的博士研究生贾清显同学合作，发表第一篇长期护理论文《我国老年长期护理需求测算及保障模式选择》，并指导他在2010年完成题为《中国长期护理保险制度构建研究》的博士论文。在此之后，我们有幸先后受托主持完成原国家人口计生委人口发展战略与"十二五"规划课题"应对人口老龄化的长期护理保险体系建设研究"、全国老龄委课题"建立老年人长期护理保障制度的可行性研究"、中国保监会《关于长期护理保险的研究报告》等项目，对长期护理保险有了更全面系统的探究，为此次本书的写作积累了宝贵的资料和研究经验。

在此，我要特别感谢中国医疗保险研究会、人社部社会保障研究所、人社部医保司、全国老龄办、中国社会保障学会、中国保监会、中国保险学会等部门的领导和同仁，感谢他们长期以来对本人在长期护理保险领域研究的大力支持和帮助。此外，还要感谢许许多多的专家学者和业界人士提供的建议和指导，感谢我的学术团队、家人对我的关心和鼓励。

另外，特别值得一提的是，本书是我和李新平副教授合作的成果，新平老师曾是我的博士研究生，学业精湛、成绩突出，曾主持天津市哲学社会科学规划项目"天津市老年人长期照护保险制度建设研究"的课题，在本书的编写过程中，她投入了大量的精力，在此一并表示谢意。

最后，我还要由衷地感谢本套健康保险丛书编写的组织者——中国人民健康保险股份有限公司，没有公司领导高瞻远瞩的规划决策，没有相关工作人员为本书的设计、编写和完稿付出的辛勤劳动，便不可能如此顺利地完成此项工作。

长期护理保障制度的建设功在当代、利在千秋。孔子对大同的描述为"人不独亲其亲、不独子其子，使老有所终、壮有所用、幼有所长、矜寡孤独废疾者皆有所养"。这既是古代圣贤的思想，也是当代人的梦想，更应成为我辈保险学人奋斗之目标，愿与大家共勉之。

编者
2017 年 12 月

跋

"完善国民健康政策,为人民群众提供全方位全周期健康服务",这是中国共产党十九大对全国人民作出的深入民心的伟大承诺,是进一步实施健康中国、惠及万民的伟大战略。

中国共产党已经将保障人民健康当作了党和国家的一项重要工作,把为人民健康服务提升到了一个前所未有的高度。健康保险作为国家健康服务产业中的关键一环,在提升国民整体健康水平与健康保障方面,都面临着前所未有的发展机遇与空间,无论是现在还是将来,都会发挥着越来越重要的作用。

人食五谷,焉得无病?人的一生,总是在健康与不健康状态之间徘徊,但福寿安康是人们亘古通今的幸福期许。随着我国迈进上中等收入国家行列,人们对健康生活愈加渴望,对健康保障和健康服务的需求愈加多样,也自然会进一步提高对商业健康保险服务的要求。

已经成立十余年的我国首家专业健康保险公司——中国人民健康保险股份有限公司,以"让每一位中国人的健康更有保障、生活更加美好、生命更有尊严"为其崇高的使命,以"人民保险,服务人民"为其矢志不渝的追求,在"健康中国"建设的征程中,肩负着服务"国家治理体系和治理能力现代化"这一历史角色的重担,在建设"政府信任、人民满意的中国健康保险第一品牌"的道路上走出了成效。在近五年来,人保健康构建了清晰的发展模式;实现了多元化销售渠道建设和业务转型;达到了服务能力的明显提升;成为了国家医疗保障体制改革的积极参与者和重要推动力量。在实现两个一百年奋斗目标和中华民族伟大复兴中国梦的文化大背景下,人保健康将继续把握战略机遇,牢记时代赋予健康保险的重要使命,致力于打造成服务"健康中国"建设的领军企业,成为国际一流的健康保险供应商。

党的十九大报告提出要"加强应用基础研究",要"建立以企业为主体、市场为导向、产学研深度融合的技术创新体系"。人保健康理应责无旁贷地承担起健康保险综合研究这一具有里程碑意义的开创性工作，因此，公司决定协调和组织一批知名专家学者，立足国内实际，借鉴国际经验，编著一套具有中国特色的《健康保险系列丛书》，系统梳理健康保险的基础理论和经营实践，初步构建相对系统、科学、完整的健康保险理论体系，为培养健康保险行业高水平人才奠定坚实的基础。

《健康保险系列丛书》项目由人保健康党委书记、总裁宋福兴同志亲自挂帅，组建了以公司高管为成员的高规格编委会，邀请保险、财税、公共管理、社会保障、医疗卫生领域近40位著名专家，共同编著。

为确保专业性和权威性，丛书编委会多次召开由多位专家学者参加的专题研讨会。整体来看，丛书既考虑了健康保险的既往经验、现实状况和未来发展趋势，体系上比较完善；同时又对健康保险的相关领域作了探索研究，拓宽了研究范围。从功能定位看，丛书体现了理论与实践并重的编写特色：既要有理论高度，具有一定的前瞻性，达到高等教育教材的编写水平；同时要有实效性，能满足专业健康保险公司经营发展中的现实需求。专家们认为，丛书对把握健康保险经营规律以及行业的可持续发展具有重大意义，充分体现了中国人保一贯以社会责任为己任的优良传统，利于当代、功在千秋。

在丛书的编著工作中，专家学者们都全情投入，科学严谨地为编著工作贡献着智慧。马海涛教授、王欢教授、王国军教授、王绪瑾教授、王稳教授、朱铭来教授、孙祁祥教授、李晓林教授、杨燕绥教授、张晓教授、卓志教授、赵尚梅教授、郝演苏教授、辛丹博士等专家学者负责各分册编著工作，李保仁教授、魏华林教授、庹国柱教授、李玲教授、孙洁教授、郑伟教授、于保荣教授、余晖教授、朱恒鹏教授、朱俊生教授、董朝晖博士等专家学者给予丛书编写许多指导和帮助，在此一并表示最衷心的感谢！

本丛书是对健康保险经营实践经验的阶段性总结和思考。但由于编写时间紧，难免有疏漏之处。而且随着健康保险专业化经营不断深化，还会有很多需要改进的地方。我们希望本丛书能构建起健康保险行业的理论体系与研究架构，对引领健康保险规范、良性和可持续发展起到积极作用。我们也希望借助本丛书，能培养出一批高素质的干部员工队伍，为"健康中国"的建设添砖加瓦，为实现两个一百年奋斗目标和中华民族伟大复兴中国梦贡献力量。